产业数字化系列

金融科技 2.0

从数字化到智能化

方伟◎著

人民邮电出版社

北 京

图书在版编目（CIP）数据

金融科技2.0：从数字化到智能化 / 方伟著. -- 北京：人民邮电出版社，2023.4
（产业数字化系列）
ISBN 978-7-115-59877-6

Ⅰ. ①金… Ⅱ. ①方… Ⅲ. ①金融－科学技术 Ⅳ. ①F830

中国版本图书馆CIP数据核字（2022）第151527号

内 容 提 要

数字化转型为金融企业带来了理念创新、架构变革，同时金融企业在实施数字化转型的过程中也面临着规划、落地实施以及围绕数字化转型带来的数据治理、数据平台和体系、智能化场景等问题与挑战。本书从理念、架构、实战三方面深入分析，提出应对和解决之道，记录变革，探索变革，指引变革。本书系统性地阐述了金融企业的数字化转型建设框架，完整介绍领先企业的数字化建设过程，深入分析金融企业在数字化建设中碰到的问题、挑战及应对策略和解决措施，重点阐述金融企业如何展开数据治理以及如何通过数据治理来保障和提升企业数字化转型的发展过程。

本书内容丰富，讲解翔实，适合数字化转型规划和建设的从业者、金融行业的科技从业者，以及对金融行业数字化发展历程和方向感兴趣的读者阅读。

◆ 著　　　　方　伟
　责任编辑　秦　健
　责任印制　王　郁　焦志炜
◆ 人民邮电出版社出版发行　北京市丰台区成寿寺路11号
　邮编　100164　电子邮件　315@ptpress.com.cn
　网址　https://www.ptpress.com.cn
　固安县铭成印刷有限公司印刷

◆ 开本：720×960 1/16
　印张：18.75　　　　　　　　　　2023年4月第1版
　字数：261千字　　　　　　　　　2023年4月河北第1次印刷

定价：89.80元

读者服务热线：(010)81055410　印装质量热线：(010)81055316
反盗版热线：(010)81055315
广告经营许可证：京东市监广登字20170147号

推荐序 1

第一次看到书稿的时候，金融科技发展的大浪仿佛在我眼前澎湃起伏。从电子化、信息化到数字化、智能化，金融这个古老的行业在科技力量的赋能下不断迸发新的活力。现在，金融科技不仅是一个模式，更是一种生态。在这种生态体系里，有数字银行、有基于行为的保险、有智能资产管理、有量化策略交易等，金融和科技已经实现了有机共生，不断进化出新形态和新方向。

"黄金时代在我们面前而不在我们背后。"站在新时代的起点，金融与科技正在实现新一轮的融合。在新一轮变革中，如何为客户提供更好的体验和服务，如何更有效率地经营，如何精妙地平衡风险和收益，这些都是变革中生态体系内每个共生单元必须面对的问题。未来金融企业的护城河将是数字化能力。对金融企业而言，金融业务与科技能力的融合形态、层次、基因决定了企业在行业内的长期竞争力，金融科技的生态将会不断进化并在企业内发挥无可替代的价值。

社会的变革、行业的变革、组织的变革归根结底都是人的变革。无论你已是浪潮之中的弄潮儿，还是即将从象牙塔融入这波浪潮的骄子，这本书都值得精读。你既可以全景式地了解金融科技的进化理念，也可以在数字化转型浪尖获得深度思考，还可以在金融科技的具体场景建设中与作者共鸣。

本书提出的多个观点值得金融科技从业者思考。比如，数字鸿沟与数字摩擦、金融科技 2.0 的主要特征、金融科技的人工智能边界、金融行业的数据治理等，其中的描述在让读者感受到作者的深厚积累和深刻洞见的同时，也可以进一步引发读者思考，这对于促进金融科技的发展是非常有益的。

本书提出的新一代金融企业数字化架构是在当前金融企业的 IT 架构的基础上进行的总结、提炼和提升。对金融科技架构师来说，这个架构模型是极具参考价值的。数字底座、数字装备、数字大脑三者的抽象与组合，为金融科技系统的构建指明了方向，也让非技术人员能够形象地了解金融科技架构的奥秘，这是一个非常精妙的构思！

本书不仅包含理论和构想，作者还基于自身的丰富经验分享了多个具有代表性的金融科技项目建设案例。本书通过对实践案例的深入讲解和分析，可以帮助读者进一步了解金融科技的建设路径。这是本书的不可多得之处，也是我极力推崇本书的重要原因之一。

陈壁环

平安理财有限责任公司数据技术负责人，金融科技专家

推荐序 2

有幸在金融行业工作数十年,亲身见证了科技与金融的相伴相随,共同成长,甚至于金融催生新的科技,科技引发新的金融。这样的事情,不仅发生在美国华尔街,也发生在中国金融企业。

最初,中国的金融业是新兴行业,跑马圈地,野蛮生长,业务主导,科技相助。业务上的手工作业带来的效率低和差错多,参与方的繁杂带来的无序,这些都给从业者带来诸多不便和苦恼。这一切不便和苦恼的最终解决方案都是科技。科技带来的自动化大幅提升了效率,降低了差错,金融业务也借助科技在无序中创造有序。科技是时代的发展动力,也是金融行业的发展原动力。

随着金融行业技术基础设施的建立与更新,众多金融企业与时俱进,比如交易系统的建立和演变。随着风险管理的需求凸显,数据在其中发挥的重要作用越来越显著。"数据即资产"渐渐成为金融从业人员的共识。以数据为核心的金融科技,涉及从传统的数据仓库到大数据架构,再到机器学习、人工智能、区块链等前沿技术。金融科技在客户体验、营销管理、产品创新、风险管理、自动化运营等各个方面都体现出巨大的力量。金融科技已成为金融企业的核心竞争力。

金融科技的迅猛发展是时代趋势的现实体现。人类社会的虚拟化日益加速,必然导致不同个体之间的相关性加强,蝴蝶效应更容易发生——一个小小的偶然事件可能导致大面积甚至全局崩溃,比如前些年外汇市场的一次波动对一些经纪公司产生了致命冲击。科技上的理念和架构也有相对应的演变,比如云技术(代码即基础设施、基础设施即代码)就是虚拟化的充分体现。"去中心化"的架构和"安全沙盒"的应用就是为了将偶然事件带来的风险尽可能地局限在可控范围内。

社会的深度虚拟化的另一个结果是在行业竞争方面赢者通吃。是否与时俱进,不仅仅涉及是否活得好的问题,往往牵涉能否生存的问题。虽然有心跟随潮流,但国内的许多金融企业,特别是资源相对有限的中小型银行、证券公司、保险公司确实有现实的难度。资源的局限也意味着容错空间小,此时企业领军人物的知识储备显得更加重要,比如大方向的清晰认知、通用架构的概念理解、同行的案例参考等。方伟的这本书正是剖析金融科技、指明发展方向的一本好书,作者独创性地从理论、架构、案例三个层面剖析了金融科技的特点，阐述了金融科技的发展趋势，即从数字化走向智能化。对于新一代金融科技应该具有的特征，作者也进行了独特的思考。这些思考具有洞见，充满智慧，给读者带来许多启发。这本书可以帮助决策者建立起鸟瞰全局的意识，以更好地为公司的科技部门设立规划。对普通的金融科技从业者来说，这也是一本必不可少的指引手册。

我与方伟君认识数年，也共事数年，一起在公司的数据工作中做了许多有意义的事，比如数据标准化和数据质量控制的初创性工作。方伟君的实干能力、钻研精神和沉稳作风给我留下深刻印象。这本书是他多年思考的沉淀，也是对他个人职业经历的总结。对多年的职场人来说，在持续、专注的职业生涯之后，能够将自己的知识和经验总结出来，写成文字，这将是奉献给同行的最好礼物。

李叶 博士
曾任美联社多媒体技术总监
Cantor Fitzgerald 债券市场董事总经理
广发证券产品中心总经理、数据治理中心总经理

| 推荐序 3 |

无科技，不金融。

我国金融行业的发展历程，也是信息技术快速发展的历程。金融行业天然具有的虚拟化属性，高度依赖同样以非实体形态存在并运行的信息技术和数据技术。金融行业每天涉及数以十亿计的支付、信贷、资产交易、同业拆借等业务，这些业务背后的一串串指令、一行行代码、一批批数据，看似无形，实则承载金融运行的命脉，服务千家万户的衣食住行，助力实体经济创造价值，也蕴藏着相当体量并需要引起足够重视的风险。金融是跨时空的资金融通，伴随着跨时空的信息融通，通信技术、信息技术、数据技术无出其右，相伴相生，金融发展史就是一部科技发展史。

数字化和自主创新成为国家战略和顶层设计的重要内容。近几年，密集出台的国家政策、金融行业指引和监管要求，鼓励以人工智能、大数据、云计算为特征的金融科技与行业深度融合并健康发展。比如，2020年《关于构建更加完善的要素市场化配置体制机制的意见》首次将"数据"与土地、劳动力、资本、技术等传统要素并列为要素之一。《金融科技发展规划（2022—2025年）》提出，以加强金融数据要素应用为基础，以深化金融供给侧结构性改革为目标，以加快金融机构数字化转型、强化金融科技审慎监管为主线，并提出了强化金融科技治理等八大重点任务。银保监会分别于2018年和2022年出台的《银行业金融机构数据治理指引》和《银行业保险业数字化转型的指导意见》明确了产业数字金融、个人金融服务、金融市场交易业务、运营服务体系等业务条线的具体数字化要求。2021年证监会在上海启动资本市场金融科技的创新试点工作，鼓励新型技术对资本市场各类业务的赋能，促进资本市场的数字化发展。这些政策法规强化了金融科技在行业创新转型中的定位和作用，驱动金融科技通过贴近业务经营创造更高的价值，成为金融企业差异化经营、构建护城河的秘籍。当然，这些政策法规也再次强调合规有序这一金融行业时刻敲响的警钟。

从金融行业发展战略来看，各家金融企业均在数字化和金融科技方面着墨颇多。金融科技带给金融行业翻天覆地的变化，与行业创新、客户服务、运营和生态深度融合，任何一家金融企业都无法置身事外。我所在的专业服务机构每年发布的《技

金融科技 2.0： 从数字化到智能化

术趋势》报告都提供了企业未来 18 至 24 个月的技术洞察。各年的报告都有相当的篇幅阐述并预测构成企业未来技术基础的数字化检验、分析技术以及核心系统现代化等宏观技术力量如何改变业务经营，并且发挥了怎样的作用。我们可以看到，大型财富管理公司通过高感知度且人性化的数字体验在技术方案开发过程中对客户和金融顾问的情绪情感进行敏锐分析，从而加深客户与金融顾问之间的关系；金融企业通过基于同一个集中式的数据湖平台以管理数据并开发、部署、监控金融服务领域的上千个机器学习模型；在内外网边界融合的背景下，零信任架构给金融企业带来安全防御支撑。如此种种，无不体现金融科技在当下的勃勃生机。

从我个人的从业经历和科技实践来看，金融科技对金融行业由支撑到伴随，由无处不在到适度引领，主要有以下几个方面的作用。

首先，金融科技起到连接的作用。这里的连接不仅是对资金需求方与资金供给方的连接（当然这是金融的本质），更是亿万人、千万实体以及金融市场的连接。随时随地、随需而变，服务极限贴近需求，甚至做到实时化，这就是连接的魔力。当下，以银行为代表的金融企业正不遗余力地拥抱数字孪生，期望借助智能终端、流程数字化、物联网技术实现更广泛的连接——由数据科学和机器学习支撑，构建线下业务运营、风险管理、资产管理所对应的虚拟仿真平台，并派生新的金融业务运营模式。

其次，金融科技带来客户体验创新。当布莱特·金在《银行 4.0》一书中喊出"金融服务无处不在，就是不在银行网点"时，当招商银行自 2018 年把"月度活跃用户"作为北极星指标时，金融科技就把锚点锚定在客户体验创新之路上。怎么让客户来，怎么让客户留，怎么让客户活，怎么让客户爽，不同客户群体所需要的体验差异，线上的便利性与线下的温度感，两者如何协调联动？客户的体验之旅从打开金融企业的手机端 App 的那一刻或者是还未动身前往金融企业营业网点的那一刻就开始了。金融科技对客户体验的极致追求不设上限并且永远在路上。了解你的客户，在他需要你的时候，润物细无声地出现在他的面前，恰到好处地交互，关注他的每一点行为变化，及时调动营销、客服、专业资源答疑解惑，又悄悄地离开，在这一过程中减少对客户的打扰并保持合规的定力。这些无时无刻不是金融科技在潜移默化中发挥作用。

然后，金融科技带来数据驱动的业务洞察能力。如同互联网推动大数据和数据科学，金融科技更注重数据应用的广度和数据治理的深度。金融企业一方面从"私域"渠道挖掘潜在客户，扩大数据获取的边界；另一方面采购各行业在合规框架下收集的第三方数据。从数据仓库到融合式大数据平台，再到批流一体化平台，数据科技在金融科技中的比重日益加大，更遑论金融企业还有比其他行业更严格的监管数据报送要求。从批处理数据计算用于经营分析和决策支持，到实时计算用于客户营销和在线风控，再到数据挖掘和机器学习用于客户行为分析和标签画像，金融企业正逐步建立专职并且分工明确的数据科学团队，以形成与业务团队更紧密协作互动的数据运营机制。企业全员会用数据，人人能用好数据。随着数据科技在金融企业中逐渐深入人心，越来越多的数据科技从业人员选择加入这一领域。

我与方伟先生结缘于金融科技，更准确地说是曾在金融行业数据治理和数据资产化项目中并肩作战过。方伟是典型的技术与业务相融合的"紫色人才"，一直奋战在金融科技一线。记得在广州的电信 IDC（Internet Data Center，互联网数据中心）机房，他和我说过所有券商接入证券交易所的服务器网线长度如何做到一视同仁的讲究，也有过数据智能技术在应用过程中，我们基于基础数据的质量不足而导致的分析结果偏差的激烈讨论。方伟很早就开始主持搭建完整的大数据平台技术架构，佐之以数据治理平台负责数据链路的数据标准执行和数据质量监控，以此为基础，以业务应用场景为导向开展类型丰富的数据应用，例如线上客户标签管理体系和自动化营销系统，统一账户业务全景视图等，并探索了一系列人工智能技术的落地与应用。方伟喜欢通过数据模型的抽象和业务骨干们打交道，又擅长用算法模型和实测结果与程序员们"掰掰手腕"，但往往能自如切换"蓝色"（代表技术）和"红色"（代表业务）身份，收获两边的鲜花和掌声（也有茫然的白眼）。

本书是方伟先生近二十年金融行业科技领域摸爬滚打、夙夜不懈的心得体会之作，其中既有项目成功上线的心得，也有"踩坑填坑"的无奈，更有对行业未来科技发展的洞察。全书以金融科技 2.0 的开放、智能和融合为主线，重点阐述金融全链路的智能化给行业带来的变革和挑战。基于自身的丰富经验，他总结了数字化和数据治理之间牢不可破、相辅相成的关系。新一代的金融科技需要新一代的技术架构。方伟结合技术发展趋势，提出的架构革命令我耳目一新，特别是新基建、新连接和新动能这三个构成要件及其相互作用，给正在进行金融科技架构规划的同仁以有益参考。针对企业在技术领先的同时如何调整组织架构和工作机制，本书给出了实战经验总结。金融行业各子领域之间也存在业务模式和技术发展阶段的差异，如银行、保险、证券期货、基金、资管等各有各的打法，各有各的难题，但抽丝剥茧后可以看到金融科技的本质——连接、体验和数据。每个金融科技人做到心中有雄兵，手中有利器，脚下踏实地。

两岸猿声啼不住，轻舟已过万重山。

何　铮

某咨询公司数据业务合伙人，金融科技专家

前言

无科技，不金融。

当我在18年前应聘加入一家位于中国南方的证券公司的时候，吸引我的是这家公司大楼的金黄色玻璃外墙。整栋大楼在阳光下熠熠生辉，显得豪华而尊贵。我在心中感慨，这便是金融了。

我当时加入的是这家公司的科技部门，办公地点并不在这栋金色的豪华大楼里，而是在20公里开外的一栋不起眼的蓝色办公楼里。当人力资源部的同事把我带到工位上时，隔壁办公室传来一阵巨大的嘈杂和争吵声，他告诉我，这是负责交易系统的研发团队在正常开会。混乱、无序、繁忙，我心里暗想，这就是科技吧。

毫无疑问，18年前，这家金融企业的科技部门是弱小而低调的。连我自己也没有料到的是，我在这家金融企业的工作时间长达18年之久。这18年来，科技部门从弱小到壮大，帮助公司取得了业务成功，而我个人也随之成长。科技的地位日益凸显，我对此有切身感受。

从2003年起，我和同事们建设了ERP系统，实现了财务、采购、HR工作的信息化，科技开始成为内部管理的有力支撑。

2008年，我和同事们建设了证券集中交易系统，实现了证券核心业务的集中运营，科技开始成为业务的核心承载。

2011年，我带领伙伴们着手建设数据仓库系统。2015年，我们将整个数据体系升级为Hadoop大数据平台。数据体系支撑了公司的客户营销、业务分析、风险管理等各类业务运营和管理决策，科技开始成为业务发展的驱动力。

2017年，我负责公司的数据治理工作，实现了公司的数据标准管理和数据质量改进。2019年，我们在全公司发起"人人都是数据分析师"的创新大赛活动，这激发了同事们对数据文化的极大热情。在热烈的决赛现场，当看到同事们展示的一个个精彩案例时，我真切地感受到数据分析和数字科技对业务的巨大推动力。

在公司层面，金融科技已经成为一张特色名片，在获得诸多奖项的同时，也成为年报的一项重要内容。许多领先的金融企业也是如此，甚至在科技层面的竞争已经成为趋势。

不再有人怀疑科技对金融的驱动力。与此同时，金融行业对科技的应用发展也起到了促进和引领的作用。对比千行百业，金融行业对科技的运用走在了许多行业的前面，金融从业者往往能发掘科技的应用价值。从人力成本的节省到客户体验的提升，再到业务效率的改进，金融行业的领先者对科技的应用往往能做到"得心应手"乃至"炉火纯青"，以至于诞生了"金融科技"这样的专用名词。而针对各种先进的"黑科技"，金融行业也往往是最先落地的试验场。

科技与金融，如水与鱼，是表与里，未来还会进一步融合。

无挑战，不金融。

进入数字时代之后，金融行业应用数字科技成为潮流，"数字化转型"逐渐成为行业共识。金融行业进行数字化转型：一方面顺应时代发展要求，另一方面可以增强自身的管理优势和业务优势。许多金融企业对数字化转型有更高层次的认识，认为数字化转型符合如下要求。

- 生存所需：数字化落后的企业可能会被时代抛弃，在未来失去生存的机会。
- 发展所需：数字化能够使得客户体验更佳、服务评价更好、产品更优、竞争力更强、管理效率更高、成本更节约、发展更迅速。
- 创新所需：数字化带来创新性业务场景、更优质而独特的产品与服务、更智能化的展业与管理模式，甚至创造新的数字经济与数字生态。

关键问题是，如何实现？

数字化转型如此之难，为许多金融企业带来巨大的挑战。这个挑战不仅是科技层面的规划、需求、建设、运维的挑战，还有来自业务和管理的改变、协同、应对、转向，是公司层面的变革。许多金融企业不具备这样的全方位的数字能力，甚至还没有建立深刻的转型意识。

而更大的挑战来自市场上出现的"数字原生"竞争对手——这些企业天然基于数字技术构建。它们轻装上阵，大杀四方，对尚陷在"转型泥潭"中的传统对手形成具有代际差异的技术优势。这种优势往往是碾压式的，给传统金融企业带来了巨大的生存危机。

未来绝非坦途，变化与不确定性永远是常态，挑战也一定是常态。

无实践，不金融。

唯有实践才能应对挑战，也唯有实践才能真正总结出第一性原理，找到走向未来数字化和智能化的真正道路。

本书尝试用三篇 15 章内容来阐述金融企业的数字化转型和金融科技建设，从理念、架构、实践三个角度探讨金融企业如何面对数字化挑战。

第一篇（包括第 1 章～第 5 章）为理念变革，探讨金融企业在数字化转型过程中面临的理念转变，旧的思维模式如何突破和升级，新的模式和架构如何构建，以及在数字化转型过程中面临的关键问题，如数据治理、数字鸿沟和数字摩擦等。

第二篇（包括第 6 章～第 10 章）为架构变革，探讨金融企业的新一代数字化架构。本书创新性地提出了金融企业的新一代数字化架构，其核心主体包括数字底座、数字装备和数字大脑。新一代数字化架构将能够更有效地支撑业务的数字化创新和管理及运营的效能提升。

第三篇（包括第 11 章～第 15 章）为实战变革，探讨金融企业的数字化转型规划设计方法，并讲述了银行、保险、证券期货及基金与资管等典型金融企业的金融科技建设案例。

希望本书能为如下读者带来一些帮助。

- 数字化转型规划和建设的同行，可以将本书所阐述的规划思路、参考模型作为工作参考指南，可以从建设实践和项目案例介绍中获取重要的借鉴信息，在建设过程中碰到问题时可以参考本书提出的应对思路和解决方案，避免盲目建设和重复建设。
- 金融行业的科技从业者，可以从本书中了解到行业科技发展的方向，新的数字技术和工具如何选型及应用，如何更深入地了解金融业务人员的需求、痛点，以及如何更好地运用科技支撑和赋能业务，甚至引领业务。
- 金融行业的业务管理者，可以从本书中了解到新的数字技术和工具如何构建创新性场景，如何快速地从更高层次了解各类新技术的特点，如何理解金融科技建设人员的思维模式，从而在业务与科技间建立起更强的协作纽带。
- 金融数字化和金融科技产业界的同行，可以从本书中直观而形象地了解金融企业内部的数字化和科技建设的价值取向、思维方式、建设模式等，从而构建更有针对性和行业特点的解决方案与数字化产品。

- 其他行业的数字化建设和科技建设的同行，可以了解到金融行业是如何在科技先进性与风险性中取得平衡，从而更可靠且安全地推进企业信息化和数字化建设的实践经验，并作为本行业和本企业数字化建设的参考。
- 对金融行业数字化发展历程和方向感兴趣的读者，可以了解金融企业的科技发展历程，当前围绕数字化转型所采取的策略和展开的工作，以及未来的方向。

限于本人水平，本书难免存在疏漏和局限之处，请读者朋友不吝赐教，指出本书中的谬误，这将是对我莫大的帮助。如果发现有一丝共鸣之处，则是对我最大的奖赏。

作　者

资源与支持

本书由异步社区出品，社区（https://www.epubit.com）为您提供相关资源和后续服务。

提交勘误

作者、译者和编辑尽最大努力来确保书中内容的准确性，但难免会存在疏漏。欢迎您将发现的问题反馈给我们，帮助我们提升图书的质量。

当您发现错误时，请登录异步社区，按书名搜索，进入本书页面，单击"发表勘误"，输入错误信息，单击"提交勘误"按钮即可，如下图所示。本书的作者和编辑会对您提交的错误信息进行审核，确认并接受后，您将获赠异步社区的 100 积分。积分可用于在异步社区兑换优惠券、样书或奖品。

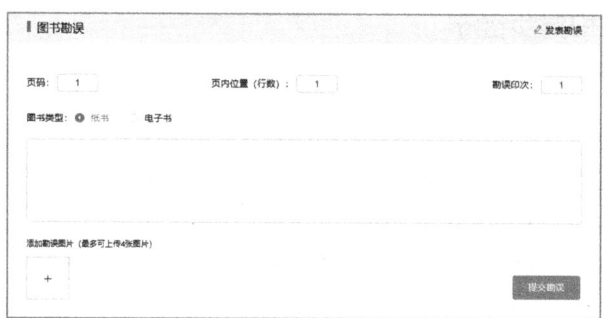

扫码关注本书

扫描下方二维码，您将会在异步社区微信服务号中看到本书信息及相关的服务提示。

与我们联系

我们的联系邮箱是 contact@epubit.com.cn。

如果您对本书有任何疑问或建议,请您发邮件给我们,并请在邮件标题中注明本书书名,以便我们更高效地做出反馈。

如果您有兴趣出版图书、录制教学视频,或者参与图书翻译、技术审校等工作,可以发邮件给我们;有意出版图书的作者也可以到异步社区投稿(直接访问 www.epubit.com/contribute 即可)。

如果您所在的学校、培训机构或企业想批量购买本书或异步社区出版的其他图书,也可以发邮件给我们。

如果您在网上发现有针对异步社区出品图书的各种形式的盗版行为,包括对图书全部或部分内容的非授权传播,请您将怀疑有侵权行为的链接通过邮件发送给我们。您的这一举动是对作者权益的保护,也是我们持续为您提供有价值的内容的动力之源。

关于异步社区和异步图书

"异步社区" 是人民邮电出版社旗下 IT 专业图书社区,致力于出版精品 IT 图书和相关学习产品,为作译者提供优质出版服务。异步社区创办于 2015 年 8 月,提供大量精品 IT 图书和电子书,以及高品质技术文章和视频课程。更多详情请访问异步社区官网 https://www.epubit.com。

"异步图书" 是由异步社区编辑团队策划出版的精品 IT 图书的品牌,依托于人民邮电出版社几十年的计算机图书出版积累和专业编辑团队,相关图书在封面上印有异步图书的 LOGO。异步图书的出版领域包括软件开发、大数据、人工智能、测试、前端、网络技术等。

异步社区

微信服务号

| 目录 |

第一篇 理念变革

第1章　金融企业数字化转型与变革　　002
1.1　新一代数字科技浪潮汹涌而至　　004
1.1.1　数字科技与数字生活　　004
1.1.2　数字科技的国家布局　　005
1.2　金融行业数字化转型去向何方　　006
1.2.1　金融行业数字化转型驱动力　　007
1.2.2　金融企业数字化转型的挑战与出路　　008
1.3　数字化给企业带来红利　　010
1.3.1　客户服务红利　　011
1.3.2　商业创新红利　　011
1.3.3　经营管理红利　　012
1.4　数字化不承诺银弹　　014
1.4.1　数字化拯救不了没落的业务模式　　014
1.4.2　数字化沦为炫技的噱头　　014
1.4.3　数字化转型失败的案例比比皆是　　015
1.5　数字化没有改变金融的本质　　016
1.5.1　层出不穷的"伪金融科技"　　016
1.5.2　数字化方程式　　017

第2章　金融科技2.0　　019
2.1　金融科技1.0　　021
2.1.1　银行信息科技变迁　　021
2.1.2　金融科技"四大金刚"　　022
2.2　更加开放、智能、融合的金融科技2.0　　027
2.2.1　金融科技建设和应用中的问题与挑战　　027
2.2.2　数字科技发展推动金融科技进步　　029
2.2.3　金融科技的下一步　　030
2.3　监管的科技武装　　034

第 3 章　从数字化到智能化　　036

3.1　全链路数字化　　038
3.1.1　用户旅程和业务流程的数字化　　038
3.1.2　经营管理和科技运营的数字化　　040

3.2　融合式智能化　　041
3.2.1　当前的智能应用场景　　041
3.2.2　新兴智能应用场景　　044

3.3　人工智能的边界　　045
3.3.1　用户隐私数据防护的问题　　045
3.3.2　人工智能带来各种类型的系统风险　　047
3.3.3　对人工智能的监管　　048
3.3.4　人工智能的云服务化　　049

第 4 章　数字化与数据治理　　052

4.1　数字化最终还是一场数据治理　　054
4.1.1　数据治理对金融行业尤为重要　　055
4.1.2　金融数据治理之难　　055

4.2　数据治理的核心工作领域　　058
4.2.1　金融企业的数据标准管理　　059
4.2.2　金融企业的数据质量管理　　060
4.2.3　金融数据治理的其他工作领域　　061

4.3　金融行业数据模型和主数据　　062
4.3.1　金融行业数据模型　　062
4.3.2　金融行业主数据　　065

4.4　数据是要素，也是资产　　066
4.4.1　什么是数据资产　　066
4.4.2　金融企业的数据需求管理　　068

第 5 章　数字鸿沟与数字摩擦　　070

5.1　数字鸿沟问题　　072
5.1.1　数字鸿沟的形成　　072
5.1.2　金融企业内的数字鸿沟　　073

5.2　无处不在的数字摩擦　　075
5.2.1　数字摩擦的产生　　075

5.2.2 如何消除数字摩擦	079
5.3 守住数字隐私和数字安全底线	080
5.3.1 金融企业的数字隐私问题	080
5.3.2 金融企业的数据安全管控	082

第二篇 架构变革

第 6 章　新一代金融企业数字化架构　086

6.1 系统设计的原理	087
6.1.1 系统的定义	087
6.1.2 系统工程论	089
6.1.3 复杂巨系统	091
6.1.4 系统架构设计方法	092
6.2 金融系统架构从分散式到集中式，再走向分布式	093
6.2.1 分散式架构	094
6.2.2 集中式架构	094
6.2.3 分布式架构	095
6.2.4 金融企业系统架构实践	097
6.3 基于分布式技术的金融企业数字化架构	099
6.3.1 金融企业数字化架构的业务背景	099
6.3.2 新一代金融企业数字化架构的特征	100
6.3.3 新一代金融企业数字化架构的示意图	102

第 7 章　新基建：数字底座　105

7.1 金融企业的信息基础设施	107
7.2 数据中心	108
7.2.1 金融企业数据中心建设	108
7.2.2 网络和安全	111
7.3 云计算与云原生	112
7.3.1 金融企业的云计算应用历程	112
7.3.2 云计算的发展与云原生的兴起	115
7.4 数字底座	117
7.4.1 金融企业的系统架构设计	117

7.4.2　金融企业的数字底座　119

第 8 章　新连接：数字装备　122

8.1　数字化新连接　124
8.1.1　5G 与 Wi-Fi6　124
8.1.2　万物互联与物联网技术　127
8.1.3　新连接，连接什么　128
8.2　数字化新体验　129
8.2.1　极简化用户体验　130
8.2.2　金融"新体验"　133
8.3　金融数字装备　134
8.3.1　金融数字装备的特性要求　134
8.3.2　金融数字装备架构图及部件说明　135
8.3.3　金融数字装备的意义　137

第 9 章　新动能：数字大脑　139

9.1　数字化新动能　141
9.1.1　城市大脑　141
9.1.2　工业大脑　142
9.1.3　交通大脑　143
9.2　金融业务——需要思考的业务　145
9.2.1　金融风险分析　145
9.2.2　金融市场分析　147
9.2.3　金融业务运营分析　148
9.3　金融数字大脑　150
9.3.1　金融数字大脑的特性要求　151
9.3.2　金融数字大脑架构　153
9.3.3　金融数字大脑的意义　155

第 10 章　数字化组织与创新文化建设　157

10.1　不忘创业初心，来一场内部数字创业　159
10.1.1　重拾创业文化　159
10.1.2　数字科技创新文化的挑战　162
10.1.3　给创新更多保护　164

10.2 赛马机制和数字特战小队　　166
10.2.1 竞赛激发员工创新活力　　166
10.2.2 数字化特战小队　　168
10.2.3 对赛马机制和数字化特战小队的恰当管理　　170
10.3 案例：人人都是数据分析师　　172
10.3.1 面向全员的数字化培训　　172
10.3.2 数字化认证和竞赛　　174

第三篇 实战变革

第11章 金融企业数字化：从规划到落地　　180
11.1 金融企业的数字化家底　　182
11.1.1 数字化家底　　182
11.1.2 数字化成熟度模型　　184
11.1.3 企业数字台账　　185
11.2 数字化战略规划　　187
11.2.1 数字化目标　　187
11.2.2 数字基线　　188
11.2.3 数字化路线图　　192
11.3 金融企业数字化的落地与实施　　193
11.3.1 数字化建设　　194
11.3.2 评估与检验　　195
11.3.3 配套建设　　196

第12章 银行数字化转型实例　　198
12.1 未来还会有银行吗　　200
12.1.1 银行业数字化转型加速　　200
12.1.2 银行的数字化转型策略　　203
12.1.3 银行的技术偏好和关注点　　204
12.2 开放生态的数字银行　　206
12.2.1 数字银行项目的背景　　207
12.2.2 数字银行项目建设历程　　208
12.2.3 数字银行项目的未来　　211

12.3 银行数字化营销 212
12.3.1 数字化营销项目的背景 212
12.3.2 数字化营销项目的建设过程 214
12.3.3 银行数字化营销的未来 217

第 13 章 保险公司数字化转型实例 219

13.1 数字化保险与未来生活 221
13.1.1 保险业务的分类和特点 221
13.1.2 保险公司数字化转型的策略和现实情况 223
13.1.3 保险公司的技术偏好和关注点 225
13.2 数字时代的车联网保险 226
13.2.1 项目背景 226
13.2.2 项目建设模式和技术架构 228
13.2.3 数字化车联网保险的未来 230
13.3 现代农业保险 232
13.3.1 项目背景 232
13.3.2 项目建设模式和技术架构 234
13.3.3 农业保险的未来 236

第 14 章 证券期货类公司数字化转型实例 237

14.1 资本市场的数字化期望 238
14.1.1 证券期货业务的特点 238
14.1.2 证券期货类公司的数字化转型策略 240
14.1.3 证券期货类公司的技术偏好和关注点 242
14.2 数字化投资银行 244
14.2.1 项目背景 244
14.2.2 项目历程和系统架构 246
14.2.3 数字化投资银行的未来趋势 248
14.3 数字化财富管理 249
14.3.1 项目背景 250
14.3.2 项目历程和系统架构 251
14.3.3 财富管理的数字化趋势 254

第 15 章 基金与资管企业数字化转型实例 256

15.1 大资管时代 257

15.1.1	为什么是大资管时代	258
15.1.2	资产管理业务的数字化转型策略	260
15.1.3	大资管业务的发展趋势	262
15.2	**智能化投研**	**263**
15.2.1	项目背景	264
15.2.2	项目历程和系统架构	265
15.2.3	智能化投研的未来	268
15.3	**智能化风控**	**269**
15.3.1	项目背景	270
15.3.2	项目历程和系统架构	272
15.3.3	智能化风控的未来	273

后记   **275**

第一篇

理念变革

第 1 章
金融企业数字化转型与变革

大漠孤烟直,长河落日圆。

——[唐]王维,《使至塞上》

大唐建中十一年(公元790年,历史上的真实纪年是大唐贞元六年),唐军的一支运款队伍在西域龟兹和西洲两城之间运送军费。运款队伍在半路为敌军所劫杀,唐军与敌人同归于尽。夜来,一个流民在偷摸财货时,被之前战斗中受伤晕倒的唐兵郭元正所制服并征用。于是,残兵与流民踏上了大漠军费运送旅程。茫茫沙漠中坎坷艰难,一路风沙无数,更碰上亡命劫匪,唐兵郭元正为守护军费而英勇捐躯。而流民卢十四,其实他是一个逃兵,一路上为郭元正忠诚信念和不屈精神逐渐感化,最终继承使命孤身一人爬到西洲城,送达军费。捍卫边城的将士们,虽已是满头白发,但唱起"秦时明月汉时关,万里长征人未还,黄沙百战穿金甲,不破楼兰终不还"的不屈军歌时,仍是壮怀激烈,大唐风骨在此时展现无遗。

2019年,一支名叫"大唐漠北的最后一次转账"的广告短片惊艳全网,它讲述了一则大唐军人在大漠荒原为送达军费而奋不顾身的悲壮故事。其中的家国情怀和执着信念让人感怀,广告短片的投放者——中国银联也通过动人的历史故事巧妙地宣传了自己的支付产品——云闪付和其中的"虽远必达,分文不差"的金融理念,收获了非常可观的广告效益。

从古代大唐的铜质钱币到现代社会的数字货币,金融的核心理念仍然是信用的传递,但是承载的方式和技术手段却发生了巨大的变化。在古代社会,铸币技术作为承载古典金融行为的科技载体,也是体现当时科技水平的重要指标之一。相对于上古时代的以物易物，或者用贝壳、玉石等天然代币，利用贵重金属来传递物品价值，并且进一步将金属铸造为标准化的货币进行价值和信用的交换，既提升了金融交易的公平性，也大大提升了金融交易的效率。铸币技术可以说是古代社会的"金融科技"之一。

时代变迁，沧海桑田。

随着人类活动空间的大幅拓展，以及人类社会活动巨大的复杂与冲突，金属货币的种种弊端逐步凸显：笨重且不便于携带，流通过程难以追踪，铸造和发行成本巨大。这些不足驱使着人类利用各种更强大的技术手段解决这些问题。在进入现代社会之后，电子通信和计算机技术被发明并得到飞速发展，人类开始尝试运用现代信息科技来提升金融的价值与效能。随着云计算、区块链、大数据、人工智能等创新科技的爆炸式发展，人类进入了全新的数字时代。移动支付、数字货币让人们不再需要实体的货币即可实现信用支付和价值传递，极大地提升了金融活动的便利性。

数字科技终于带来了金融乃至人类社会文明的大变革。

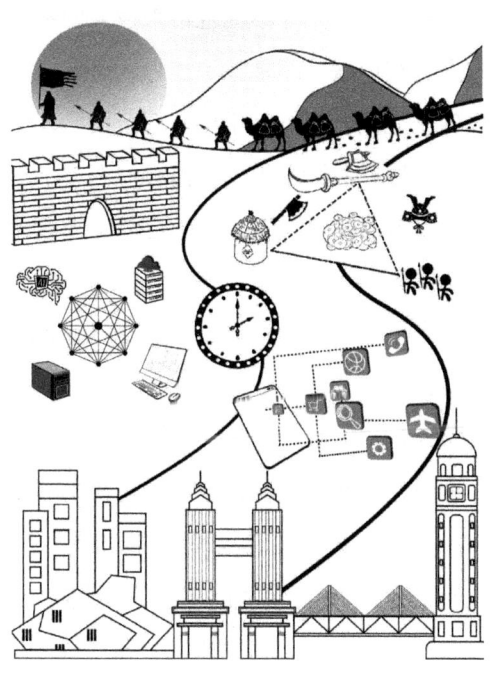

1.1
新一代数字科技浪潮汹涌而至

数字科技，一般是指运用现代电子通信和计算机技术，将物理世界的各种信息，例如图像、文字、声音、视频等，转化为计算机所能识别的二进制数字"0"和"1"，然后进行运算、加工、存储、传送、传播、还原的一系列相关的技术。

1.1.1 数字科技与数字生活

数字科技可以说是人类社会划时代的重要发明。在进入 21 世纪以来，数字科技更是深入到人们生活的方方面面，与每一个人的生活都紧紧地连接在一起。

人们的衣食住行中，数字科技无处不在且带来极大便利。无论是在网上商城购买衣物、外卖点餐、乘坐公交地铁，还是医院挂号、逛菜场买菜等方方面面，统统可以通过一台智能手机轻松完成。"一部手机走遍全国"，这样在人类传统社会难以想象的体验，已成为现代人寻常生活的一部分。

数字化带来的一波又一波"黑科技"，也早已像柴米油盐一样，烙印在人们的日常生活里。人们把这样低碳环保又无比便利的生活方式称为"数字生活"。

数字科技给社会发展带来巨大的推动作用。在航空工业领域，人们用数字技术"重建"飞机发动机，让它在计算机构建的数字空间起动，从而完成设计和改进优化。这样的技术人们称为"数字孪生"。

在广袤的草原上，牧民利用北斗终端跟踪每一头牦牛的放牧情况，足不出户即可养殖数千头牦牛。2020 年，贫困地区的农民通过直播带货的新玩法，不仅找到一条精准扶贫的新思路，而且开创了一种全新的数字经济模式——直播经济。

2020 年，人类遇上史无前例的新冠肺炎疫情。在对抗这场自然灾难的过程中，数字科技展现出巨大的惊人力量。

我国的各级政府部门将卫生健康大数据、交通大数据、移动大数据连接起来，构建起历史上最庞大的疫情追踪防控体系和资源调度体系。而在普通人的手机中，这些复杂科技被简化为一枚小小的数字健康码。这枚数字健康码直观明了地展现出个人的健康预警状况、出行通勤状况、疫苗注射情况等。

在隔离期间，数字视频会议技术让人们的教育、医疗、工作得以远程开展，各种商业活动得以展开，各种建设行动得以沟通。数字科技成为保障经济活动开展的重要基础设施。

数字科技的强大力量在各方面尽显。然而，数字科技也带来许多新的问题。进入 21 世纪以来，网络诈骗作为新兴的犯罪方式，给人类社会带来巨大伤害。

据统计，我国每年发生的网络诈骗涉案金额高达几百亿元，受到网络伤害的大多数是老年人和未成年人等弱势群体，而网络犯罪的匿名性和难以追踪也给公安部门的破案带来巨大的挑战。

除触目惊心的数字犯罪以外，许多互联网企业利用数字技术进行大数据杀熟、侵犯客户隐私的擦边球行为更是层出不穷。有人感叹，数字科技带给人类多少欢乐，就同时带来多少痛苦。如何善用数字科技，是摆在人们面前的全新问题。

1.1.2　数字科技的国家布局

数字科技如此重要，迫切需要国家在战略层面做出明确的规划。

2021 年 3 月 5 日，《政府工作报告》总结和回顾了 2020 年及"十二五"期间产业数字化的成就，并提出 2021 年乃至"十四五"期间数字化发展的目标和举措。《政府工作报告》还指出，"十四五"期间要"加快数字化发展，打造数字经济新优势，协同推进数字产业化和产业数字化转型，加快数字社会建设步伐，提高数字政府建设水平，营造良好数字生态，建设数字中国"。

中国的数字化建设体现出大布局、大协同、大投入的特点。中国充分利用自身的制度优势，从智慧政府到各行各业的数字化转型全方位推动，从数字化政策到数字化标准与实施规划，建立起顶层良好设计、上下顺畅贯通的国家数字战略，体现出坚定而持续的数字化大布局。

2020年4月10日，国家发展和改革委员会与中共中央网络安全和信息化委员会办公室联合印发《关于推进"上云用数赋智"行动培育新经济发展实施方案》，随后又发布了《数字化转型伙伴行动倡议》，从宏观政策和机制设计层面对广大企业开展数字化转型以及建立数字化生态给予有力支持和细致指导，推动全数字产业链的大协同。

与此同时，北京、上海等省区市纷纷出台数字化扶持政策，重点攻关关键领域、卡脖子领域，组织产业界和学术界力量进行突破和带动。

国际社会在数字科技领域的竞争逐渐激烈。面对新兴科技带来的竞争形势，全球主要发达国家纷纷做出相应的战略部署，并且采取了一系列的政策措施、法律法规来加快数字科技的发展和产业界的数字化升级。

美国依托自身在全球信息技术产业发展中的领先地位，在帮扶本国企业加快数字化和智能化转型的同时，也悄悄加大了对他国数字科技发展的遏制力度，尤其是对中国重点科技企业采取断供芯片、市场限制甚至是低劣的政治化的手法进行打压。

德国围绕"数字战略2025"的发展计划，将工业4.0平台、未来产业联盟、重新利用网络、数字技术、可信赖云、数据服务平台、中小企业数字化、创客竞赛、信息技术安全等作为重点发展领域，体现出欧洲发展数字经济，增强区域和国家竞争优势的战略意图和决心。

1.2
金融行业数字化转型去向何方

传统产业想要进入数字时代，就会面临数字化转型的难题。那么，究竟何为数字化转型？

国家在战略层面对数字化转型的定义是：企业数字化转型，简单来说，就是企业，特别是传统企业，通过将生产、管理、销售各环节都与云计算、互联网、大数据、人工智能等新兴信息技术相结合，促进企业研发设计、生产加工、经营管理、销售服务等业务向数字化等方向转型，发展数字经济，融入数字时代。

从这个定义可以看出，传统产业相对于所谓的"数字化原生企业"，其生产和销售过程、研发和管理模式等多是线下化、非数字的，数字化转型的过程就是一个传统模式运用数字科技实现流程加速和效率提升的过程，最终实现融入数字生态以及新的数字经济模式的跃迁。

1.2.1 金融行业数字化转型驱动力

作为向来重视信息技术应用的现代金融行业，其数字化转型的驱动力有哪些呢？总结来看，有如下几个方面的驱动力。

首先，国家层面的数字国家战略带来了重大的发展机遇和发展驱动力。在行业层面，一行两会（指中国人民银行、中国证券监督管理委员会和中国银行保险监督管理委员会）也推出了具体的发展措施来促进行业的金融科技和数字化转型发展。

2019年，中国人民银行印发《金融科技（FinTech）发展规划（2019—2021年）》，强调数字科技对金融行业的驱动作用，指出金融科技核心技术发展方向和与其匹配的应用场景。该发展规划是未来几年金融科技工作的顶层设计方案。

2020年8月，中国证券业协会发布《关于推进证券行业数字化转型发展的研究报告》，指出将加快出台行业标准，促进金融科技应用融合。逐步建立完善人工智能、区块链、云计算、大数据等数字技术在证券行业的应用标准和技术规范，完善人工智能技术在投资顾问业务领域的应用条件及合规要求。鼓励证券公司在人工智能、区块链、云计算、大数据等领域加大投入，促进信息技术与证券业务深度融合，推动业务及管理模式数字化应用水平提升，评估数字技术在证券业务领域的应用成果，推广证券行业数字化最佳实践引领行业转型。

金融行业经过多年的信息化建设，具有良好的数字化基础，但是数字化现状仍然存在许多短板。

相对而言，金融企业的数字化水平与互联网企业和先进数字企业相比还存在许多差距，例如在云计算、人工智能等的技术应用方面。此外，与国外顶级投资银行如高盛、摩根士丹利相比在数字科技投入、数字科技运用水平、特色数字化产品等方面均存在着较大差距。

在金融行业内部，非银金融机构与银行，特别是国有大行和股份行相比，在数字化投入水平、自主研发和技术掌控能力方面均存在巨大的差距，导致行业内数字化水平差异巨大、参差不齐，小型金融机构与头部领先企业比起来更是存在巨大的鸿沟。

这些差距鞭策着金融企业积极运用最新、最先进的信息技术，来弥补自身短板、增强竞争能力、赶上竞争对手、获得商业成功。

金融企业做数字化转型：一方面是顺应时代发展，另一方面是增强自身优势，包括管理优势和业务优势，从而在更趋激烈的市场竞争中生存下来，不被时代所抛弃。同时进一步发展，改进客户体验，得到客户更佳的评价，创造更优的产品和服务，增强竞争力，提升管理效率，节约运营成本。最终实现创新领先，创造新的业务场景和数字化产品形态，实现智能化管理，融入数字生态并实现数字经济转化。

1.2.2 金融企业数字化转型的挑战与出路

那么，金融企业应该怎么做数字化转型？难点和挑战有哪些？

数字化转型并没有固化的模式。金融企业做数字化转型的思路一般为规划、试点、建设，分阶段建设，不断演进优化。

规划阶段的主要任务为摸清现状，设定目标，设计好行动路线。试点阶段的任务为选择试点业务，运用先进科技，评估数字化效果，建立数字化制度规范。建设阶段的任务为设定数字化战略要求，分配任务到重点项目，审核数字化目标达成情况。通过迭代式的建设模式，不断地分析建设成效，总结数字化实践经验和教训，完善制度规范，梳理数字化要求，制订下一阶段数字化计划。

数字化转型建设过程中企业会碰到许多难点和挑战，一般来说，有如下几个方面。

- 规划阶段：步子迈太大，制定盲目而不切实际的数字化目标，不与业务现状和现实需求相结合；或者只拘泥于现状需求，引领性不够；或者对自身现状认识不清、不全面，导致数字化规划盲目而空洞。
- 试点阶段：时间拖太久，为试点而试点，没有建立起后续可参照的规范体系，没有取得值得建立信心的数字化成效。
- 建设阶段：数字化总体目标不切实际，重点项目间协同不足，基础平台建设跟不上，标准和机制建立不起来，数据不足、数据质量差，技术方向选择不当等。
- 发展阶段：企业内外部数字鸿沟如何消除、数字摩擦如何减轻、数字生态如何建立和融入，先进技术如何了解、把控、运用等。

在数字化转型的实践过程中，我们深刻认识到，数字化转型的核心点是企业对数据的管理和应用的能力。

数据是企业的血液，是数字化转型的动力。金融企业如何构建先进的数据能力，如何更快地发现数据、汇集数据、分析数据，是数据化转型所必须建立的核心能力，也是数字化转型成败的关键所在。本书将阐述金融企业如何规划数据平台、如何建立核心的基础数据模型、如何建立起企业级别的数据指标和数据应用体系，以及如何运用数据体系支撑和应对各种业务场景，从而真正构建完整强大的企业数据能力体系。

数据治理是数字化转型的关键所在。企业数字化转型过程中最难的挑战往往是数据的挑战。数据缺乏标准化、数据质量不佳，最终将会导致企业数字化转型失败，金融企业尤为如此。而解决这个问题的举措就是展开数据治理。

但数据治理是如此的难，金融企业作为数据治理多年的现行实践者，也难以说取得了普遍性的成功。我们应该认真总结金融企业在数据治理中面临的挑战和困难，在此基础上探索构建现代化数据治理体系的要诀。

以人工智能为代表的金融科技在金融企业的数字化转型过程中起到加速促进的作用。数字化的下一步是智能化。企业现在应该主动积极地应用各种人工智能技术，来促进企业数字化转型的建设，以取得创新性的应用效果。人工智能技术在专业垂直领域已经逐渐成熟，但是如何结合业务场景，发挥技术优势，取得创新效果，仍然是业界面临的难题。

总体来看，金融数字化转型，就是从电子化走向数字化，再从数字化走向智能化，这也是行业所热道的金融科技 2.0。图 1.1 展示了金融行业数字化演变的 4 个阶段。

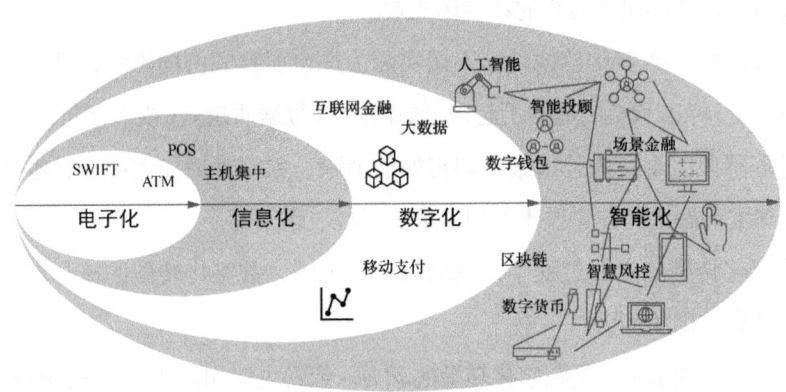

图 1.1　金融行业数字化演变的 4 个阶段

1.3
数字化给企业带来红利

数字化转型在诸多方面给传统企业带来提升，这是先进科技所带来的数字红利。无利不起早，在商业界并不是一句坏话。传统企业在进行数字化转型的过程中，首先要弄清楚数字化转型能够带来的好处。企业上下都充分地认识到数字化转型的红利，充分地重视数字化转型所带来的红利，充分地利用和享受数字红利，这样才能取得企业上下的共识，求得数字化转型的利益最大化。

企业数字化转型红利主要包括客户体验提升、客户能力增强、员工能力增强、商业模式创新、业务流程改进、管理效能提升、管理成本节约、风险防范更加敏锐等方面。

1.3.1 客户服务红利

数字化转型能够促进客户体验的提升。传统的客户关系管理模式是基于销售的，关注点是客户如何购买产品、使用产品和维护产品。但是在移动互联网时代，很多厂商开发了自己的App。这些App的主要功能不是销售产品，因为产品销售有专门的电商平台去完成，它们的主要功能是提供客户社区和特色的体验活动。

例如品牌汽车BMW（宝马）就开发了My BMW App。每一位宝马车主都可以通过App结交志趣相投的新朋友，分享生活趣事，交流驾驶心得，发表原创的旅行生活体验等。宝马公司称此为"社交化的品牌体验"，这也是很多传统品牌公司正在尝试的。这种数字化的体验强化了客户与品牌的情感连接。

数字科技有效地增强了客户参与业务的能力。据报道，中国人寿制订了一个"以客户旅程为中心的优化计划"。这个计划完全站在客户的视角，对客户在接受寿险业务时的"客户旅程"进行全面梳理，将碎片化的功能用数字平台串联起来，通过用户画像、标签中台等数字技术优化客户的操作过程，最大限度地降低客户与数字终端的人机交互的复杂度，回归人类感官本能，为客户提供干净利落、简单好用的数字化服务功能，让客户能够自助地、便捷地享受到保险投资方面的综合金融服务。

1.3.2 商业创新红利

数字科技使得企业员工的能力得到增强。还是以中国人寿为例，其在2020年打造了一套称为"国寿大脑"的后台系统。中国人寿将后台的客户分析能力、核保核赔功能、运营风险管控等集成为一体化的数字支撑平台，支持一线展业人员拓展客户社交圈，加强与客户的联系，增强客户信任感，增进对客户的了解，进一步促使一线员工的业绩销售成绩，提高客户有效转化率，实现"社交赋能营销服务、社交辅助合规"的数字化运营模式。

数字化转型带来了企业商业模式的创新。例如在财富管理领域，很多银行和券商纷纷通过人工智能和大数据技术推出了"智能投顾"的服务产品，让普通的个人投资者也能得到相对专业化的投资顾问服务。智能投顾作为金融科技与投资顾问相结合而产生的创新型投资顾问形式，其低门槛、高收益与智能化的优势受到越来越多投资理财者的青睐。

例如中国工商银行推出的"AI投"服务，它可以根据客户风险偏好、投资期限等，通过智能投资模型，以公募基金为基础资产，为客户提供在相同风险下收益最优的投资组合方案。在投资环境或个体基金发生变化时，实现一键智能调仓，解决"选基难""择时难"等问题。

据数据统计公司 Statista 的预计，2022 年中国智能投顾管理资产总额超 4 万亿元，覆盖人群达到上亿人。智能投顾已经成为数字科技创新金融商业形态的典型案例。

1.3.3 经营管理红利

数字化转型能够带来企业业务流程的改进。以中信银行为例，中信银行通过数年的时间，运用数字科技打造"智能网点"以实现数字化转型。中信银行在智能网点建设上，通过探索智能无人和咖啡网点等差异化经营模式，聚焦人工智能和大数据技术应用，研发出智慧存取款机等设备，并应用在营业网点等业务场景中，提高网点人工替代率和降低网点人工投入，促进网点产能提升。据了解，中信银行的电子渠道交易笔数替代率持续提升，电子渠道替代率超过 99%，智慧柜台已经基本取代人工办理,实现业务流程的全自动化转型。

数字化转型使得企业管理效能提升。随着OCR（Optical Character Recognition,光学字符识别）、RPA（Robotic Process Automation,机器人流程自动化）、NLP（Natural Language Processing,自然语言处理）等数字技术的成熟和广泛运用,许多商业银行大量标准化程度高、人力耗时多的工作逐步被智能外呼、智能客服、智能催收、云质检等数字功能所取代。这些数字化的功能覆盖面广,24小时不间断的标准化开展模式,极大地提升企业的管理速度和运营效率。

数字科技能够节约企业管理成本。金融机构最大的成本往往是人力成本,而数字化运营已经成为金融机构提升效率、节约人力的重要手段。随着数字化运营平台对金融机构整体服务资源的整合,传统分散式的运营服务模式有条件聚合为集中式的运营服务模式,依赖于数字化平台的运营中心往往能承担传统数倍人力的运营任务,从而降低人力投入成本。同时数字化平台优化了运营过程,使得总体服务更加高效简化,企业管理和运营成本更加低廉。

数字科技使得企业对风险防范更加敏锐。风险管理能力是金融企业的核心能力之一。近年来,金融企业纷纷利用大数据和人工智能技术,将风险管控（简称风控）模式从人为辨识向智能控制转变。金融企业通过海量数据的沉淀与风控算法的进化,推动风控水平的全面化和自动化,不断提升风险洞察与风险管控的水平。

例如,平安银行的信用卡中心将数据化管理手段应用至运营风险管理领域,将事前预警、事中控制、事后防范的运营风险数字化控制手段嵌入业务处理流程中,通过持续拓宽流程风险预警覆盖面,构建智慧运营风险流程预警量化模型,实现对风险的及时告警。

据了解,平安银行的数字化运营风险管理体系打破了业务与风险的界限,重构和优化了原有的风险预防生态模式,使得潜在的业务风险变得更加清晰可控,通过数字技术构建了一个连接数字化和智能化解决方案的生态体系。

数字化转型给企业带来了诸多红利,驱动着金融企业主动积极地开展数字化转型,运用数字科技,融入数字生态并拥抱数字化的新时代。

1.4 数字化不承诺银弹

近些年数字科技备受关注,金融企业积极运用数字科技带来种种好处和红利,但是数字化没有改变金融的本质,数字化也不是金融机构解决一切问题的银弹。

数字化转型对管理、业务、技术及其三者间的融合具有很高的要求,企业往往不能正确地掌握和运用,导致数字化转型的失败或者不达预期。甚至,数字科技如果运用失当,还会给企业带来新的困扰甚至问题,成为企业转型发展的障碍。这些问题在金融业界不乏案例。

1.4.1 数字化拯救不了没落的业务模式

新兴业态有可能会对其他赛道的传统业态产生"溢出式"的冲击,出乎人们意料地摧毁其根深蒂固的壁垒。

2013 年世界 500 强企业之一的柯达公司申请破产,其破产原因正是新兴数码相机对传统相机的取代。鲜为人知的是,世界上第一台数码相机其实正是柯达公司发明的。

前些年,曾经的方便面食品巨头们在鼎盛时期一夕落幕。究其原因:一方面是中国人均收入的上涨,带来了对快速餐饮的更高需求;另一方面是美团外卖、饿了么等外卖平台迅速崛起,一举颠覆了传统的速食产业。

面对新兴产业的"降维打击",传统产业往往招架无力,如果不能断腕求生、彻底转型,则往往避免不了被吞噬的没落命运。

1.4.2 数字化沦为炫技的噱头

针对数字化转型,很多企业没有搞清楚自我转型的目标和着力点,跟风上马一些所谓的高科技项目。

举例来说，智能网点、无人柜台在某段时间内是比较火的话题，许多银行纷纷上马科技柜台项目，结果许多中小型银行和证券金融公司也跟风而动。但是，在项目投资之前，经营者并没有认真深入地对客户画像和未来趋势进行分析：我的客户到底偏好于哪些渠道？喜欢哪种交易模式？我的潜在客户到底在哪里？未来的潜在客户人群究竟需要什么样的服务模式？很显然，由于没有进行深入洞察，这些投资的"科技柜台项目""数字化营业厅"沦为宣传的短暂噱头，很快就被客户"用脚投票"而不得不下线了事。

整个流程的数字化被一个低效的线下环节打败。由于业务流程往往是复杂的、贯穿各方面的多个环节的，因此企业在进行数字化转型规划时，需要对业务流程的完整过程进行审视和剖析，切忌仅仅从单一场景入手，贸然实施。

在很多企业的数字化转型案例中，先进的数字科技往往败在某个不起眼的环节上。举个实际的例子，某企业在做整个集团的发票报销流程的数字化，引入了先进的影像识别和 RPA 等技术。但在发票归档的环节，却没有仔细地进行相应的数字化设计，导致在数字化报销的最后一个环节还需要打印、填报、粘贴各种单据和表单。结果不仅导致整个流程的效率下降，而且带来极大困惑与投诉，造成数字化转型不尽如人意。究其原因，正是规划者没有周全考虑整个业务流程，更没有站在用户视角，对"客户完整旅程"进行体验和审视，最终使得数字化转型失败。

1.4.3 数字化转型失败的案例比比皆是

麦肯锡 2021 年的分析报告显示，传统企业数字化转型的失败率竟然高达 80%。随着逐年递进，一些数字化转型部分成功的企业在后续的数字化转型过程中无法深入，进退两难。甚至更激进的观点认为，99% 的企业数字化转型都没有达成初期的目标。而就国内的企业数字化转型的案例而言，也仅仅华为、京东等极少数企业走出独特的数字化转型道路。数字化转型成功的企业堪称凤毛麟角，而数字化转型失败的案例比比皆是。

这些残酷的现实时刻提醒我们，数字化转型并非万能，数字化转型需要谨慎。数字化转型是企业之大事，死生之道，存亡之地，不可不察也。

1.5 数字化没有改变金融的本质

说回金融行业。金融行业是典型的传统行业，但是与传统制造业不同的是，金融企业在生产数据、运用数据方面起步非常早。数字化只是金融的辅助和加速的手段，并没有改变金融的本质。

1.5.1 层出不穷的"伪金融科技"

近些年，打着"金融科技"幌子或披着"数字科技"外衣，实质干着灰色金融、地下金融勾当的报道屡见报端。例如"伪P2P""伪互联网理财"的种种骗局生生败坏了整个行业。

从红极一时的O2O平台，到大街小巷的P2P平台，在经历过热闹后，最终落得一地鸡毛。人们不仅慨叹"眼见他起高楼，眼见他楼塌了"。

这些现象背后的逻辑都是一样的。有人将其概括为两点：一是伪数字化，二是过度金融。金融企业需要认识到的是，数字技术从来只是优化资产配置的工具，并不能改变商业的逻辑和金融的本质。过度迷信数字化，盲目追求黑科技，而不能与金融高质量、普惠化相向而行，往往不能取得数字化转型的真正成功。

以金融企业的客户营销工作为例，许多金融企业希望通过上马一些数字化营销、人工智能的项目来获客拉新、增强营销效果、提升客户体验，效果却不尽如人意。

原因何在？忽视客户体验的本质是对人服务，往往是失败的根本原因之一。

例如，很多银行上线"智能外呼"系统，把原来的人工外呼操作变成数字合成的电话外呼操作。部分银行在尝到节省人工费用的"甜头"之后进一步把"智能外呼"扩展到更多的营销外呼的场景。殊不知，这种数字合成的语音是很容易被客户识别出来的。客户在察觉到电话对方不是一个活生生的人之后，立刻就会丧失继续对话的兴趣。再次收到这类"智能语音"后，客户会毫不犹豫地挂断，并认为这是一种冒犯和骚扰。

人工智能和数字合成语音技术用在智能导航、公共信息播报等场景都取得了很好的效果，在社交平台上智能人甚至成为年轻人追捧的对象，堪比娱乐明星。但是，为什么这些技术用到金融客户营销方面却收到反效果呢？

这是金融与娱乐的本质不同造成的。人们在接受金融服务时，希望得到的是尊重、专业、设身处地考虑的服务。金融服务不是猎奇式的、娱乐性的，如果不能充分认识、理解和坚持这一点，金融客户营销服务往往不能取得成功。

1.5.2 数字化方程式

数字化是工具，也是手段。数字化加强了金融业务，但是并没有改变金融的本质，金融业务的转型方向始终是高效服务实体经济和精准满足客户需求。金融企业高质量发展的关键，终究还是客户体验的提升、优质产品的构建、资源配置能力的增强、运营效率的改进、员工创新精神的激活，同时，有效识别和管控各类风险。这些才是未来金融企业发展的"要素因子"。而正确应用数字化，会对其中的每一项起到加速和增强的效用。

从这个思路出发，我们可以得到一个关于未来金融企业专业能力提升的"数字化方程式"，如图1.2所示。

图 1.2 数字化方程式

金融企业的专业能力提升在方程式的左边,是目标,也是方向。数字化在方程式的右边,是手段,也是加速各个"重要因子"的乘法器。如此展开,可能才是金融企业数字化转型的正确打开方式。

第 2 章
金融科技 2.0

蚍蜉撼大树，可笑不自量。

——［唐］韩愈，《调张籍》

2020年7月，蚂蚁金服宣布改名为蚂蚁科技，筹备上市。一时间，风云乍起，卷起千堆雪。至2020年10月26日上市前夕，蚂蚁集团A股发行价确定为68.8元，H股发行价确定为80港元。估算下来，蚂蚁集团在A股募资额达到1149.45亿元，A+H股合计募资约2300亿元，上市之后公司市值将超万亿元。

然而，风云变幻来得太快，在临门的最后一刻，蚂蚁科技的上市历程被叫停。有人嘲讽，有人斥责，有人惋惜，有人庆幸。抛开背后的资本故事不提，人们不禁质疑蚂蚁科技创业者的商业模式究竟是金融科技，还是打着科技的幌子的灰色金融？

在招股说明书中，蚂蚁集团这样写道：蚂蚁集团是一家科技公司。蚂蚁集团最大的营收与支出均与科技相关，其中，六成营收来自科技服务，而募集资金中的四成将用于科技创新。在2019年，蚂蚁科技的科研投入超过100亿元，相当于科创版130多家公司一年科技投入总和的50%。蚂蚁科技员工的技术占比非常高，60%的员工为技术人员，超过三分之一的董事拥有技术背景。

同时，蚂蚁科技的技术研发成果也十分可观。蚂蚁科技自研的数据库系统OceanBase在一些性能测试中名列世界第一，蚂蚁科技在区块链领域申请的专利数量也高居世界第一。正如许多科技人所知，数据库系统是企业信息系统应用的核心软件，区块链技术是下一代数字货币的核心技术。这两项科技做到世界领先，无论如何都是可以引以为傲的。此外，蚂蚁科技在金融分布式架构、移动开发平台、金融风险平台、金融智能平台上都有引以为傲的技术和产品。

众所周知的是，蚂蚁金服源自互联网巨头阿里巴巴公司。2017年阿里巴巴公司成立全球研究院，并命名为"达摩院"。据称该研究院的研究范围涵盖量子计算、机器学习、基础算法、网络安全、视觉计算、自然语言处理、人机自然交互、芯片技术、传感器技术、嵌入式系统等，涉及机器智能、智联网、金融科技等多个产业领域，在"硬科技"领域投资巨大。蚂蚁科技和阿里巴巴公司系出同源，是一家有着强大科技基因的金融科技公司。

从金融科技的硬实力来看，蚂蚁科技确实有过人之处。更何况如人们所知的，蚂蚁科技通过支付宝这款堪称"国民支付工具"的App积累了惊人的支付交易数据。而支付宝还不只是一款简单的支付工具，它是围绕支付的一个生活平台，人们可以

在支付宝上面缴纳水电费，购买机票，手机充值，互发红包，购买保险、基金、理财产品等。这些与每个人的生活和财富密切相关的海量数据都被汇集到蚂蚁科技的数据平台中。

这些海量数据所蕴含的力量，恐怕是任何人都难以想象的。而一旦运用起这些数据和科技所能带来的利润，也是资本市场津津乐道的，这正是蚂蚁科技估值高逾万亿元的真正原因。

无论上市成功与否，这一次，人们都被这小小的"蚂蚁"展现出来的"金融＋科技"的巨大力量深深震撼到。

2.1 金融科技 1.0

在谈金融科技之前，我们来讲一讲金融行业的信息科技的故事。

2.1.1 银行信息科技变迁

以银行为代表的金融企业长期以来是信息科技的积极拥抱者与践行者。早在 20 世纪 70 年代，中国银行率先从日本引进了一套名为"理光-8"型号的电子计算机系统，这在当时是与世界先进水平同步的水准。到 20 世纪 80 年代，IBM 公司的大型机崛起，中国的大型国有银行也在同时期引入了 IBM 公司的大型主机系统，并从 IBM 公司引入了先进的 SAFE 核心业务系统，从软硬件方面都保持了与世界先进信息科技的同步。

在 20 世纪 90 年代，各银行推行系统大集中，各地的主机技术人员"人随机走"，迁移到总行信息科技部。而能够熟练使用大型主机的 COBOL 编程语言也成为银行科技人员引以为傲的独门绝技。直到 21 世纪 20 年代，分布式技术崛起，银行开始进行"主机下移"，技术厂商还不得不开发 COBOL 的模拟语言来适应这项曲高和寡的技术。

从这些信息科技的故事可以看出，金融企业（包括银行、证券、保险）都有很长一段时间的信息科技运用历史。但是在这些运用过程中，信息科技始终只是作为一款辅助的效率工具，或者作为一个信息的通道而存在。

信息科技虽然重要，但并没有真正成为一项独立的金融业务。直到互联网大潮汹涌而起，以支付宝、微信支付为代表的"互联网金融"选手挟着强大的科技力量进来，金融科技才开始真正展现出巨大威力，从幕后走向台前，从"辅助角色"转身成为"主导角色"，甚至戴上"科技创新""科技引领"的华冠。

这时候，"信息科技"才在金融领域逐步成长为"金融科技"，在金融业务活动中发挥巨大的作用。

2.1.2 金融科技"四大金刚"

为区别于传统的信息科技，金融从业者一般将科技中对金融业务产生最大推动作用的4项科技列举出来，包括人工智能（Artificial Intelligence，AI）、区块链（BlockChain）、云计算（Cloud Computing）、大数据（Big Data），取其首字母，将其称为金融科技ABCD。

当然，金融科技ABCD只是人们对金融科技"四大金刚"的爱称，也有人加上I，称之为ABCDI。这个I，有人说是IoT（物联网技术），有人说是Internet，是包括移动互联网和物联网的万物互联。总之，金融科技ABCDI是能够促进并推动金融业务发展的最新科技集合。

这些科技的排列并不如ABCD这样的字母顺序排列。其中，云计算是最底层的信息基础设施技术，区块链是分布式账本技术，大数据是应用基础设施技术，人工智能则是基于大数据之上的算法科技。而更新兴的移动互联网和物联网技术，则是将科技和金融的触角延伸到人们的身边、口袋以及产业的神经末梢的科技。

云计算兴起于2006年，是虚拟化技术、分布式技术、微服务技术等信息科技的组合体。云计算的概念由谷歌公司首先提出，由于该技术极大地解决了信息科技基础设施的复杂性问题，因而得到业界追捧。

在随后的巨头竞争中，亚马逊公司、微软公司、谷歌公司，以及中国的阿里巴巴公司脱颖而出，在云计算的市场上占据要地。云计算本质上是一种规模经济，领先者会对落后者和后来者产生强大的挤压效应，这使得中小规模的云计算厂家纷纷出局。

公有云是新兴互联网企业和数字经济天然的最优土壤，但是公有云在向传统企业拓展版图时也遇到许多阻碍。传统企业出于数据隐私的考虑，或许还有现有数据中心投资的考虑，对迁移到公有云抱有抗拒心理，金融企业尤为如此。这个时候云计算厂商把云计算推入到企业内部，称之为"私有云"。由于许多企业在使用私有云的同时也将部分业务部署到公有云上面，这种模式也称为"混合云"，并衍生出"多云管理"的技术。

云计算深刻地影响着各行各业，并成为数字化转型的核心基础技术底座。麦肯锡的研究表明，到 2030 年，云计算为世界 500 强企业带来的 EBITDA（Earnings Before Interest, Taxes, Depreciation and Amortization，税息折旧及摊销前利润）价值将超过 6 万亿元。合理使用云计算可以将基础架构成本效率提高 29%。

云计算在金融企业中运用广泛，已成为最重要的基础信息技术之一。云计算将 IT 各层级资源服务化和集约化，能够实现弹性伸缩和资源按需分配，让金融企业在 IT 软硬件资源的调配上实现利用效率最大化。从而在实现整体成本节省的同时，让系统的鲁棒性、可扩展性、可访问性、备份效率等方面均达到最优。

云计算是一个具有非常大潜力的技术方向。近年来业界发展出"云原生"的理念，将云计算在各层级的技术进一步服务化和互相融合，使得 IT 软硬件资源从 "On Cloud" 走向 "In Cloud"，整体效能得到进一步提升。金融行业对云计算设施在安全性、专业性等方面有严苛的要求，构建了超出一般企业的云计算标准。人们往往将面向金融服务的云计算称为"金融云"。金融云通过高保障、强性能、高安全、快速响应和弹性伸缩的特点保障金融业务连续运行。同时，金融云与人工智能、大数据、区块链等技术等深度融合，极大地促进了金融业务的敏捷与创新，帮助金融业务融入各种生态场景，引领金融企业开启新的盈利增长曲线。

图 2.1 展现了上面所述的三种云的形态。这三种云面向的企业类型、接入模式和安全等级各有差异，但是在技术类型和结构层次上面基本相似。

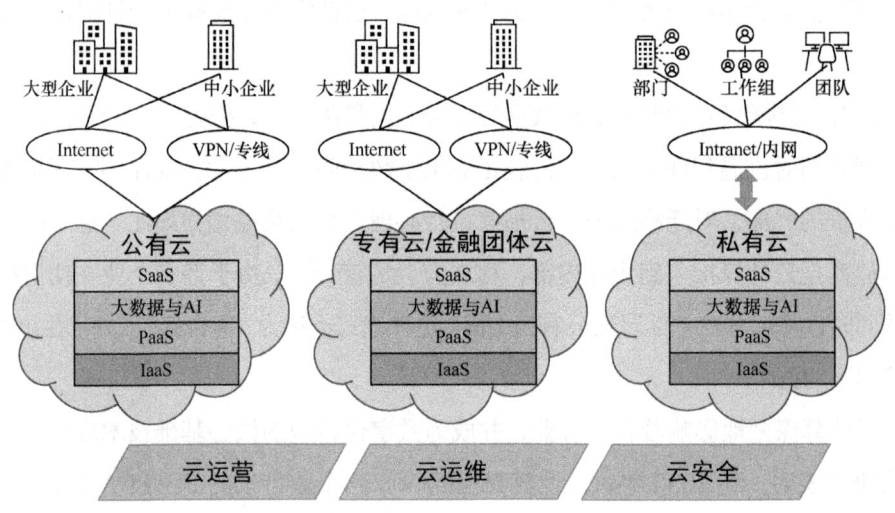

图 2.1　公有云、金融云与私有云

大数据同样是互联网兴起的产物，其兴起也与谷歌公司息息相关。2004 年谷歌公司的科学家发表了三篇重要的论文——分布式文件系统 GFS、分布式大数据计算框架 MapReduce 和大数据系统 BigTable，人们尊称其为大数据的"三盏明灯"。

在互联网浪潮产生海量数据时，人们面对巨量数据手足无措，这时谷歌公司科学家的"三盏明灯"一下为人们处理海量数据指明了方向。2006 年，开源世界的程序员根据谷歌公司科学家的这三篇论文用 Java 语言开发出对应的系统——Hadoop。

十多年来，Hadoop 不断发展壮大，形成强大的系统生态。到现在，Hadoop 几乎已经成为大数据系统的代名词。

相对于"传统"的关系型数据库，Hadoop 更善于处理"非结构化"的文本类数据。所谓的"结构化"数据，就是按照关系数据库理论的三大范式组织起来的二维表数据。结构化数据的组织形式和数据类型是规范整齐的，能够直接适合于统计分析。但是数字时代也会产生大量的文本数据、语音数据、视频数据等。这些数据并非完全没有"格式结构"，只是它们不是按照关系范式组织的，所以被称为"非结构化"数据或者"半结构化"数据。

传统的关系型数据库在处理这类数据时，先要编制大量的特殊程序进行预处理，将"非结构化"数据转换为"结构化"数据，然后再加载到关系数据库中。这个过程复杂且漫长，效率低下且极易出错。而 Hadoop 能够直接加载这些非结构化数据并进行并行化处理，同时极大地提升数据处理广度、深度和总体效能。

金融企业使用分析型数据库由来已久，其中典型的产品代表为 Oracle、IBM DB2 等，以及分布式分析型数据库（人们称之为 MPP 数据库，典型代表为 Teradata、Vertica 等）。金融企业在生产经营活动中积累了大量的数据，人们用分析型数据库进行存储，称之为"数据仓库"。

由于数据仓库的存储空间十分昂贵，信息技术部门的工程师绞尽脑汁对数据进行精简，并形成了较为完备的"金融数据基础模型"。但是随着互联网业务的兴起，大量数据源源不断涌入，金融企业发现，数据仓库的扩容速度永远跟不上数据的增长速度。而且数据的种类越来越多样化，金融客户和业务活动相关的文本、语音、视频等形态的数据越来越多，传统的数据仓库技术已经远远不能满足爆炸式增长的数据需求，金融企业拥抱大数据技术已成为必然。

人工智能技术的发展则颇为曲折，这里不再赘述其漫长的历史渊源，感兴趣的读者可参考相关资料。人工智能最近一次震惊到世界应该是发生在 2016 年的一场围棋挑战赛，谷歌公司的 AlphaGo 系统 4∶1 战胜围棋世界冠军李世石。人们惊讶于人工智能的发展竟然强大如斯。

其实在此之前机器学习和深度学习的发展已经取得了许多业内瞩目的成果，如人工智能对图像和语音的识别，以及基于人工智能技术的机器翻译等。但总体来看，人工智能的再度兴起，是以互联网时代积累下的大数据为基础的。

金融企业同样是人工智能技术的积极践行者。从面向客户的智能营销和智能投顾，到金融业务运营中的智能风控和反欺诈，再到投资决策过程中的智能投研等，金融科技工作者将人工智能技术运用到金融业务的方方面面，提升业务效果的同时也节省了大量的成本。

由于金融企业的人力成本十分昂贵，业务过程又十分复杂和专业，许多金融企业尝试运用自动化和智能化相结合的技术，将其中重复性强、处理模式较为固化的操作过程用智能 RPA 技术进行处理，替代人工操作，这样既可以节省大量人工成本，又提升了业务处理的效率。

云计算、大数据、人工智能的兴起都与互联网的发展密切相关。而区块链技术的发展则与一个神秘的人物"中本聪"有关。

2008 年，一个名为"中本聪"的程序员发表了一篇仅 9 页的论文"Bitcoin: A Peer-to-Peer-Electronic Cash System"（比特币：一种点对点式的电子现金系统）。该论文描述了一个"去中心化"的电子货币和构建算法。

2009 年中本聪完成比特币软件的编写，正式开启了一个全新的去中心化的金融系统。

2021 年 3 月 13 日，比特币价格突破 60 000 美元，全世界的比特币总市值超过 1.1 万亿美元。

区块链就是比特币的核心基础技术，也是一种去中心化的分布式账本技术。区块链技术通过巧妙的设计解决了在没有权威中心者的场景下的信任问题。比特币提出并验证了区块链技术的可行性，并获得了巨大的成功。在比特币的巨大成功的驱动下，人们发明出许多基于区块链技术的数字货币。数字货币具有交易成本低、跨平台、去中心化的特点，被认为是下一代金融清算结算的基础。

除数字货币以外，人们还运用区块链技术做出了一系列的金融创新。例如在财产保险领域，保险公司通过将投保人的财产信息和保单合约上链，实时监测风险状况，记录保单状态，从而构建保险公司与投保人之间的信任，使得保险公司能够更高效地管控风险，防止虚假赔款，同时降低保险成本，提高运营效率。

区块链技术天生就具有金融属性，而且解决了金融的核心的信任问题，可以说是真正的"金融科技"。

2.2 更加开放、智能、融合的金融科技 2.0

数字技术在不断进步，金融科技也在不断发展。如果目前的金融科技算是 1.0 阶段，那么下一阶段的"金融科技 2.0"应该往何处发展呢？在讨论这个话题之前，我们先来看一看当下金融科技建设和应用中存在的问题与挑战。

2.2.1 金融科技建设和应用中的问题与挑战

金融企业在运用金融科技的过程中创造出许多新的场景，但是也暴露出不少的问题。

例如，与金融核心业务结合不足的问题。由于许多金融科技是互联网企业率先发起应用的，例如运用在支付场景和反欺诈场景的大数据和人工智能技术，银行在应用这些金融科技时是一个后来者，这使得银行在将这些新兴技术运用到核心业务领域时，反而显得谨慎而保守。

再例如针对大数据反欺诈场景，许多银行基于技术和人员投入的原因，并没有充分运用银行内外的数据以建立基于大数据的分析模型和全程一体化的数字处理链路，而只是简单将外部引用的反欺诈数据作为人工参考，主体流程仍然依赖于专家识别的审核结果，这使得整个反欺诈过程的识别效率并没有得到有效提升。虽然这部分银行宣称运用了大数据的反欺诈模型结果，但是新兴技术并没有和业务过程融合，整体的业务过程也不是真正数字化的。

如何将不断涌现的新兴技术与核心金融业务更紧密地结合，打造更加深入、融合的金融科技，是每家金融企业面临的难题。

金融科技的应用广度和深度还显得不足。一方面，新兴技术不断涌现。例如在个人的身份识别方面，面部识别技术已经非常成熟，但是出于信息安全和客户隐私方面的考虑，这类技术的运用需要十分谨慎，否则极易引发严重的社会问题。再例如人工智能和遥感卫星大数据，虽然获取这两项技术都较容易，但只有少数金融企业能够将这两项技术用于 ESG 投资或农业种植方面的行业分析，仅作为风控的辅助手段，而且应用深度和作用范围有限。

又例如区块链技术，除数字货币场景以外，在保险领域个别保险公司将其用在保单合约验伪方面，在资产管理领域极少公司运用区块链技术开发了 ABS 资产上链产品，但是实际效果并不佳。在数字货币等领域，由于监管政策的限制，区块链等技术并没有得到充分运用。

很多时候金融科技还只是"屠龙之技"，银行等金融企业对其使用的深度和广度远远不够。不仅如此，金融企业在金融科技的应用水平上也参差不齐。大型银行由于科技投入较为充足，在金融科技方面的研究和应用有较好的进展，相对而言，中小型金融企业则在资金投入和人才资源方面落后许多，金融科技水平也很不如人意。

另一方面，在技术的掌握能力、金融科技组织架构、内部创新文化培育、复合型科技人才的培养和引入、金融科技的投入等层面，许多金融企业都暴露出各种短板和局限，这些不足和落后极大地限制了金融科技的应用和发展。中小型金融企业尤为明显。金融科技的投入不足，使得中小型金融企业在金融科技竞争中被不断碾压，与大型金融企业的差距进一步拉大。

据中国银行业协会统计，2020 年整个银行业的科技投入达到 2078 亿元，而前 6 家国有商业银行科技投入合计达到 956.86 亿元，占比 46%，将近全行业科技投入的一半。在保险业，据中国保险业协会的数据，保险公司信息科技资金总投入为 351 亿元，据估算前 5 家保险公司的科技投入超过行业总投入 40%。在证券行业，头部的 10 家证券公司科技投入占行业总体投入将近 50%。

由此可见，金融科技竞争力向头部企业聚集是整个行业的现状。这虽然有利于加强龙头企业的竞争能力，但是也对整个行业的竞争生态产生了不利的影响。

2.2.2 数字科技发展推动金融科技进步

数字科技不断进步，社会和企业的数字化不断发展深入，金融科技的 ABCD 也在不断"扩容"。许多新兴数字科技催生出创新的金融应用场景。

例如，随着 5G 和物联网技术的发展，金融服务中许多原本需要现场的、人与人交户服务的场景，转变为智能化的、远程的场景。又例如智能无人柜台在很大程度上取代了烦琐而复杂的柜面办理，成为金融网点的主要服务设施。再例如运用了 5G 和人工智能技术的远程开户服务，使得原本需要客户到柜台的开户审核通过移动手机接入，后台运用人脸识别等生物识别技术，智能地识别客户的身份和真伪，达到快速建立合约的效果。

随着新能源和自动化驾驶等技术的发展，智能汽车逐渐成为新一代极客的标准配置，智能汽车也成为一个新兴的金融场地。智能汽车良好的私密性、身份标识性，让金融产品设计者欣喜地发现了新的客户画像属性。基于智能汽车能否进行更便捷的转账支付、股票交易等安全性要求更高的金融服务，是金融产品设计者正在思考的机会。

新兴的量子计算在金融场景中得到探索性应用。金融投资领域经常会出现大量随机性的、高复杂度的场景，例如风险计量和定价、投资组合的收益估算、保险业务中的灾难风险建模等。由于这些场景具有不确定性，金融分析师常常用一种叫蒙特卡洛（Monte Carlo）模型的方法来对金融风险进行分析和计算。

蒙特卡洛模型是一种通过统计采样方法对系统属性进行统计的技术，在金融风险领域有较广泛的应用。但由于蒙特卡洛模型含有大量的随机运算，传统计算机在构建蒙特卡洛模型时需要十分复杂的设计才能实现。而一旦遇上黑天鹅事件，模型的因子发生重大变化时，重构模型则需要重新设计算法和程序，这导致金融企业在应对重大突发性、转折性事件时，旧的模型往往会失效，新的模型又不能及时构建，进而造成重大损失。

在这个场景下，量子计算由于其天然的并发性和随机性，有可能起到快速构建蒙特卡洛模型的作用，并且利用量子干涉的效益大幅减少模拟中的误差，快速构建新的风险模型，让金融企业有能力随时应对金融市场的黑天鹅事件。

2020年7月，西班牙对外银行（Banco Bilbao Vizcaya Argentaria，BBVA）公布了一项研究结果，他们利用量子计算加速蒙特卡洛模型的通用落地，在资本风险计算、欺诈行为甄别等方面快速构建算法，并且速度比传统算法提升100倍之多。

2.2.3 金融科技的下一步

一方面是金融科技发展中遇到的问题与挑战；另一方面是新兴科技进步带来的创新性金融场景的新机会，金融从业者在思考着金融科技的发展问题。金融科技应该向什么方向发展，或者说，金融科技如何质变，由ABCD式的金融科技1.0如何升级到更高层次的金融科技2.0？

业界对金融科技2.0的特征和发展方向有不少讨论。有专家认为，金融科技2.0，就是金融科技1.0与5G和物联网技术深度融合后的产业互联网金融。5G技术固然会给业界带来巨大变革，但目前在金融行业的场景并没有呈现遍地开花的局面。还有专家认为，金融科技2.0是主动供给型金融科技发展模式，是对现有金融科技基础设施的管理、升级和改革的综合结果，包括金融制度创新、金融业务创新及金融组织创新。

这些说法固然正确，然而如何升级、如何改革？综合结果究竟是什么？有人说金融科技2.0的特点就是开放、智能、融入。这显然也正确，但却似乎并没有体现出金融科技的"金融"特性，仅是泛泛而谈。另外，在这些探讨里面，人们往往关注的是金融科技的"科技面"的扩展，而关于金融科技的"金融内核"的深化往往少有人认真思考。

那么，金融科技 2.0 究竟应该具备哪些特性才能真正称 2.0 呢？我们尝试提出了如下金融科技 2.0 的内在特征。

数字化。 金融科技 2.0 将是对金融企业的全面数字化升级，而不仅仅局限于某一些环节或某一类技术运用。从客户体验到业务办理，再到产品创新、内部运营和风险管控，金融企业的全过程都应该是线上流转，而且是可度量、可分析、可追溯、可复原的。可度量的意思是指针对所流转的信息载体，最终结果是可以数字形态进行评估与衡量，这并不是说所有的信息载体都要以结构化数据的模式传输，随着技术的发展，图文、视频等中的信息也能够被解析出来，转化为可度量的数字信息体。

分析是度量的目的。可分析的意思是指在信息转为可度量数据的基础上，运用统计分析或者机器学习算法对数字化过程和数据内容进行分析，发掘有意义的知识和机会。这是数字化最重要的意义。

可追溯与可复原的意义在于，在信息流和业务流的全面数字化基础上，企业不仅可以精准地洞察业务和管理活动的每个细节，而且能建立起业务和管理的时空视图，真正提升业务和管理水平。

金融企业全面数字化是金融科技 2.0 的基础，如果没有全面数字化，将无法发挥金融科技的强大力量，金融科技的应用也只会是碎片化的、不完整的、低速率的。

智能化。 近年来人工智能技术得到飞速发展，人们恍然觉得似乎人工智能已经要取代人类，很多专业似乎要被人工智能抛弃，很多员工似乎可以被人工智能取代，这种观念实在大错特错。智能化的意义，并不仅仅是对人工智能技术和算法的机械应用，而是对企业的每个管理者、每名员工，以及每位客户进行智能化辅助，让他们对市场和业务更敏锐、做出决策和判断更精确、做起事情办起业务来更省心省事，人机结合，人工智能与人合而为一。

人工智能的金融应用有两个方面。一方面是算法和算力对金融过程的处理能力增强，例如在市场财务数据的研究中运用深度学习算法，使得对目标企业的财务数据的分析能够更加深入、更快速，极大地提升财务欺诈风险的识别准确性和识别速度；另一方面是智能技术帮助人类完成机械、可复制性的工作，例如智能 RPA 能够在单据报销、清算运营等多个方面进行仿人类的操作,将人类员工从繁重的重复性操作中解放出来,专注专家型工作。这两方面都是对人类的辅助性增强,并不是简单的工作替代。

金融科技 2.0 的智能化使命是把人工智能技术合理而妥当地应用到金融业务和运营管理中,增强"人"的洞察力,提升"人"的效能,带给"人"以温度,这样才能真正且最大化地发挥人工智能技术的强大能力。

场景化。建设金融科技 1.0 的过程中很常见的问题是"为了技术而技术",建设者往往没有认真思考技术的真正目的和背后的商业逻辑。以大数据和人工智能的实践为例,据统计,60% 左右的金融企业过去 3 年内上线了大数据平台或者机器学习平台,其中仅有 55% 的企业认为自己的项目"完全达到当初设定的目标",而剩下的 45% 的企业未能完全达到目标,甚至有 20% 左右的企业认为其大数据和人工智能项目面临失败。其中的关键原因是建设者没有真正从"场景"出发融合运用金融科技。

所谓的场景,就是个人客户的衣食住行等生活消费活动或企业客户的生产经营活动等。金融科技就是要帮助金融服务与这些生活生产的场景融合,唯有这样才能真正促进金融业务的未来发展和提升。场景化是数字化和智能化的基础。场景化金融科技,或者金融科技场景化,是金融科技 2.0 最重要的特征。

中国银行在《金融场景生态建设行业发展白皮书》中对金融场景进行了如下定义:

$$金融场景 = 场景客群 + 金融产品 + 非金融服务 + 内容资讯$$

对金融科技来说,如果领先的数字技术以最合适、最恰当、最自然的方式融入金融场景中,就能够起到乘法器的作用,提升金融场景的体验,加速金融场景的效率,最大化金融场景的价值。也就是说:

$$金融科技场景 =(场景客群 + 金融产品 + 非金融服务 + 内容资讯)\times 数字技术$$

场景化是一件说起来容易做起来难的事情。在现实行业中,许多银行认为"场景缺失"是最大的痛点之一,这往往让人们感到困惑和不解。场景化,本质上不就是生活化吗?这有什么难的呢?但现实常常是,现在的许多金融企业真的不懂"生活"。这与许多金融从业人员感觉金融行业是高端行业，习惯以"高端人士"自居有关，部分银行科技人员更是"两耳不闻窗外事，一心只干数字化"。不能融入社会生活的汪洋大海中，金融科技场景化是万万建立不起来的，金融科技2.0也就永远不会实现。

生态化。金融科技1.0时代以及之前的金融电子化和金融线上化时代，金融企业之间的科技水平参差不齐，大型银行和头部券商等领先金融企业往往凭借巨大投入而筑起科技壁垒，并对跟随者和落后者形成技术碾压以及一定程度的技术垄断，造成整个行业生态不健康发展。

在金融科技2.0时代，金融企业应该找准定位，大型金融企业应该向平台化发展，中小型金融企业应该向精品化发展。大型金融企业发挥其平台稳健、抗风险能力强的特点，中小型金融企业发挥其特定领域的专业优势，创建"小而美"的金融服务。金融科技生态应该更加开放、更加鲁棒和共赢共存。2020年以来，很多银行开始建设OpenBank或者API Bank，把自己的金融专业能力形成可供集成、可被调用的服务，融入更广阔的数字世界当中，这些措施已经取得良好的效果，预期还会取得更大的成功。

平民化。金融科技生态繁荣共生的关键之处在于各类科技的门槛不断降低，最终实现金融科技的平民化、民主化和普惠化，让更多的人能够快速掌握并应用，而不仅仅是技术人员甚至是高级技术人员的曲高和寡的专用秘技。技术平民化是人类科技的发展方向之一，金融科技尤应如此。

例如近年来兴起的"增强分析"就是结合了数据可视化和人工智能技术的数据分析工具。数据分析师能够更加友好方便地得到增强的数据分析结果，从而得到市场和其他数据分析师的认可。另外，时下流行的"低代码工具"也极大地降低了软件开发的门槛，提升了业务开发的效率。金融科技2.0不仅应该惠及更多的人群，而且应该更加易于掌握，这样才能吸引更多的建设者加入，共同创建更繁荣、更多样化的金融科技生态。

金融企业只有做到金融科技的数字化、智能化、场景化、生态化、平民化，才能宣称真正迈入"金融科技 2.0"新阶段。

2.3 监管的科技武装

监管科技是一类特殊的金融科技，它是基于金融行业的特殊性而产生的。金融行业具有高风险性，涉及的人群特别广，蕴含的价值特别大。金融的风险往大的方向说影响到国计民生，往小的方向说影响到每个人的财富和资产，因此，金融行业是一个非常需要"讲规矩"的行当。这决定了金融行业是一个强监管的行业。

监管科技有两个层面的含义。一个层面是运用先进的金融科技手段，对金融市场上的违法违规行为进行监控、预警、发现和制止。另一个层面是对金融企业应用金融科技的方式、方法进行督导，防止金融企业滥用科技手段，侵害大众或投资者的利益。

金融企业受利益的驱动，往往主动推动金融科技创新，而金融监管机构则受限于人力、资金、技术的多重制约，发展较为缓慢且滞后。

目前我国的各层级金融监管机构以及金融行业协会等自律组织积极联合各方力量，在监管科技领域进行了大量的探索和实践，在部分重要领域完成了落地应用，并在提升金融监管效能方面发挥了一定作用。

2020 年 11 月，北京区块链技术应用协会、北京中科金财科技股份有限公司联合其他单位共同发布了《监管科技蓝皮书：中国监管科技发展报告（2020）》。该蓝皮书从政策形势、技术探索、场景应用、数据治理、国际视野、案例分析等方面入手，全面描述了我国金融监管部门和金融企业积极利用"科技 + 监管"应对"科技 + 金融"带来的诸如信息泄露、技术应用不当、金融监管滞后等各种挑战，提出通过加强监管科技顶层设计、打造新型创新监管工具等方法，探索适合我国国情的监管科技发展之路。该蓝皮书是对当前监管科技发展方向的清晰描述。

监管科技并不是对金融科技的阻碍,恰恰相反,监管科技的发展对金融企业更好地运用和发展金融科技创新起到积极促进的作用。

这包括两个方面的原因。一方面,先进的监管科技可以更好地防范系统性风险,为金融科技发展"保驾护航",确保监督金融科技的发展走在正确的道路上,同时防止金融科技的滥用或恶意应用,防止"劣币驱逐良币"的不当竞争。

另一方面,监管科技发展出"监管沙盒"等创新手段,为前沿性的金融科技创新应用提供"孵化池"。在监管沙盒中,可以适当地放宽一些监管约束条件,把风险控制在沙盒内部,当时机成熟、创新得到充分验证之后,再推向金融大市场。如果验证过程中发现风险或问题,也能及时制止并防止金融风险扩散。这样既鼓励了创新,又有效地管控了创新所带来的未知风险,取得双赢。

第3章
从数字化到智能化

物本由成数,人言不坏身。

——[宋]刘学箕,《四安焚惠藏殿》

2020年9月,浦发银行和华为公司共同发布了一份名为《物的银行》的白皮书。在该白皮书中,"物的银行"为每一个具备环境感知能力、信息交换能力、信息处理能力、信息存储能力、权属自证能力的"智能物"开立独立的银行账户,把它们当作银行的直接服务对象,即"物"客户。而物的银行就是为这些"智能物"开设的银行。

据了解,目前"物的银行"的技术已经用到许多方面,如智能仓储等。"物的银行"通过物联网技术为每一件货物打上唯一标识和生产链及物流链的信息,在运输和流转的每个环节,所有者不仅能准确地定位货物,而且能智能地计算货物的实时价值。这样货物所有者能够与银行进行随时可信的抵押交易或者相应的金融服务,加速资金流转。同时银行也能精准地计算商家的货物库存情况,防止货物被"一女多嫁"、重复担保。

除这些相对"传统"的资产质押类的金融服务以外,"物的银行"还有更大的想象空间。

"智能物"具有身份唯一性,可以智能地感知外部环境、自主地记录和处理个体信息、可信地与金融企业交换数据,而金融企业也可以针对"智能物"展开直接的金融服务。这样就带来了科幻式的想象空间。试想:未来的自动驾驶汽车拥有独自的银行账户,可以自主充电、保养、停车、维修、保险,利用自己的金融账户进行消费，甚至可以独自载客盈利，所得收益还能为社会做出贡献，并委托金融企业进行财富增值。这样的"智能体"已经成为一个真正独立的"金融个体"。

可以想象，在即将到来的智能时代，更多的物体被赋予了智能的特性，不仅"能听、会说、能看、可思考、可行动"，而且具有"金融的身份和属性"，拥有自主独立的信用和财富，甚至能够承担一定的社会责任。这样的"智能物"可以说是真正有温度、有价值、有身份的"金融智能体"。

从当前的数字技术与人工智能技术来看，实现这样的"金融智能体"并不存在根本的技术障碍。而为"智能物"加上金融的规则约束，或许能使人工智能向正确的方向发展，而不是因为先进技术的无序滥用而导致灾难。

金融数字化与金融智能化，正是要制定合理有效的规则，善用科技。

3.1 全链路数字化

金融行业多年来重视信息化建设，积累下大量的金融客户数据和交易数据，为开展人工智能应用形成了很好的数据基础。许多金融企业基于所积累的历史数据开展各种各样的智能化应用场景。

但是我们必须看到，随着智能化应用场景不断拓展，数据反而显得不够用了。例如，在对客户行为进行深入分析和建模的时候，数据分析师发现，现有平台往往只记录了客户的一些静态信息以及与金融交易相关的信息，而客户在金融终端、服务渠道中留存下来的访问信息、往来信息等数据非常稀缺。客户购买某个金融产品的动机，选择某项金融服务的动因，很难复现和分析，因此难以深入洞察客户，无法建立真正的智能化体系。

这就需要我们建立起全链路的数字化体系，对企业内外的干系对象、业务和管理规则、生产经营过程全面数字化。在全链路数字化的基础上发展融合式智能化应用，才能有效地把金融科技推向 2.0 的新阶段。

3.1.1 用户旅程和业务流程的数字化

首先，全链路数字化是用户旅程的数字化。传统金融企业比较重视"以客户为中心"。在互联网时代，客户的范畴得到进一步延伸。只要是关注了金融企业的品牌、公众号或相关信息的人，都有可能是潜在客户。金融企业通过自己的公众号或 App 提供许多免费的服务内容，而使用这些服务的都是金融企业的"用户"。

随着对"用户体验"的重视，金融企业开始从"以客户为中心"延伸到"以用户为中心"，这就是所谓向"用户思维"的转化。这个转化过程体现在许多方面，如图 3.1 所示，比如互联网思维的转换，从"交易"到"交互"的业务模式的转换，企业数据的更大程度的聚合等。金融企业对用户在接收到金融信息和金融服务的每一个操作、每一个反馈、每一处感观、每一个细节触角，都应该通过"数字埋点""系统日志"等技术手段形成详细的数字记录，并通过客户 ID、操作 ID 和时间序列等关键信息串接起来，形成完整的用户旅程的全链记录。

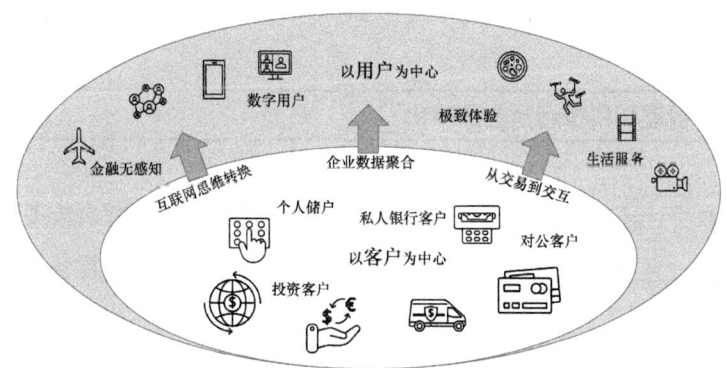

图 3.1　金融企业从"以客户为中心"到"以用户为中心"

在用户旅程的全链路数字化建立过程中，金融企业还应该有意识地对各类客户群体进行观察和记录，洞察不同群体用户的体验差异，为后续建立差异化的营销和金融服务方案形成数据基础。

当然，最为重要的是，用户旅程还应该是基于用户的视角，从用户的需要和需求出发，构建围绕客户生活、经营或其他自主需求为目标的金融场景，在其中形成全旅程和全链路数字化。

其次，全链路数字化还应该将业务流程全面数字化。金融企业与制造型企业或其他传统企业不同，金融企业的业务流程与"人和人"的交互密切相关。这里的人可能是客户和员工，也可能是员工与合伙人，还有可能是业务人员和运营人员或科技人员。

业务流程数字化，就是要运用最新的数字科技把金融企业内外部的各类人员高效连接起来，形成业务敏捷，加速流程效率或精简流程路径。

业务流程数字化的核心点是以"人"为中心，而不是机械地以"流程"为中心。

业务流程数字化是把金融业务流程中沉淀和承载的场景背景、合规准则、业务规则、知识规律、经验惯例等通过数字技术和智能化手段赋能给流程环节中的每一个干系人，让流程中的每一个人都能够精准地理解流程和运转流程，把流程的作用发挥到极致。

此外，金融行业作为一个高风险、强监管的行业，对业务过程的审核、复检的要求十分高，对业务流程的数字化精细程度、准确程度和完整程度要求也非常高。金融企业在设计数字化流程时应该充分考虑到这些要求。

3.1.2 经营管理和科技运营的数字化

全链路数字化还包含企业经营决策管理的数字化。企业经营决策关系到企业内外的方方面面。金融企业在市场竞争日趋激烈的形势下，更加注重各层级决策的科学性和有效性。

金融企业过往在做经营决策时，对外会看政策方向、监管动态、行业趋势，对内会运用平衡积分卡等工具，查看企业内部的财务和展业状况，并且通过数据治理等手段，整理完备企业经营业绩指标体系并做到KPI（Key Performance Indicator，关键绩效指标）指标的标准化和统一化，避免各个部门各说各话，导致决策出现偏差。

数字时代，金融企业的决策体系要扩大对外部环境的洞察范围，例如外部的宏观政策环境、国内外金融形势等。从多维度、多种数据来源收集数据，将客户群体变化、跨界竞争形态、财富模式转化等作为变量输入决策模型。对内部的洞察除财务、客户、运营、员工成长等方面以外，科技平台的支撑性、业务与科技的融合性、金融科技生态的融入性、科技创新文化和氛围等也应该纳入金融企业的决策模型中，形成真正的数字化决策体系。

科技运营数字化是全链路数字化重要的一环。在金融企业的数字化转型过程中，我们往往会发现一些有趣的现象——许多金融企业在大力推行数字化转型，但是企业的科技部门往往不能做到真正彻底的数字化运营。

例如，金融企业的IT部门往往构建了各种各样的作业工具，例如项目管理工具、研发测试和发布工具、运维监控工具等。但这些工具之间往往缺乏联动,不能形成协同互联。由于 IT 工作的复杂性,实际操作过程往往充斥着大量的手工动作,而这些手工动作甚至不能留下操作留痕,难以复现和复核,出现操作性风险时则难以挽回。

由于科技运营的数字化不完备,运营智能化往往只能依靠科技人员的经验,难以预知问题。科技部门需要一个协同完整的数字化工作平台,将所有的科技运营工作线上化和数字化,将科技人员协同到一个平台,对接业务相关人员,形成科技运营的完整数字化平台。

3.2 融合式智能化

金融企业在信息化和数字化建设的过程中积累了大量的数据,而这些数据是金融企业开展智能化建设的基础。随着机器学习和深度学习技术的不断发展,人工智能在金融企业的应用场景越来越广泛。金融行业的智能化应用场景中使用的技术往往是跨界应用而来的。

例如,NLP(Natural Language Processing,自然语言处理)技术早期应用在机器翻译场景中,随着 NLP 技术的完善,应用领域逐渐扩展开。金融行业由于存在大量的文本类金融资讯数据,因此可以在金融风险防范、金融舆情预警等场景中应用 NLP 技术。再例如,知识图谱技术最早在搜索领域发明和应用,在技术逐渐成熟之后,人们应用知识图谱和图计算技术构建了产业链图谱、公司图谱等,同时这些技术在智能投研等金融领域也得到很好应用。

3.2.1 当前的智能应用场景

金融行业的智能化应用重要的是与金融场景和业务过程的融合,通过合理应用人工智能技术提升业务效率、赋能金融场景中的"人",最终取得良好的应用效果。

智能化营销是金融行业的一类典型场景。客户营销是金融企业首要考虑的业务。如何获客、活客、黏客是金融企业持续思考的问题。

2020年的疫情让人们惊觉世界的巨大改变。金融企业开始重视后疫情时代客户营销业务的转变。

首先,客户群体变了。例如"Z世代"人群逐渐成为消费市场的主角。"Z世代"人群的消费观和财富观与上一代人已有本质的不同,他们天然适应线上生活方式,社交媒体是他们的主要交际圈,数字空间是他们的生活空间。如何吸引"Z世代"人群并关切他们的财富偏好和金融需求,是金融企业迫切需要思考的问题。

此外,随着国家"精准扶贫"政策不断成功,中产阶层逐渐壮大,人民的财富需求逐渐旺盛,金融企业面临从传统的销售主导的营销模式转变为以价值为主导的财富管理服务模式的问题。

在数字经济高速发展的今天,金融企业的营销模式也从传统的线下网点、街头摆摊的模式转变为数字化模式。数字渠道和数字生态积累下海量的数据。智能营销依据这些海量数据,对客户进行精准画像,有针对性地进行获客营销和产品推荐,精准地触动客户,降低营销成本,提升客户的转化率。

在用户画像的过程中,机器学习和深度学习得到更广泛应用,并获得了更广泛、更深入的客户标签。例如运用NLP等技术通过对客户公开社交表达文本进行情感分析,获得客户的情绪标签,精准了解客户的偏好,从而给客户营销工作带来便利。

由此可见,金融企业成功实施智能营销的关键是将人工智能和数字科技与数字场景和营销活动中的客户旅程合理而有深度地融合在一起。

风险管理是金融企业的核心领域之一。智能化风控是将人工智能和大数据、区块链等先进数字科技运用到风险管理领域,实现提升风控效率和精准程度,并降低人工成本的方法。

风险管理在金融业务活动中无处不在,几乎所有的金融产品和服务都与风险管理相关。

一方面，金融业务流程的各个环节都涉及风险管控，例如信贷风险涉及贷前、贷中、贷后各个环节，投资风险则涉及投前、投中、投后的所有环节；另一方面，金融风险管控涉及的面很广，例如在市场风险管理中，不仅要关注股票基金债券和指数的风险，而且需要关注各类衍生品的风险，以及市场相关舆情资讯中蕴含的风险，这些不同种类、品种的风险往往会互相影响。

风险管控的规则模型的复杂性和风险相关数据的高速增长，使得传统的以专业风险人员人工识别和处理为主的模式难以为继，必须运用人工智能和大数据等先进技术处理复杂的数据和模式。

这里以反欺诈为例进行介绍。随着互联网时代的到来，信贷业务逐渐转为线上开展，为防止信贷欺诈的发生，金融企业将内部数据和外部数据结合，如外部的社交媒体数据、电商数据、电信数据、跨行业的黑名单数据等，基于高维度变量构建反欺诈模型。同时通过深度学习的方法持续、实时地优化反欺诈规则，提升欺诈案件的识别率，特别是通过知识图谱和图计算等技术，深度挖掘信贷案件之间的关联关系，识别其中的团伙欺诈作案。这些先进数字科技手段的运用，极大地降低了互联网信贷中的欺诈风险。

图 3.2 展现了某银行运用大规模知识图谱技术发现团体欺诈活动的场景。

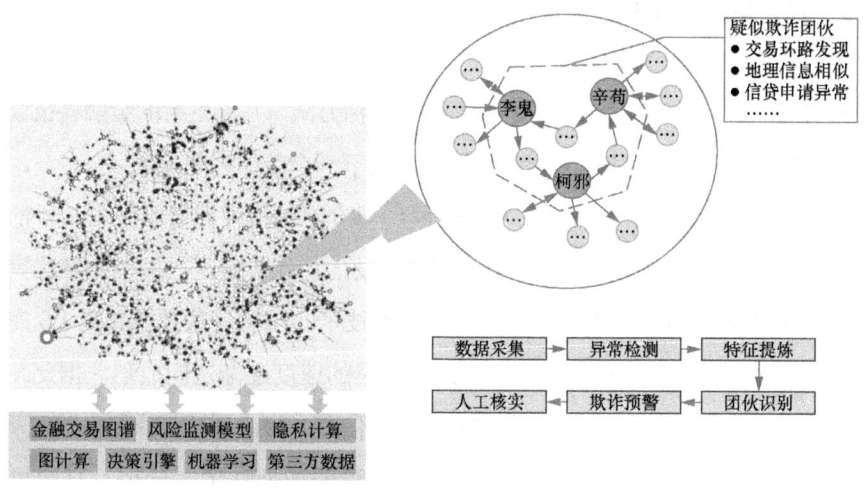

图 3.2　知识图谱技术在金融风险反欺诈中的应用

在金融资产管理的业务活动中，人工智能再一次发挥重要作用。投研人员运用先进数字科技对金融资讯和金融产品进行分析，在增强风险识别能力的同时，对资产组合实现了优化配置，从而更敏锐地发现并运用市场机会。这一场景被称为"智能投研"。

广义的智能投研还包括智能投顾。智能投顾是将专业的资产配置方法通过大数据和人工智能手段运用到广大的 C 端客户，实现千人千面的财富配置和顾问式服务。狭义的智能投研一般指面向 B 端金融企业的投研人员的专业性更强的辅助资产管理的科技手段。

智能投研同样是随着互联网时代兴起而产生的。投研作为投资业务链条上的重要一环，需要对金融数据和金融资讯进行快速准确处理，得出正确的投资结论。互联网时代，一方面，数据的来源得到极大扩展，丰富了投研人员的视野；另一方面，数据的巨大规模，也对投研人员的处理能力提出极大挑战。此时投研人员不得不利用人工智能和大数据等技术处理海量数据，快速识别风险和发现机会。此外，人工智能技术的客观性也发挥作用，如量化模型很好地避免了人类主观情绪的影响，保持了投研分析工作的客观性。

3.2.2　新兴智能应用场景

新兴数字技术不断产生创新的科技产品和生活方式，并催生新的金融科技场景。例如智能汽车的兴起有可能成为智能手机之后的下一个新的金融渠道。

智能汽车的智能性主要体现在两个方面。一方面是指智能驾驶技术，目前许多车企推出了 L1 部分驾驶辅助和 L2 组合驾驶辅助的功能，甚至一些车企宣称突破了更高的 L3 有条件自动驾驶及 L4 高度自动驾驶技术。虽然这些技术距离 L5 完全自动驾驶还有差距，但自动驾驶技术已经在以可见的速度逐渐走向成熟。据此，金融企业应该提前思考自动驾驶技术成熟之后的车险信贷、资金运营等课题。

例如，智能汽车发生交通事故之后，保险责任如何认定、分担？其中可能不仅涉及伦理的问题，而且涉及技术问题。保险公司届时可能要综合评估道路数据、交通数据，以及智能汽车的内外部传感器数据，建立多维度定险模型，才能解决问题。

另一方面是指运用了物联网技术和智能化技术的智能座舱系统。智能座舱形成了一个封闭式的数字化空间，对驾驶者的身份认定和画像特征更显著。智能座舱将智能语音系统、车载大屏、高清车内外摄像头、万物互联的车机系统、高速移动网络等数字技术或设备集成在一起，形成了一个开展金融场景的良好场所。

3.3 人工智能的边界

人工智能在金融领域的应用面越来越广，效能越来越显著，各种"智能化金融"的场景也越来越多。正如某部著名电影所说的：能力越大，责任越大。这句话隐含的另一层意思是，能力越大，往往破坏力也越大。人工智能技术已经在金融业务里面展现出强大的力量，这股强大的力量在很多时候可以助力业务效率提升和管理决策加速，但如果人工智能技术没有用在正确的方向上，或者说人工智能技术没有被善用，这股强大的力量也许会变成破坏性的力量。

人工智能会不会带来金融风险？智能化的边界在哪里？这些都是需要金融科技从业者认真思考的现实性问题。

3.3.1 用户隐私数据防护的问题

互联网巨头的兴起离不开海量用户行为数据的支撑，在此之后兴起的互联网金融也采用了同样的逻辑——运用人工智能技术分析客户、引导客户，然后从客户身上获取利益。

以P2P为主的"互联网金融"在很大程度上打破了人们对"科技向善"的幻觉。大量P2P公司打着"互联网金融""科技金融"的幌子，游走于监管的边缘地带和灰色区域，赤裸裸地侵犯客户隐私、侵害客户利益，给消费者带来巨大的伤害，也败坏了互联网金融的行业名声。触目惊心的案例太多，这里难以一一列举。

目前，各国监管部门都已注意到这些问题，对个人隐私数据的保护也提升到法律高度。从另一个层面来看，消费者经此一劫，重新提升了对银行等传统金融企业的信心。而银行等传统金融企业正是因为长期以来对客户隐私的保护相对较严，对金融数据的管控体系较为健全，对新兴数字科技的运用较为审慎，对监管合规的要求较为重视，所以才让消费者感到放心。

但是，银行、证券、保险等金融企业作为商业实体，天然存在逐利的需求，在对客户加深洞察、加深理解的过程中也必然需要收集更多的客户数据。如何在商业逐利和客户隐私保护之间取得平衡，如何善用人工智能等先进科技而不侵害个体客户等的利益，是每家金融企业应该认真考虑严肃应对的问题。

除加强监察管控以外，人们研发了一些解决客户隐私保护与商业分析需求之间分歧的技术方案，其中联邦学习是值得关注的技术之一。

联邦学习是多家金融企业或非金融企业达成协议，将计算在企业间传递，但数据不拷贝出金融企业之外的联合建模的一种分布式机器学习技术。从联合形式上看，联邦学习目前一般可以分为纵向联邦学习和横向联邦学习。

纵向联邦学习是指合作建模的两方之间，数据特征各有不同，通过相同的定位数据进行联邦式分析的模式。例如，信贷公司和零售商户之间进行联邦学习建模，信贷公司拥有客户的信用数据和借贷数据，零售商户拥有客户的购买数据，这两类数据联合建模，就有可能对客户的偏好和风险特征进行更全面的刻画，完善合作双方的用户画像体系。

横向联邦学习则是指因合作双方的数据特征重合度较大，为了加强数据的深度而进行的联邦建模。例如，对中小型金融企业来说，单家企业拥有的客户数据有限，为了加强对客户的洞察分析，两家或多家中小型金融企业联合起来共同建模，就有可能得到海量数据的同等训练效果。

无论是纵向联邦学习还是横向联邦学习，在合作过程中都应该关注如下几点：一是建模过程中的数据隔离和数据安全，联邦学习框架必须保障各方数据留存在本地，不被越域访问；二是合作的公平性，合作各方地位平等，建模收益应该得到公平合理分配；三是分布式建模的效果应该等同于或接近等同于把数据合并在一起的建模效果，1+1=2 或接近于 2，否则就失去了联合建模的意义。

3.3.2　人工智能带来各种类型的系统风险

在量化交易的场景中，人工智能可能因为其设计缺陷而对金融市场造成重大影响，进而引发系统性风险。

例如，在 2018 年 10 月的美股持续下跌的过程中，某投资银行的 CEO 认为下跌的原因是一些智能量化交易程序产生相似性的错误判断导致的，智能量化交易程序的自主性和极速性操作又进一步加强了市场波动，而市场上大量同质性的智能量化交易程序捕捉到相同的市场信号，做出同向操作，又导致这些智能量化交易程序加速抛售，从而引发了市场的重大风险。

人工智能模型需要经过大量数据训练，才能形成预判和决策。如果训练数据的质量不佳，或者数据出现大的偏差，则会难以避免地导致模型失效，从而对预判和决策产生重大影响。

在人工智能的运行过程中，模型往往处于"黑盒子"状态，运维人员对模型细节不可见，出现问题也难以判别原因，从而在人工智能程序出现系统问题时手足无措。

这些问题属于人工智能系统设计上的缺陷或者不完善。研发人员应该想办法加强测试以防范系统差错，并且在设计之初就充分推演人工智能失效的场景，并设计预留措施，从而在出现问题时能够由人类参与并干预。

由于人工智能技术具有高门槛，在创新金融场景中，金融服务双方的技术不平等可能会被利用以造成对技术弱势一方的利益侵害。

例如在区块链的应用中，交易双方的规则由某一方应用计算机语言设计而成，称为"智能合约"。相对于普通合约中的法律文本，智能合约更不能被普通人所理解。虽然法律文本艰深专业，但毕竟是人类自然语言，而且有严格的法律法规作为监管准则。而"智能合约"则是由计算机语言设计并直接执行。在缺乏监管的去中心化环境下，如何排除智能合约中可能隐藏的特洛伊木马式的陷阱，交易的技术落实方是无能为力的。这种情况下一旦出现合约纠纷，交易各方不可避免地产生争执，如果出现欺诈行为，合约程序的开发者和合约平台的运营者之间的责任往往也难以厘清。

3.3.3 对人工智能的监管

人工智能作为新兴科技，如何加以监管，并保证其得到合理合法运用，对监管机构来说是一个全新的挑战。在积极应用人工智能的金融行业，加强对人工智能的规范应用，使之行进在正确的轨道上，更是十分迫切的问题：一方面，行业监管部门应该加强在法律法规层面对人工智能技术在金融行业应用的制度性约束，设立红线；另一方面，也应该积极地制定各项技术标准，以规范人工智能的技术应用和发展路径。从这两个方面保证智能金融运转在正确的轨道上。

2021年，中国人民银行发布金融行业标准《人工智能算法金融应用评价规范》，针对金融行业在人工智能技术应用中存在的算法黑箱、算法同质化、模型缺陷等潜在风险问题，从安全性、可解释性、精确性和应用性能等方面建立了人工智能算法金融应用评价框架，明确了人工智能算法应用的基本要求、评价方法、判定准则，为金融企业加强人工智能算法应用风险管理提供了明确的指引。人工智能算法评估的框架及要点如图3.3所示。

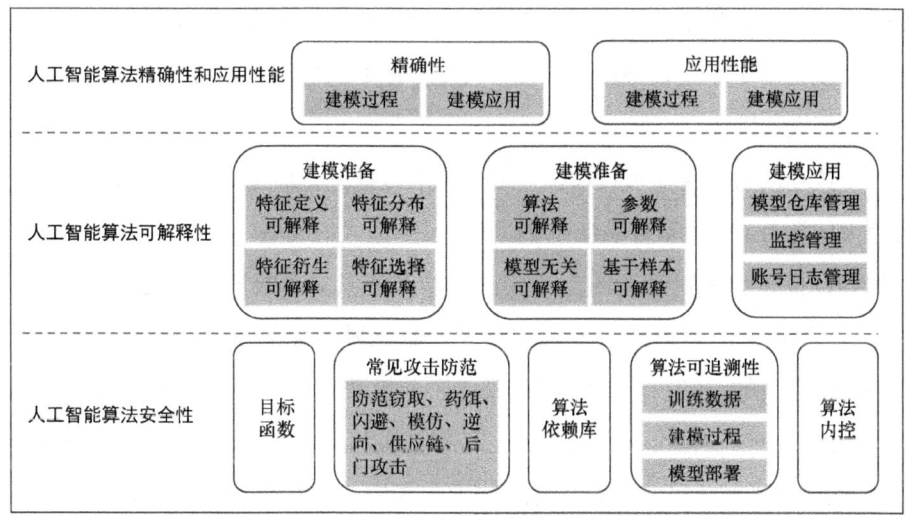

图 3.3 人工智能算法评估的框架及要点（引用自《人工智能算法金融应用评价规范》）

在金融行业推进人工智能等创新技术和创新场景的过程中，监管沙盒是一个有效的管控手段。

监管沙盒的概念由英国政府于 2015 年率先提出。按照英国金融行为监管局的定义，"监管沙盒"是一个"安全空间"，在这个"安全空间"内，金融科技企业可以测试其创新的金融产品、服务、商业模式和营销方式，而不用在相关活动中碰到问题时，立即受到监管规则的约束。"监管沙盒"对进入的服务对象、涉及客户、风险敞口等都有特别的规定，可以有效防范创新应用中的风险外溢到整个市场。

2019 年北京、上海、福建等省市开展了"监管沙盒"模式的金融科技创新应用试点。经过两轮次的试点推进，近百个创新项目进入各地的"监管沙盒"，试点范围也扩展到全国多个地区。"监管沙盒"模式逐步验证了其在"金融安全"与"科技创新"之间的良好平衡作用。

3.3.4 人工智能的云服务化

人工智能技术在金融行业已经被广泛地应用于投资、投研、风控、营销、投顾、理赔、客服、催收等金融场景。但是金融企业要独自完成人工智能项目的实施并不容易，特别是对中小型金融企业来说，人工智能所需的技术能力、人才团队、资源投入都是很大的挑战。

一个成功的人工智能项目往往需要大量的数据进行训练，在训练过程中更是会消耗巨大的算力，中小型金融企业难以承担其中巨大的成本。

例如，投研和风险管理的业务往往会涉及资讯文本数据深度处理的场景。这时对 NLP 和知识图谱的技术要求非常高，而业界顶尖的自然语言处理模型，例如 OpenAI 公司的 GPT-3（据称有 1750 亿个参数）训练所消耗的算力资源高达 36 440 pfs-day[①]。OpenAI 公司为如此庞大的算力花费 460 万美元。在中文领域，华为公司于 2021 年 4 月发布的"盘古 NLP 模型"（据称预训练模型参数达到 1 100 亿个）在训练过程中使用了 40TB 的中文样本数据，而训练所使用的"鹏城云脑-2"是占地面积 3 011m^2 的超级计算机。

这样巨大的资源投入显然不是大部分金融企业所能独力承担的。

那么，金融企业以及金融科技公司如何快速展开人工智能应用，以构建智能化的金融服务和系统呢？

AI 能力的云服务化可能是一条可行的技术路线。

何为 AI 能力云服务化？就是领先的人工智能企业将其技术能力、计算能力、算法能力结合特定的场景形成 API 等可调用的服务方式，供更高层次的应用调用的方式。这种 AI 的服务方式一般基于云的方式提供，形成 SaaS（Software as a Service，软件即服务）或 PaaS（Platform as a Service，平台即服务）。

对金融企业来说，实施智能化建设要把握好自主与合作之间的平衡，这个平衡点判别的原则因企业而异，而且需要量力而行。一般来说，金融应用层面的、具有自身特色的能力自主建设或自主把控，而通用层面的、基础能力层面的则应该选择与优秀的科技企业合作构建，或选用其所构建的云服务。同时还要积极融入金融科

---

① pfs-day 是人工智能领域用来衡量算力的单位，1 pfs-day 是指每天需要 10^{20} 次的神经网络计算。

技生态，从生态中吸取营养，不断优化。

较大型金融企业的科技投入力度大，科技预算充足，因此，其数字化建设以平台模式为主。在智能化建设中基于数字云平台构建 PaaS 智能平台型服务，将金融智能应用所需的人工智能能力，如 NLP、OCR、机器学习、深度学习、知识图谱等，通过容器化等云原生技术能力服务化，聚合在 PaaS 智能平台上，为业务应用提供统一支撑。PaaS 在底层聚合人工智能计算资源，服务化之后能够根据应用和算法所需弹性供给资源，达到算力集约化的效果。

更近一步，大型金融企业可将自身的智能化能力和通用金融场景相结合，构建智能 SaaS 服务，在条件具备的情况下向内外部输出。在满足自身业务的同时，还能够将自身的智能金融能力向行业输出，形成新的利润增长点。

对中小型金融企业来说，构建全能力的人工智能 PaaS 平台在资源投入上不够经济，或可采用 SaaS 的模式，从大型金融企业或金融科技公司、专业的人工智能科技公司采购基础 SaaS 智能服务。通过将这些智能服务与自身的业务应用相融合，快速构建专业化的金融应用场景，迅速进入市场和触达客户，为消费者提供有特色的精品金融应用，在总体成本最小化的基础上，最大化发挥中小型金融企业快速灵活的优势。这或许是体现中小型金融企业敏捷、专业竞争力的良好方式。

在这样的协同方式下，有可能构建一个多层次的智能化金融服务市场，形成大型金融企业、金融科技公司和人工智能公司、中小型金融企业共生共存、共同发展的多赢生态，实现资源配置的最优化和价值产出的最大化，并创造一种新的基于云的金融智能商业模式。

当然，在这个新生态中，客户隐私数据保护和金融数据安全仍然是最重要的红线，生态的各参与方都要严守底线，对风险、客户和监管保持足够的敬畏之心，保持理性发展，促进整个生态持续繁荣。

第 4 章
数字化与数据治理

古今称治理，夷夏共瞻望。

——［宋］祖无择，《依韵和登州推官张同年之梁山》

中国的北宋时期是传统封建文明发展的巅峰。在宋真宗和宋仁宗时期，吏治清明，法度严谨，社会繁荣，人民富裕。中央对各地方的管理和考核井井有条。

宋代的地方考核制度沿袭了唐代的磨勘法和巡检制，并把这两项制度发展到非常完备的地步。在每个"考核年度"，地方会向中央汇报业绩，包括户口增长、农桑田亩、盗贼多寡等。每项业绩都有详细的数字说明，用现代企业管理的话术来说，就是已经建立起多维度的量化评估指标体系。中央会根据考核数据评定地方的治理业绩，评估得分上等的才会得到晋升，而得分下等的可能会被淘汰。

为了保障考核数据的真实性，朝廷还建立了巡检制度，派出专门的"巡视小组"检查、复核地方的业绩情况，其中监察使会对各项指标数据进行检查，和我们现在的稽核工作一样，从总账和明细账的角度进行总分核对。针对数据的完整性和真实性，监察使也会想各种办法进行核实，并且会对其中的数据项进行抽查，这就像现代社会的统计学当中的随机抽样。可见古代社会就已经深刻地理解了数据质量的重要性，建立起尽可能完善的"数据质量管控体系"。宋代的朝廷官员们很明白，数据质量非常关键，如果数据出现问题，不光影响到地方官员考评的事情，甚至还会影响到国家的决策、治理和朝廷的统治。

在现代金融行业，如果数据出现问题，往往会给金融企业带来巨大损失。2020年，美国花旗银行爆出一个大乌龙事件。据报道，花旗银行作为露华浓公司的贷款代理机构，原本应向露华浓公司的放贷人支付约800万美元的利息，但花旗银行在汇款时弄错了数据，错误地汇出原金额100多倍的金额，造成损失高达9亿美元。花旗银行不得不向法院提起诉讼，要求收款方返回错误汇出的资金。

2021年2月，美国地区法院的一名法官驳回了花旗银行的请求，法院文件显示"花旗银行是全球最先进的金融企业之一，任何理性的人都不会认为是花旗银行办了一个前所未有的错误——误汇近10亿美元之多"。

花旗银行作为一家全球领先的金融企业，却在数据和风控方面出现如此重大的失误，实在令人难以理解。2020年10月，美国联邦储备系统（简称美联储）和美国货币监理署对花旗集团处以4亿美元的罚款。美联储指出，花旗集团在"风险管理和内部控制的各个领域"均未达标，包括数据治理、监管报告和资本计划等。美国货币监理署在一份《同意书》（Consent Orders）中指出，该项罚款是对花旗银行长期未能纠正风险和数据系统问题的惩罚。可见即使是数字化程度很高的国际顶尖金融企业，数据治理和数据质量仍然是一个非常严峻的挑战。

在中国金融行业中，因数据质量问题而受到监管处罚的案例也屡见不鲜。2020年5月，中国银保监会发布公告称，中国工商银行、中国银行、交通银行、中国农业银行、中国建设银行、中国邮政储蓄银行、中信银行和中国光大银行等8家银行近期被罚款，总金额共计1 770万元。被罚原因在于相关银行在监管标准化数据（Examination and Analysis System Technology, EAST）系统的数据质量及数据报送中存在违法违规行为，例如资金交易信息漏报、理财产品数量漏报、信贷资产转让业务漏报，甚至关键且应报字段漏报或填报错误等。可见数据质量发生问题在中国金融行业也是一个普遍性的现象，中国监管部门对此的管控力度会越来越大。

如果金融企业的数据质量出现问题，带来的往往会是真金白银的损失。

第一篇　理念变革

4.1
数字化最终还是一场数据治理

　　国际数据管理协会（Data Management Association，DAMA）这样描述数据治理：数据治理是对数据资产管理行使权利和控制的活动集合。对于什么是数据资产，中国信息通信研究院在《数据资产管理实践白皮书》中这样解释：数据资产是指由企业拥有或者控制的、能够为企业带来经济利益的、以物理或电子的方式记录的数据资源。

　　结合来看，数据治理就是对有价值的数据资源的保护、控制等的管理活动。IBM公司在描述数据治理时认为：数据治理有助于利益相关方了解组织数据，确保数据安全，并获得对数据的信任，尤其是随着企业扩大规模并积累更多的数据源和资产。数据治理有助于你了解自己拥有什么数据、数据位于何处以及数据如何使用。

数据治理可以为业务分析奠定数据基础,并通过遵守定义的规则和流程,加快分析和执行业务增长计划。业界还有人士指出,数据治理是确保数据安全准确可用和应用的必要策略。

数据治理的重要性已经得到企业界的一致认同。

4.1.1 数据治理对金融行业尤为重要

金融企业对数据资产是高度重视的。曾经某大型银行的高层领导在每次科技部门的座谈会上都强调,信息系统的重要性就在于它里面的那些数据,数据是银行的生命,服务器、操作系统坏了不要紧,里面的数据如果丢了,银行的生命也就结束了。

金融企业在数据管理方面具有很好的专业性,这是很多行业的数据从业者所公认的。如果金融企业与其他行业的企业或机构对接,一般由金融企业制定接口规范,涉及资金或资产的数据一般也会以金融企业的清算结果为准,这是基于大家对金融企业处理资金和资产数据的专业性的信任,从侧面也反映出金融企业对交易数据、资金数据、资产数据的处理的严谨性。

由于金融数据的交换往往会影响到市场的稳定,因此相关监管部门高度重视金融企业的数据流动,要求金融企业及时上报许多关键业务的数据——这在金融企业内部被称为监管报送。

监管报送工作由监管部门拟定数据标准和报送规范,受监管的金融企业必须在规定的时间内按照标准的格式上报相关数据。监管部门汇集多方数据之后就能够运用多重业务审核规则,对各方数据的正确性进行校验,发现其中的数据质量问题。监管部门对这些核心金融数据的质量要求非常高,质量不合格的,往往会给出监管处罚。

4.1.2 金融数据治理之难

金融企业日夜与数据相伴为生,从上到下对数据高度重视,数据管控的手段也有很多，但是数据质量的问题仍然层出不穷，数据治理仍然是金融企业的难题之一，这究竟是为何？数据治理为什么这么难？

数据治理之难，初步看来，难在三点：数据是复杂多样的，数据是有生命周期的，数据是不断流动的。

数据是复杂多样的，金融数据尤为复杂。金融业务复杂多样，业务流程和业务规则叠合各类合规风控要求。金融企业内部系统错综复杂，由此产生的金融数据也呈现出多元复杂、高价值、高敏感、数据类型多样和管控等级多层次的特征。

在金融数据日趋海量的背景下，复杂多样的数据带来了几何级数增长的挑战，如难以有效建立数据标准，数据质量管控难度增大，数据质量问题频繁发生。

还是以银行为例，早期银行业务在快速发展过程中会建立起大量的业务管理信息系统，用于管理所服务的客户。每个业务系统都有一套自己的客户管理模块，这样大量的业务系统运行起来之后，汇集客户数据并进行分析就成了难题。

为什么呢？因为各个业务系统对客户数据的记录格式不一样，从客户编码到身份属性、生理属性、职业属性等，数据格式百花齐放，汇集之后如何整合客户信息、客户信息冲突时以谁为准等，都成了难以解决的问题。

在这种局面下，银行不得不着手建设全行统一的客户数据标准，对客户的编码、属性描述等做出规范和约束性要求。新建设的系统必须严格遵循数据标准，否则不能上线投产，针对旧系统也应该制订改造计划，以落实数据标准。银行科技人员往往将旧系统的改造工作称为"贯标"，这是一项巨大且有风险的工作。这项工作往往会引发许多不可知的程序风险，导致原本可用的程序变为不可用或运行出现偏差，同时无法为应用系统带来明显的收益，因此参与改造的工作人员往往会产生抵触情绪。这些挑战叠加起来，给数据标准的落地带来了极大的困难。

数据是有生命周期的。金融数据从产生到加工、交换、流转、分析、归档，经历了多个复杂的转换环节。复杂数据在多个环节传递，任何一个环节处理不当都会造成数据质量问题，给下游数据使用方带来不可预知的影响。而下游数据使用方对数据的使用往往侧重于某个方面，这就延缓了质量问题暴露的时间，等经过多个下游数据使用方使用之后才发现数据的问题，而此时要修正数据为时晚矣。

为了应对数据在其生命周期过程中的变化，一些金融企业会对数据资产制定版本控制的策略。如果数据得到更新或者修正，就会自动地增长为下一个版本。这样做有两个好处，一是修正过的数据往往是更为优质的数据；二是可以通过回溯数据的历史版本，发现其变化过程，如果数据质量出现问题，则可以快速定位到出错的环节。这是一个精细化的数据生命周期管理模式，但显然也对数据的开发系统、处理系统和管控系统提出了更高的要求，增加了数据管理的复杂度。

数据是不断流动的，金融数据在流动中才能产出价值。而这种源源不断的流动，使得数据质量管控没有一劳永逸的机会。今天的数据质量不出问题，不代表明天的数据质量不出问题。这使得执行数据治理的人员永远无法松懈，不能放过任何一个数据瑕疵，稍有疏忽就有可能导致严重的数据质量问题。

数据治理领先的金融企业往往会对每月、每天甚至每时每刻产生的数据资产进行质量监控，定期生成数据质量月报、周报、日报甚至实时报告。数据质量问题会自动形成任务处理单并下发给相关的责任人员。

在数据治理实践中往往不容易落实数据质量问题的跟踪处理工作。许多金融企业在开展数据治理后发现，一段时间下来，许多"数据业主"的工作面板上累积了大量未及时处理的数据质量问题单。数据质量问题得不到及时处理，是很多金融企业在数据治理工作中面临的现实性挑战。

中国金融监管部门非常重视金融企业的数据治理和数据质量提升，出台了一系列的指导文件。如 2011 年中国银监会发布了《银行监管统计数据质量管理良好标准》。2018 年 5 月，中国银保监会发布了《银行业金融机构数据治理指引》。2018 年 9 月中国证监会发布了《证券期货业数据分类分级指引》等。

但金融企业在数据治理领域仍然面临诸多困难，特别是中小型金融企业，更是面临着数据治理执行困难、数据管控体系不够健全、数据治理人才匮乏等挑战。

数据治理如此之难。中国银行业协会 2020 年 4 月发布的《中小银行数据治理研究报告》显示，64 家中小银行的数据治理平均得分仅 49.7 分（满分 100 分），最低得分仅为 18 分，许多中小银行的数据治理水平十分低下，经常遭遇数据质量问题。如图 4.1 所示，大部分中小银行的数据治理水平仍处于"较差"或"初步"的水平。中国金融行业的数据治理工作任重而道远。

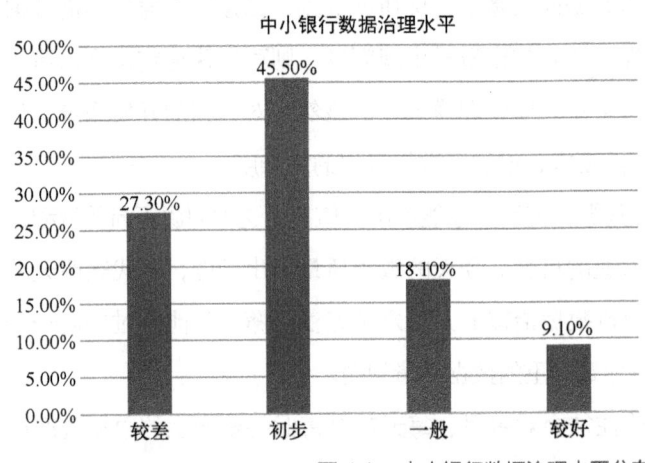

图 4.1　中小银行数据治理水平分布

数据治理如此重要。数据治理决定了数据的正确性、准确性、及时性，数据治理执行如果不到位、不能持续和深入，企业数字化转型工作也不会取得成功。数据治理是数字化转型的重中之重，决定了金融企业数字化转型的成功与否，以致我们不得不得出这样的结论：金融企业的数字化转型终究还是一场数据治理。

4.2 数据治理的核心工作领域

国际数据管理协会对数据治理的工作领域的描述是：数据治理的关键工作领域包含了数据标准、数据质量、元数据、数据安全等，涵盖了数据生命周期过程中的全方面。2018 年发布的《银行业金融机构数据治理指引》也指出，金融企业的数据治理应该在全覆盖、匹配性、持续性、有效性的原则下，完善组织架构，建立工作机制和流程，持续有效地展开数据管理、数据质量控制和数据价值实现。

对金融业务人员来说，数据治理的每一个核心工作领域，如数据标准管理、数据质量控制、元数据管理，都是十分复杂且技术化的，要准确深入理解十分不容易。

例如许多金融行业的管理人员和业务人员难以理解什么叫"元数据"，而技术人员往往将其解释为数据的数据，这更令人疑惑不解。只有更通俗的解释为元数据是对"数据项"的描述，例如"指标数据"的口径也是业务元数据的一种，这样业务人员才能通过类比来理解。但是，如果说到"技术元数据"、数据的类型及属性，则往往会令业务人员重新陷入困惑中。然而数据治理是一件需要技术人员和业务人员、管理人员全员参与的事情，只有企业全员都能够正确地理解数据治理、参与并协作，数据治理才有可能取得成功。

如何让数据治理得到普及和传播，让数据治理的理念深入人心，得到企业全员的理解和接受，是数据治理工作者任重而道远的责任。

4.2.1 金融企业的数据标准管理

金融企业进行数据治理，一般会从数据标准入手。数据标准的制定是一项复杂的工作，企业需要从大量"同类但不同构"的复杂数据项中进行抽象、提炼，同时参照国家标准或行业标准，制定出适合企业自身的数据标准。由于企业内的数据项众多，数据标准的制定往往成为极为艰苦的工作，而且会面临许多难以调和的冲突，最后因源头各方或责任各方矛盾无法调和、不肯妥协而陷入困局，在此局面下数据标准的制定往往会草草收场，应付了事。

数据标准制定出来之后，仅仅将其发布为公文或者悬挂于企业墙壁之上是无济于事的。数据标准还需要落实到每一个系统中，而这往往给系统的改造带来极大的困难和工作量。最后许多企业不得不采取折中的办法，就是在源系统向数据湖或数据仓库的汇集过程中进行数据标准的转换，让源头非标准的数据在进入数据仓库之后转换为标准化的数据，让下游数据使用方在使用时得到标准化的可用数据。但这也带来了新的问题——增加的转换环节的可靠性存疑，往往会因转换程序的问题带来额外的数据质量问题。

4.2.2 金融企业的数据质量管理

数据质量控制和改进是整个金融数据治理工作的核心目标。人们为了度量数据质量的好坏，提出了数据质量的 6 个特性——完整性、唯一性、有效性、一致性、准确性和及时性。数据质量的管控实现是基于清晰明了的数据标准之上的，如果数据标准不完备，数据指标的定义不清晰，取数规则不统一，与业务变化不能匹配，那么数据质量是不可能取得良好的效果的。在数据标准清晰完备的基础上，还需要建立完整而且持续改进的数据质量监控机制。

金融企业一般会建立两个方面的数据质量监控机制：一方面是在数据流转加工的每个环节实时监控，发现问题立刻预警，让数据质量管控人员介入干预，第一时间解决问题；另一方面是在事后定期进行批次性的数据质量核检，从多个维度运用数据检测规则或者业务钩稽规则对数据质量进行多个侧面的复核，生成数据质量检查报告，并且对各项数据的质量状况进行打分，得到针对数据质量的完整评测视图。

数据质量不仅仅是数据部门或者技术部门的工作，《银行业金融机构数据治理指引》也指出，金融企业应该加强对数据源头的管理，确保业务数据在录入或进入系统时就是完整、全面、及时、准确的，金融企业还应该将数据质量的检查评定结果列入责任部门的绩效考核中，形成数据质量的完善的考核机制，确保数据质量得到持续改进。

数据标准管理和数据质量管理的目的在于得到"清洁的数据"。人们经常将数据比作企业的血液或水源，没有清洁的数据，企业数字化工作的失败是可以预知的，金融企业尤为如此。

4.2.3 金融数据治理的其他工作领域

除数据标准管理和数据质量管理以外，数据治理的工作领域还包括元数据管理、数据安全管理等。

元数据管理是让数据变得"易用"的必要工作。基于元数据管理可以建立对企业数据项的完整俯视图，构建整个企业的"数据地图"，让数据的使用者能够依图查数，知道企业有哪些数据，并且方便地找到所需的数据。

元数据管理的基础是数据的分类和分级，金融行业对此做了许多研究和标准化的工作。2018年中国证监会发布的《证券期货业数据分类分级指引》（下称"指引"）为证券期货类公司对数据进行合理分类和正确分级提供了良好的参照依据。该指引根据证券期货业务的特点，把数据大类划分为交易、监管、信息披露和其他4大类，每个大类下根据管理主体和数据特性细分为数据小类，这样就形成了完整的数据分类体系，涵盖证券期货业务的各个层面的数据内容。

在数据定级方面，该指引根据数据的影响对象、影响范围和影响程度3个要素将数据评定为极高、高、中和低4个数据级别，并设定了完善可行的数据定级步骤，有助于证券期货类公司统一数据定级标准。该指引在证券期货业得到良好应用，并成为其他行业制定数据分类分级的重要参考。

在执行正确的数据分类和分级的基础上，金融企业能够更好地建立数据安全的管控体系，让数据的访问者依据合理的权限来访问与级别对应的数据，防止数据的滥用或不当使用，对数据的隐私保护和数据防泄密等工作也起到标杆指引的作用。数据安全管理需要深入到数据生命周期的每个环节，建立清晰明了的责任机制和管控机制，确保数据在流转过程中安全、保密，不被恶意修改或泄露。

2021年6月10日，第十三届全国人民代表大会常务委员会第二十九次会议通过《中华人民共和国数据安全法》（下称《数据安全法》），对数据安全的防控要求、防护技术、安全技术、企业安全制度和机制的建立落实制定了明确的指引。金融行业应该积极践行《数据安全法》，提升金融数据安全等级，让数据管理持续运行在安全稳定的基础之上。

总结来看，数据标准管理的工作树立了数据的"标杆"，让数据管理工作有了参照依据；数据质量管理的工作持续地对数据进行监控和评估，保障企业在内外部流转"清洁的数据"，清除或清理"脏数据"；元数据管理的工作建立了"数据地图"，让企业全员知道企业有哪些数据，数据分布在何方；数据分类、分级的工作让数据地图有了"脉络"和"等级"，使得数据组织有序，级别分明，不再杂乱无章；数据安全管理的工作为数据的流转和使用建立了有效的"防护罩"，让企业全员安心地使用数据，不再担心因数据使用不当而造成风险。这些数据治理工作建立了完整的数据管控体系，缺一不可，是企业运用数据产生价值的基石。

4.3 金融行业数据模型和主数据

相对于制造业或其他行业的数据治理来说，金融行业的数据治理要求更严格、治理力度更深入、治理工作更细致。金融行业数据模型和金融行业主数据的建设是金融行业开展数据治理的两个重要的工作领域。

4.3.1 金融行业数据模型

什么是企业数据模型呢？企业数据模型是对企业的业务实体和业务规则的数据映射。数据映射一般分为4个层次——主题领域模型、概念数据模型、逻辑数据模型和物理数据模型。

主题领域模型是对企业的核心业务领域进行抽象之后形成的主题领域划分，反映企业业务的总体分类和顶层协同。概念数据模型是对企业的核心实体和主要关系进行抽象，反映企业的概要业务模式和总体工作流。逻辑数据模型是在前两者的基础上，运用关系数据库理论对企业的业务对象、业务规则、业务关系、业务流程进行全面抽象和设计，形成反映企业业务细节承载的数据模型。逻辑数据模型是整个企业数据模型的核心，物理数据模型是对逻辑数据模型的技术实现。

企业数据模型在业界已经有数十年的研究历史。企业数据模型大师莱恩·希尔瓦斯顿（Len Silverston）在其著作《数据模型资源手册》中这样描述企业数据模型的发展历程：在陈品山（Peter Chen）博士1976年的文章"Entity-Relationship Modeling"中，数据建模问题第一次得到重视，文中介绍了他新发现的方法，自那以后，数据建模成为数据库设计的一种标准方法。通过对组织机构的数据进行正确建模，数据库设计人员可以消除数据冗余问题，而冗余是导致不准确信息和低效率系统出现的一个关键原因。

金融行业在很早以前就开始研究并实施金融数据模型。早期主要的流派有两个，一个是IBM公司的BDWM（Banking Data Warehouse Model，银行数据仓库模型），另一个是Teradata公司提出的FS-LDM（Financial Services Logical Data Model，金融服务逻辑数据模型）。这两者有许多相似之处。例如，IBM公司的BDWM将银行数据划分为关系人、合约、条件、产品、地点、分类、业务方向、事件和资源项目九大主题，基本能涵盖80%以上的银行数据。后来IBM公司将BDWM进一步扩展成FSDM（Financial Services Data Model，金融服务数据模型），金融数据覆盖面进一步完善。而Teradata公司则将金融各子行业的数据都抽象到当事人、产品、协议、事件、资产、财务、机构、地域、营销和渠道十大主题域中，并研发为一个相对成熟的产品，在同一套模型内支持保险、银行、证券行业。

主题域模式的金融数据模型为金融数据从业者设定了统一的"数据语言"，极大地简化了金融数据分析的难度。

从2016年开始，中国证监会组织行业专家着手制定设计了统一而相对完整的证券期货业数据模型，并于2019年分为4个部分公开发布。《证券期货业数据模型》依据行业法规，较为科学、完备地描述整个市场的业务逻辑，建立业务运行与数据资产之间的关系，最终达到通过数据模型体现业务规则，记录业务行为，描述并发现业务特征的目的，为推动实施行业数据治理打下坚实基础。

证券期货业数据模型基于"主体－行为－关系"（Identity, Behavior, Relevance, IRB）方法来设计行业数据模型。从证券期货行业的整体数据流出发，以"交易""监管""披露"三大业务条线为切入点，对证券期货业务进行抽象设计，形成了对证券公司、基金公司、期货公司以及监管机构的标准逻辑模型。

作为金融行业第一个以正式行业标准发布的数据模型，证券期货业数据模型具有如下创新意义。

- 提出了一种具有金融业务属性的数据模型设计方法论。证券期货业数据模型以"主体－行为－关系"（IRB）方法为核心进行设计。主体即金融市场上的各种关键实体，如品种、券商、上市公司等；行为是主体的动作外延，如交易、中介、信息披露等；关系是主体和行为之间的关联，如业务中介关系、监管报送关系等。IRB方法通过提取行业规则，梳理出行业抽象模型，在此基础上设计证券期货业逻辑数据模型，并通过相关业务进行验证，具有良好的业务适配性。

- 简洁的主题域划分方法契合证券期货业的业务分类习惯。证券期货业数据模型将证券公司、基金公司的数据主题域划分为主体、账户、品种、交易、合同、营销、资产和渠道8个域，基本涵盖了资本市场的所有业务范围，主题描述符合资本市场的常用术语。

- 优雅和具有扩展能力的逻辑模型覆盖证券期货业的大部分金融产品和金融业务流程。在数据主题域的基础上，证券期货业数据模型以业务流和业务规则为导向进行设计，确保数据架构的业务适配性，并且有能力承载扩展的业务规则和流程。

以行业标准数据模型为基础展开金融行业的数据治理是一个可行的策略。这种方式能够给金融企业带来的好处包括，一是能够做到架构先行；二是能够用到金融行业较为权威的智力成果；三是有助于金融企业融入行业数据生态。

4.3.2 金融行业主数据

金融行业主数据是金融行业另一个比较常见的数据治理场景。主数据是企业数据模型中最关键的实体的数据——IRB方法中"主体"的关键定义和公共属性数据。

典型的主数据建设是构建 ECIF（Enterprise Customer Information Facility，企业级客户信息整合）系统。ECIF 系统是指对企业的客户信息进行清洗、归并、整合而形成的一套集中、全面、权威的中央客户信息系统，企业会将所有客户存放在这个系统中并进行主数据管理。ECIF 系统实现了客户数据的"主要信息中央登记，身份信息统一识别，关键信息实时共享"。ECIF 系统是金融企业"以客户为中心"管理模式的基础系统。

与许多数据治理工作产出的分析类系统或后台管理类系统不同的是，ECIF 系统是一个重要的实时业务系统，它通过对客户数据的高质量整合，为接入业务系统的客户统一识别、信息登记与维护、信息订阅与通知、统一客户视图查询、工商登记信息查询、合规管理信息查询、客户信息核对、客户拆分与合并等业务提供实时在线的服务与支持。

从职责上看，ECIF 系统负责客户标识数据、客户编码数据、客户分类数据和客户基础共性数据的生成与服务，是几乎所有业务系统的前置系统和基础系统，具有很高的保障等级。

如果 ECIF 系统运用得当，可以为金融企业的数据治理带来很多好处。ECIF 系统通过对不同业务系统的客户信息进行抽取、拉通及整合，实现客户唯一识别与视图共享，可以为金融企业全面认识与服务客户，规范化客户管理提供重要基础应用。

由于 ECIF 系统给客户主数据的统一和标准化带来很多好处，于是很多金融企业进一步扩展 ECIF 系统，叠加了产品主数据、渠道主数据等服务，形成更为全面的主数据服务系统。

针对主数据的建设模式，除通过 ECIF 系统这样单独建设为一个系统的模式以外，还可以通过某个重要系统附带建设的方式来完成。

例如许多金融企业通过建设金融产品销售系统或者金融产品管理系统"顺便"完成产品主数据。金融产品销售系统的主要职能是负责产品的销售管理，核心流程是产品的上架、销售、下架、存续期分析等。金融企业可以利用金融产品销售系统所管理的产品比较全面的特点，将它的产品编码、产品分类和主要属性数据管理的功能标准化并共享，形成全企业的统一产品主数据服务，其他系统的产品数据均以此为准，不再单独建设。这种方式也能形成产品数据的统一标准。其他主体的主数据建设也可以参照这个模式，达到和客户主数据同样的效果。

针对数据模型建设和主数据建设，从工作范围来看，本质上都是数据标准建设工作的延伸。

4.4 数据是要素，也是资产

现代社会，数据成为和"劳动、资本、土地、知识、技术、管理"并列的生产要素，这一点已经成为全社会的共识。金融界人士指出，数据变成生产要素以后也就变成一种资产，它将是未来金融行业最大、最新的资产类别。

4.4.1 什么是数据资产

什么样的数据才能称为数据资产？在互联网时代和数字空间，数据资产有两个相近的概念——信息资产和数字资产。这两个概念本质上是相通的，其内涵都在于信息、数字或数据蕴含的价值。

对数据资产的定义有很多种描述。总而言之，企业的数据资产是以数字化形式承载的可记录、可度量、可控制、可服务、可分享、可估值、可变现的数据。接下来我们逐一分析这个定义。数据资产必须是数字化的，不是记录在纸上的；是对业务对象、业务过程和业务结果的描述，是可记录的；是可以通过数据分析工具进行分析的，是可度量的；是受到企业控制的，不是游离在企业管控范围之外不可控的；是可以通过特定系统支持业务和管理应用的，是可服务的；是可以在企业可控的条件下分享给特定对象的，不是孤立在某个角落不可分享的；是可以最终对其价值产出的多少进行评估的，是可估值的；最后，在时机成熟时，是可以通过价值交换的方式变现的。

具有上述特征或潜在特质的数据方可称为"数据资产"。

数据资产的本质意义在于运用数据发挥价值。金融企业针对各个管理及业务领域的需求有效地开发、使用不同的数据，拓展数据领域的应用场景，充分释放数据的价值，提升企业的市场竞争力。

从典型场景来看，数据产生重要价值的场景包括：客户体验提升、客户服务改进、客户旅程优化、产品设计创新、金融市场分析、合规与风险管理、经营决策改进，以及运营效率提升等。以客户服务改进为例，金融企业的数据分析师通过对客户行为、客户偏好等数据的分析，提炼出"客户画像"等数据资产，并将这类数据资产应用到客户营销服务中，产生有针对性的、个性化的客户服务方式，形成"千人千面"的营销方案，带给客户更精准、更贴心的服务内容，从而极大地提升客户满意度。这就是"客户画像"这类数据资产产生的价值。

数据资产从何而来？数据资产不会凭空而来，它是从金融企业的业务和管理活动中产生的，并在各类分析需求的驱动下不断扩大和积累。

例如，对市场风险的评估需求驱动金融企业的数据分析师搜寻企业内外部各种各样的数据。而这些数据是否会对目标问题产生解答或者对市场风险存在关联效应，需要数据分析师不断评估、分析、探索。这个探索过程又可能催生新的数据需求，驱动数据分析师考察新的数据资源。最终这些有用的数据资源经过数据分析师的分析和确认，以及提炼、加工、转换，形成企业新的数据资产。金融企业旺盛的数据需求是促使数据资产源源不断增长的源泉。

4.4.2 金融企业的数据需求管理

为了更有效地促进数据资产的增长，金融企业需要对数据需求进行更精细化的管理。很多金融企业的数据管理部门制定了提出、分析、评审、积累、反馈数据需求的完整管理流程。通过对数据需求的常态化管理机制，金融企业能够对各类数据需求进行总结、提炼，形成良好的知识沉淀，进一步对这些知识进行转化和提升，有可能形成新的、高质量的数据资产，同时降低数据需求的服务成本。这是一个数据需求管理水平不断提升的过程，也是一个数据资产化的过程。

从成熟度来看，金融企业针对数据资产化的数据需求管理可以划分为三个层次——1.0 需求应对阶段、2.0 知识沉淀阶段和 3.0 资产积累阶段。图 4.2 所示的这个简单明了的数据需求管理成熟度模型为数据资产化提供了很好的路径指引。

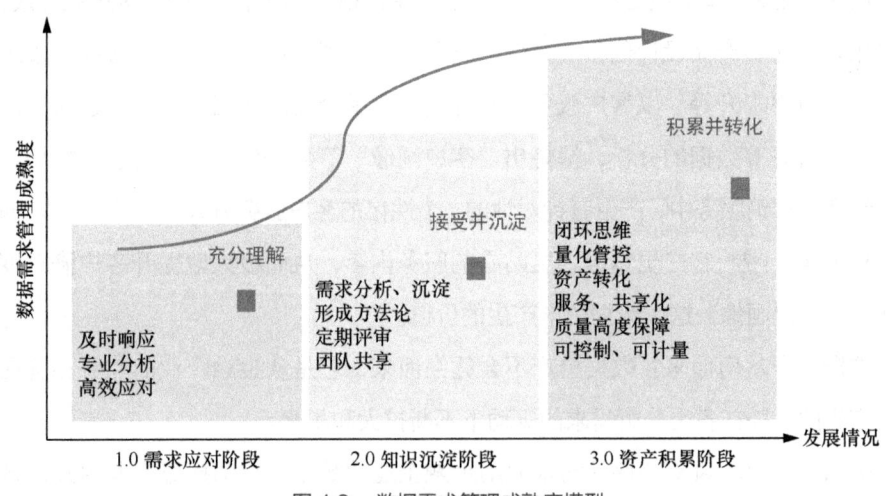

图 4.2 数据需求管理成熟度模型

在 1.0 需求应对阶段，金融企业对数据需求有较为完整的管理流程。企业的数据管理部门能够及时响应企业内外部提取和分析数据的需求，尽力尽快地寻找合适的数据，对数据需求的合理性、适当性有管控和审批手段，对数据的去向和使用情况有登记和跟踪方法，能够定期分析数据需求情况和数据满足情况，并加以改进。

在 2.0 知识沉淀阶段，金融企业对各种数据需求进行更深入剖析，对需求分析方法进行总结和改进，沉淀为数据分析知识和需求处理方法论，并且不断地进行审视和总结提升，实现数据需求处理过程的复用和优化，然后通过数据需求管理工具和知识管理工具将这些知识和方法系统化，提升数据需求的处理效率。

在 3.0 资产积累阶段，金融企业把数据需求当作数据资产化的重要来源，每一个数据需求不再是工作负担，而是资产来源。金融企业此时会对数据资产化形成完整的闭环管理，量化管控处理过程，记录数据资产化的转化效率，并反过来评估数据需求的价值贡献，在数据资产化的基础上实现数据的服务化和共享化，有效管控数据资产的质量，真正提升数据资产的价值，保障企业数据资产源源不断、生生不息。

在《大数据时代》一书中，作者维克托·迈尔－舍恩伯格（Viktor Mayer-Schönberger）提出了这样一个观点："虽然数据还没有被列入企业的资产负债表，但这只是一个时间问题。"企业的数据资产管理达到一定的成熟度后，不仅会对内部的数据使用过程提供极大的便利，精确地评估各类数据带来的直接价值和间接价值，而且有可能在将来外部时机成熟时实现数据资产的有效变现。到那时，可记录、可度量、可控制、可服务、可分享、可估值、可变现且可交易的数据资产进入金融企业的资产负债表将不再是设想。

第 5 章
数字鸿沟与数字摩擦

路人犹指似,山下是鸿沟。

——［宋］苏敦,《鸿沟》

卢梭在《论人类不平等的起源和基础》中说:我认为在人类中存在两种不平等,一种我称之为自然的或是生理的不平等,这种不平等是由自然造成的,主要体现在年龄、身体、体力、智力以及心灵方面;另一种我们可以称之为精神的或是政治的不平等,这种不平等依靠一种公约,在人类共识的基础上被建立起来,或者至少为人类共识所认可,主要体现为少数人通过损害他人利益而享有的各种特权,例如更加富有、更加尊贵、更加强大,或者甚至让他人臣服。

卢梭是人类思想的伟大启蒙者,他认为虽然私有化促进了人类的发展,但是私有制是造成人类不平等的根源。随着社会的发展、科技的进步,人类创造了巨大的物质文明和精神文明,人类致力于公平公正的发展,但是人与人之间的不平等的现象却始终未能消除,甚至不断地产生新的不平等种类,例如"数字不平等"。

人类通过使用先进的工具和技术获取与利用自然资源,从而进入文明时代。人们在使用工具和技术的过程中总会产生各种不均衡的结果,有人掌握的资源多,有人掌握的资源少,为了保护自己的不均衡的资源,人类社会发展出私有制,建立起资源的壁垒。而随着工具技术资源的壁垒加深,人群之间开始产生鸿沟,进而形成阶层分化,最终形成阶级。

阶级之间的矛盾和斗争是可怕的。由于阶级之间争夺资源,在历史上发生过数不清的战争,在进入现代社会之后,数据作为一种新形态的资源,会不会因数据资源的占有多寡和不均,带来数据壁垒,进而形成数字鸿沟,最终分化出不同的数字阶级呢?

人类的许多技术和工具的发展,要么为了获取更多的资源,提升生产力水平,要么为了促进资源的更公平分配。数字技术也是如此。但是数字技术的进步真的能带来最终的公平和发展吗?许多有识之士对此提出担忧,甚至有人提出"数字化末日"的观点,认为在数字化发展过程中,如果不能消除数字鸿沟,则必然会形成数字垄断,催生数字寡头。

数字寡头利用其掌握的先进技术,掠夺普通人的数字权利,形成"数字霸权",极端情况下,最后产生如刘慈欣在《赡养人类》里描述的"终产者",一个人掌握所有的数字资源,并利用数字霸权驱使他人、控制他人,所有人类匍匐其下,丧失自由,数字化彻底沦为奴役人类的工具。这是数字化的末日,也是人类文明的末日。

数字化末日,真的会到来吗?

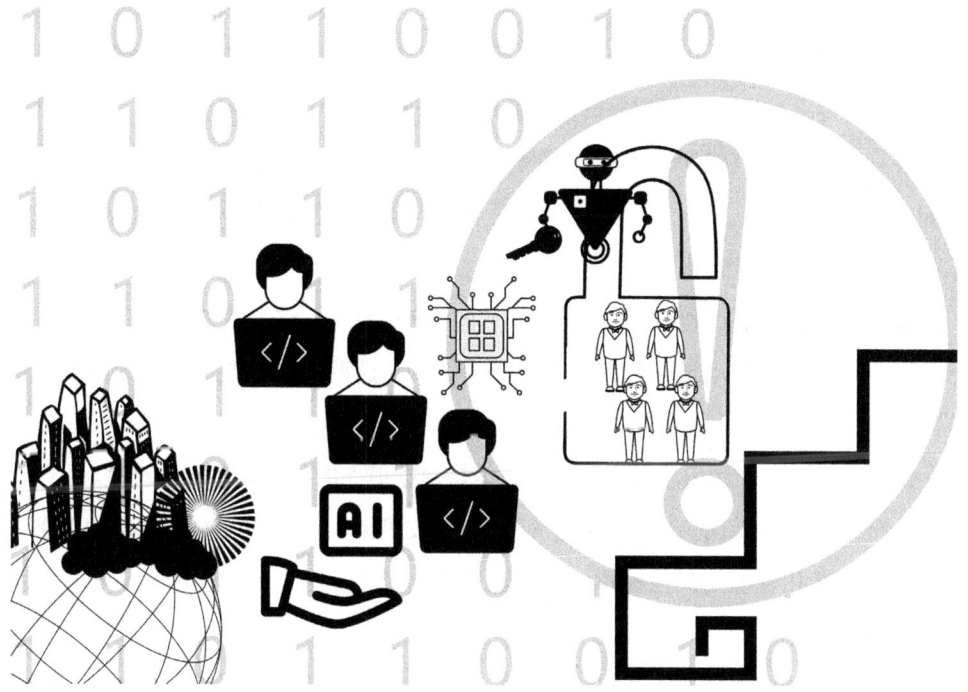

5.1 数字鸿沟问题

金融企业开展数字化转型,首要面临的问题是企业内外的"数字鸿沟"问题。那么数字鸿沟是如何形成的?又是如何给企业的数字化建设和应用带来阻碍的呢?

5.1.1 数字鸿沟的形成

在讨论数字鸿沟的问题之前,我们来谈一谈金融企业内部的数据孤岛问题。

企业数据孤岛问题是随着企业的组织结构和信息系统的复杂加剧而产生的。在企业创设初期,部门关系简单,信息系统单一,这个时候一般不存在数据孤岛的问题。但随着企业的发展,业务规模或复杂度逐渐提升,企业专业化分工越来越细,为解决各种专业化问题,所建立的信息系统也越来越多。由于业务发展的不确定性,企业在初期是很难有较为长远的数据规划的,难以避免先后建设的系统之间数据不匹配的现象。数据共享,无论从主观还是客观,都是一件极为不易的事情,这时将不可避免地产生数据孤岛。

金融企业在发展过程中建设了一个一个的信息系统,这些系统互相独立,难以分享数据,人们形象地把它们称为"烟囱系统"。这些烟囱系统是产生数据孤岛的元凶。数据孤岛的产生,与规划的缺乏与标准的不统一有关。

奇怪的是,即使运用了先进的技术,但是数据孤岛的产生仍然难以避免。

分布式技术是现代金融企业中流行的全新技术架构。这项技术原本是为了解决架构的灵活性和资源的弹性需求,如果运用得当,企业会形成鲁棒的、具有良好可扩展性的系统底座。

但是,许多金融企业在运用分布式技术时,并没有真正吃透这项技术,往往为追求技术时在系统中引入分布式系统，在另外的建设中却引入其他分布式系统。这些分布式系统之间不能兼容，难以交互，这实质上形成了一个个新的巨大的烟囱系统，人们将这些新的烟囱系统称为"分布式单体"。

这些缺乏总体规划的烟囱系统和分布式单体不断创造新的数据孤岛，进一步加深了系统之间的数据隔阂程度，引发数字壁垒。

数据私有化会带来数据资源的倾斜和不平衡。在金融企业内部，则是部门之间的数据倾斜和不平衡。有的部门基于所拥有的大量数据，有可能进行数据的深入挖掘，创造新的业务模式，取得商业上或者绩效上的成功。而有的部门则因数据匮乏而难以开展数据价值挖掘工作，其业务发展可能受到局限。金融企业外部的数据倾斜则体现在大型企业与中小型企业之间的数据不平衡，或者企业与客户之间的数据不平衡。

数字时代，数据的多寡意味着数字权利的多少。掌握大量的数据就掌握了未来的发展要素，拥有更多数据的大型企业，就有可能对中小型企业进行碾压式打击，进而形成不公平竞争。拥有大量数据的企业还可能利用数据不对称的优势，悄悄地侵害客户的权益，而这种侵害，客户自己甚至都难以发现。这就是数字时代数字权利不平等带来的数字不公。数字不公持续发展而得不到纠正，就形成了数字鸿沟。

数字鸿沟具有多层次的含义。美国国家远程通信和信息管理局在名为《在网络中落伍：定义数字鸿沟》的报告中定义：数字鸿沟（digital divide）指的是一个在那些拥有信息时代的工具的人以及那些未曾拥有者之间存在的鸿沟。数字鸿沟体现了当代信息技术领域中存在的差距现象，是指在全球数字化进程中，不同国家（或地区）、行业、企业、社区之间，由于对信息、网络技术的拥有程度、应用程度以及创新能力的差别而造成的信息落差及贫富进一步两极分化的趋势。

5.1.2　金融企业内的数字鸿沟

金融企业内部也存在各种各样的数字鸿沟。这些鸿沟或因数据孤岛产生，或因数字壁垒形成，给金融企业的数字化转型带来了巨大的障碍。

许多金融企业的数字化转型是盲目跟风的，特别是许多中小型银行或非银金融企业，在看到头部企业的数字战略越来越深入之后，因为害怕在未来竞争中落伍而采取盲目对标的做法，抄袭先进银行的数字化战略，略做修改就作为自己的数字化规划。从许多银行的数字化战略口号都极为相似的现象中可以看出这一点。

部分金融企业对数字化转型认识不深，认为数字化转型只是科技部门的事情，缺乏企业层面的统筹规划。业务和管理部门不能深度参与数字化转型的过程，而科技部门由于对业务全局缺乏全景洞察，或者对企业内数据倾斜的利益格局无力打破，往往会造成数字化转型畸形开展，甚至导致数字化转型失败。这些数字化转型的失败后果甚至比数字化转型之初还要糟糕，因为失败的数字化转型往往制造新的数据孤岛，或者带来新的数字壁垒，这进一步加深企业内的数字鸿沟。

数字鸿沟最终会拖垮金融企业的数字化发展进程，堵死企业迈向未来数字化生存的道路。那么，金融企业应该如何跨越数字鸿沟呢？

对内，金融企业应该建立统一的、自上而下的、正确的数字化战略规划。

为了建立起正确的数字化战略，金融企业应该认真而客观地审视自己的"数字禀赋"。从数字化的角度来看，金融企业的业务可以分为两类，一类是"连接型"的业务，其数字化转型的目标应该是运用数字科技，在客户与员工之间、客户与伙伴之间、员工与伙伴之间、员工与员工之间建立起更紧密、更有温度的数字连接；另一类是"思考型"的业务，数字化转型的目标应该是运用大数据和人工智能等分析型技术，提升金融企业的分析和洞察能力。

这两类业务会有交叉，但一定会有一类为主导，这就是金融企业的"数字禀赋"。如果金融企业不能正确地认知自身禀赋而盲目地开展数字化转型，必然会掉进数字鸿沟的巨坑而不能自拔。

对外，金融企业应该积极融入数字生态，帮助数字时代的弱势群体，履行自身的数据责任，消除数字社会的数字鸿沟。

积极前行的企业往往会得到意想不到的额外回报。近年来，许多银行开始建设"银发银行",就是利用数字科技结合特定场景,服务"银发族"——老年人。这些银行运用数字技术对银发族进行贴近生活的场景画像,建立"广场舞银行""象棋银行"等,为喜爱广场舞的老年人和热爱棋牌社交的退休族提供生活化的场景,关爱其健康和退休生活,将金融服务融合到这些温情化的场景中,赢得了老年群体的认可。

意外的效果是,老年人对这些银行的认可会直接传递给第三代(孙辈)。因为祖辈的感情纽带得到提升,间接提升第二代(子女辈)对银行的认可度。这种有温情的数字连接,通过银发族这一数字时代的相对弱势群体得到有效扩散。

5.2 无处不在的数字摩擦

相对于难以逾越的数字鸿沟,数字摩擦的"伤害程度"看起来似乎要小很多。数字摩擦是指在企业数字化过程中的一些磕磕绊绊的问题,例如数据流转过程中额外的格式转换,数字业务流中的不必要的多重人工审核环节,或者数字体验中晦涩的操作模式等。

这些问题没有达到阻断数字流的程度,但是却实实在在地降低了数据流转的效率,降低了数字化运行的速度,增加了数字化转型的成本,形成了数字障碍。

数字摩擦是金融企业内更为普遍存在的问题。

5.2.1 数字摩擦的产生

数字鸿沟一般是显性的,金融企业的管理者往往能发现鸿沟,并采取战略性的行动来消除鸿沟。但是数字摩擦则是隐性的,危害往往在不知不觉中发生。

这里以一家金融企业的数字化转型过程为例进行说明。这家企业下了很大的决心来做全企业的数字化转型,并设立了"决策—管理—执行"三层次架构,从上到

第一篇　理念变革

下总体统筹推进数字化转型工作。

在初期轰轰烈烈的规划之后，数字摩擦开始产生。这时候决策层收到许多来自执行层的抱怨和反馈，决策层难以判断产生这些问题的原因，也难以发现数字摩擦的存在，以为是管理失当或执行不力的问题。管理层则因缺乏对数字摩擦的切身体验，而沉迷于数字化项目的推进，对反馈的数字摩擦视而不见。而执行层只能感受数字摩擦带来的不便，难以清晰地判断数字摩擦的产生究竟是数字系统、自己使用不当抑或是协同伙伴执行差错的问题。数字摩擦悄悄地助涨了大家对数字化平台的不满以及对企业数字化的怨言。

这种不满情绪积累到一定程度，就可能形成对数字化转型工作的普遍质疑，对数字化转型的方向产生怀疑甚至提出反对意见。这时执行层和管理层之间会对数字化转型推进产生更大的争执，争执的结果也许是管理层在取得决策层的支持后继续加大数字化的推行力度，却没有真正解决数字摩擦的问题。高速运行的汽车在坎坷的道路上必然会遇到更大的摩擦阻力，数字摩擦会进一步加深，到矛盾再也难以调和的地步，决策层可能会"恍然醒悟"，审视管理层在数字化战略推进中的种种失误，要求承担责任。而管理层则会感慨数字化转型之难，难以再推行数字化战略。

数字化转型最终以失败告终。

那么，**数字摩擦究竟是怎么产生的呢？**

金融企业内部对数字化的理解差异带来了数字摩擦。越是大型的企业越容易产生数字摩擦。

金融企业采用高度专业化分工的组织模式。企业内的每个部门、每一名员工都有非常明确的目标和分工。每个角色对数字化转型的理解可能都有所不同，例如，一线业务人员理解的数字化转型可能是对客户的高效连接和对后端流程的简便智能；后台财务人员理解的数字化转型可能是降本增效的数字化管控和更细致的流程权限控制；科技运营人员理解的数字化转型可能是更先进科技的应用和更实时的业务整体监控。

这些理解从各自角色的视角出发都是正确的，但组合协同起来往往会导致问题。各个角色对数字化目标的理解不一致而产生各个方向的牵引力。这些牵引力会阻碍跨越角色处理环节，导致数字流运转不通畅或者在某些环节降速的问题，这就是数字链路上的数字摩擦。

在进行数字化转型规划的时候，基于各个部门的数字需求形成金融企业的数字化建设方案。如果对需求剖析不深，对某些部门间的重叠性需求没有认真分辨，往往会因需求的细微差别在数字化实现过程中产生问题。如果科技部门没有从根源上处理这些需求差异，而是采取回避性的应对办法，往往会给数字化过程带来额外的问题。

例如，某家金融企业建设跨子公司的金融产品交叉销售的数字化系统。在整合产品的细分类别时，科技部门收集了各个部门和子公司的产品分类需求信息。在这些需求中，一些分类信息是重复的，还有一些分类信息是交叉的，科技部门没有仔细梳理这些重复、交叉的分类信息，笼统地将这些分类信息堆积在一起，结果是，系统上线之后，每一个使用者都对这些庞杂重复的产品分类感到困惑，产品数据的登记效率因此急剧下降。

这种数字摩擦就是因为没有正确处理数字需求的差异而导致的。

在金融企业内部，各个部门往往有不同的利益诉求，这些利益上的差异也会带来数字摩擦。

例如，每个业务部门几乎都有自己的客户群体，甚至有自己专属的客户管理和客户业务系统。各个部门关注的客户的属性、特征也不一样。对客户数据标准的定义，各个部门都希望自己所掌握的客户定义成为标准，从而不仅在后续的数据分析中形成便利，而且有可能在客户管理和绩效指标上存在优势。部门之间可能因为这些利益在客户数据标准的建立过程中产生争执而难以达成一致意见。数字化建设团队为了平衡各方利益往往采取附加转换的方法，这种策略能够临时解决问题，却会降低数据流的运转效率。

过多的折中性妥协会形成越来越多的冗余转换环节。这将极大地增加数字流的成本并显著降低运转效率。

由于金融企业的业务较为复杂，专业性较强，而且信息化建设比较早，因此企业内遗留下大量的系统。在新系统的建设过程中，出于业务特性和供应商选择的考虑，企业往往会使用多种技术、框架、计算机语言等。这些技术因素上的差异也会带来各种各样的数字摩擦。

例如，在实践中较为常见的一种摩擦是由系统间的编码差异带来的。有的系统使用 UTF-8 编码，有的系统则使用中文的 GB18030 编码，有的老一些的系统使用 GBK 或 GB2312 编码，有的境外子公司使用的系统则采用了本地化的字符集编码。如果各个系统内部的字符集编码一致，则不会出现问题，但是，当系统发生数据交互时，各种不可预知的小问题就出现了。无论是批量数据的 ETL〔抽取（extract）、转换（transform）、加载（load）〕处理，还是少量数据的接口服务调用，总会由于使用了一些特殊字符而导致系统出错，带来数据传输的失败或质量出现差错。

这种难以预见的隐患时不时会导致数字流中断，或者带来数据质量问题，进而使得数据分析或模型算法的结果出现偏差甚至完全失效。

在数字化转型的推进过程中，环境和场景的差异也会带来一些问题，形成数字摩擦。企业在数字化工具推广应用的过程中会经常遇见这类问题。例如，有的金融企业在企业内部推行一款数据增强分析工具，这款工具经过科技部门验证，得到好评，而且在操作便利性和功能性方面远远超出传统分析工具。但在工具的推广过程中却遇到各种各样的问题。有的部门推广非常迅速，新工具给一些数据分析能力原本较弱的数据分析师提供很大的帮助。数据增强分析工具能够提示最适用的分析图表，并具有一定程度的算法预测功能，极大地简化了数据分析师的工作。

但是有的部门推广就不尽如人意了，原因是多方面的。有的是积累了较多旧数据分析工具的知识，新旧工具迁移的过程中出现不兼容问题。有的则是不容易转变已养成的分析习惯，在工具适应上出了问题。还有的则是业务场景较为独特，新的分析工具还不能完全匹配，导致要轮番使用新旧工具，反而增加操作的复杂性和出错率。这类数字摩擦会给数字化转型工作增加许多阻碍。

5.2.2 如何消除数字摩擦

数字摩擦在悄然无息中阻碍金融企业的数字化转型进程，那么金融企业应该如何消除数字摩擦呢？

金融企业需要重视数据标准建设，在进行数字化转型的顶层设计时做好数据标准建设的统筹规划，尽可能地防患于未然。当然，这需要数字化转型的规划师有非常充足的业务经验和技术经验。

此外，消除数字摩擦最重要的是企业重视数字化建设的细节。不可放过细节问题暴露出来的种种冲突。要深入剖析和追因，并建立有效的闭环管控机制，快速高效地把问题消除在萌芽或初始状态。针对数字化转型，企业应该建立有效的问题管理机制，在整个流程机制中运用数字化工具。

在数字化转型的推进工作中，金融企业要尤为重视数字文化的宣导和数字科技的培训，统一员工的认识，提升员工数字能力，激发员工的数字创新意识，转换员工的数字思维模式。只有提升员工的认知水平和数字能力，才能针对数字化转型建立更广阔的群众基础。随着员工数字水平的提升，一旦激发员工对数字化建设和数字工具应用的热情，则有可能促使其自发地寻求数字摩擦问题的解决方案，快速推进数字化转型落地。

针对数字化转型工作，既要有自上而下的顶层设计，也要有自下而上的主动生长。这两者相辅相成，缺一不可。

从系统论的角度来看，数字化转型有两种模式，一种是"数字化构成"，另一种是"数字化生成"。构成是自上而下的，是数学模型的思维，是简化抽象的模式。生成是自下而上的，是不确定性的思维，是复杂适应的模式。如果只有"数字化构成"而没有"数字化生成"，数字化建设将会陷入机械的条条框框，缺乏灵活性和适应性，就像一个人只有骨架脉络却没有血肉。如果只有"数字化生成"而没有"数字化构成"，数字化建设往往会无序生长，很容易陷入困境，就像一个没有骨架的软体动物无法奔跑。

真正成功的数字化转型必然是"构成"和"生成"兼备的。

5.3
守住数字隐私和数字安全底线

数字时代，人们在数字空间进行各种活动，如网络聊天、浏览网页、购买商品、金融支付或其他的金融活动等，这些行为都会留下"数字痕迹"。通过这些数字痕迹能够反向定位到个人，其中隐藏着个人独特的行为模式和行为轨迹——这些数字痕迹就是个人的数字隐私。数字隐私一旦泄露，则会引发许多严重的问题，甚至造成严重的社会影响。

5.3.1 金融企业的数字隐私问题

金融企业承载了客户大量的金融资金数据和资产数据。客户数字隐私一旦泄露，所带来的风险比一般的数字化企业严重百倍。目前国内外已经制定了一系列个人数字隐私保护相关的法律法规，金融企业应该引起高度重视，严格对标，确保客户的数字隐私得到最高等级的保护。

金融企业的客户数字隐私包括以下三个方面。

首先是客户浏览金融企业提供的手机App、网上交易平台、官方网站、公众号等线上平台时的访问操作记录。这些是客户的行为数字隐私。

其次是客户在金融企业注册登记时留下的个人资料信息，如姓名、性别、年龄、职业、证件号码、联系方式等，以及为了测评风险偏好和适当性等级而收集的风险测评数据等。这些是客户的身份数字隐私。由于金融企业对信息的真实性、完整性、及时性的要求都远高于其他行业，因此金融企业掌握的客户身份信息的数据质量也是非常高的。

最后是客户的金融业务数据，包括客户所拥有的资金、贷款、股票、债券、基金产品、理财产品等数据，以及客户在交易金融产品时产生的资金流水、交易流水等数据。这是客户的金融数字隐私。这部分隐私数据的价值含量非常高，一旦泄露会给客户带来巨大风险和损失。

金融企业应该对这三类客户数字隐私设定分级管理的机制，并严格保护，除防止发生数据泄露以外，还应该谨慎控制对其访问和利用，不可过度进行商业化营销。

当然，并非所有的客户数据都是客户数字隐私。金融企业出于合法合理的需求，通过对客户数据脱敏处理，匿名化客户数据，无法直接定位到具体的某个人员，也无法反向推导出客户的具体身份，就可以将这部分数据运用到客户分析、客户画像等场景，此时不会侵犯客户数字隐私。

2021年8月20日颁布的《个人信息保护法》明确界定了这两者的差别。

《个人信息保护法》第4条规定：个人信息是以电子或者其他方式记录的与已识别或者可识别的自然人有关的各种信息，不包括匿名化处理后的信息。这意味着，金融企业在对客户数据进行严格"匿名化处理"之后，是可以将其运用于自身的分析和商业行为的。这种应用一般是指基于匿名化处理的数据针对客户群体进行分析。

例如，某银行在对某类职业、某个地区、25~35岁的客户群体进行分析后得出结论：这个群体的理财需求旺盛，风险承受能力超出一般人群，线上生活是其主要社交方式。于是银行有针对性地推出理财营销方案，最终取得较好的成效。在这个过程中，银行通过对特定人群的生活数据和投资数据分析提炼，得出该群体的行为特征的画像数据，不再指向某个特定的客户，也不会从数据中反向推导到某个具体的自然人。这类画像数据不再是《个人信息保护法》认定的"个人信息"，也不再属于客户数字隐私的范畴，而成为金融企业自身的商业机密和数字资产。

金融企业除应严格保护客户数字隐私以外，针对员工数字隐私的保护也应该引起重视。

员工在企业面前一般处于弱势地位，企业能够轻易地掌握员工的个人身份信息和社会联系数据，例如员工的配偶信息、子女信息、亲友信息等。许多金融企业会因监管等要求员工详细上报这些信息和数据。有些信息和数据的上报过程并没有通过可靠的信息系统进行，而是通过 Excel 表格、邮件流转的方式进行传递，在传递过程中存在很大的泄露或者不当查阅的风险。

此外，许多金融企业还会以考勤管理的理由采集员工的位置数据、行动数据，甚至通话录音数据、互联网访问数据、社交数据等。这些私密数据，除极少数敏感的岗位，如证券交易员、基金经理在特殊时间段内不得不进行监控以外，其余的员工都不应该被监控以采集此类数据。

针对员工数字隐私保护执行是否得当，目前只能寄希望于金融企业的道德操守，但是将来这一行为也许会纳入法律法规的管控范围内。

与客户数字隐私和员工数字隐私相对应，公司及其伙伴的数字隐私也应该得到尊重和保护。

这类数字隐私分为三个层级。首先是公司及其伙伴未公开披露的交易和财务等相关信息和数据。由于金融企业的特殊性，此类信息和数据一旦泄露可能构成内幕交易等犯罪行为，因此属于法律法规严格要求保密的数字隐私。其次是公司及其伙伴的商业机密类数据和其他数字资产，此类信息和数据一旦泄露可能会对公司或伙伴造成利益损害或权益损失，因此同样是受到法律法规保护的数字隐私。最后是公司及其伙伴的一般往来或内部其他事件类信息或数据，这些信息和数据一旦流出可能会对公司的声誉等带来风险。这类数字隐私也应该引起关注。

总之，金融企业及其相关的主体应该对各自的数字隐私给予充分的尊重和保护。这是数字化转型的底线之一。

5.3.2 金融企业的数据安全管控

建立完善的数据安全管控体系是保护参与金融活动的各方的数字隐私的必要措施。

数据安全是信息安全的一个子领域。它要求基于信息安全的各种防御技术，根据数据的分类分级结果进行有针对性的、多层次的保护。除防止数据的不当泄露以外，还要防止数据的不当使用、不当传播和越权访问等。

对数字资产的访问应该建立细致的定义和管控机制。例如，数据的知晓权限、查询权限、复制权限、传播权限等都应该细致地区分开。数据权限的授予应该遵循"最小化、必要性、时效性"原则，不该赋予的权限，绝不能冗余性赋予，不必要保留的权限，应该及时收回。此外，应该避免无时效性的永久授权，确保数据权限的授予合理可控。

数字化转型工作应将数据安全列入其中，在进行战略规划时充分考虑和规划数据安全。建立起完备的数据安全管控机制和应急机制，在发生数据安全风险时可以及时管控。在数字文化推广和培训的过程中，数据安全也应该是最重要的内容之一。金融企业应该通过培训、考试、演练等多种方式把数据安全意识灌输到所有员工的深层意识中。

数据安全应该融入数字化建设之中。金融企业在数字项目的每个环节都应该审视数据安全的管控要求是否达标，针对每款数字工具都应该考虑数据安全的保护是否到位。金融企业还应该主动地、定期地进行数据安全的自评和自查，查缺补漏，防患于未然。数据安全的治理是一项长期而持续的工作，永远没有尽头和完美时刻。

许多时候，数字壁垒、数据安全、数字效率这三者不可能同时达到，堪称"不可能三角"，如图 5.1 所示。

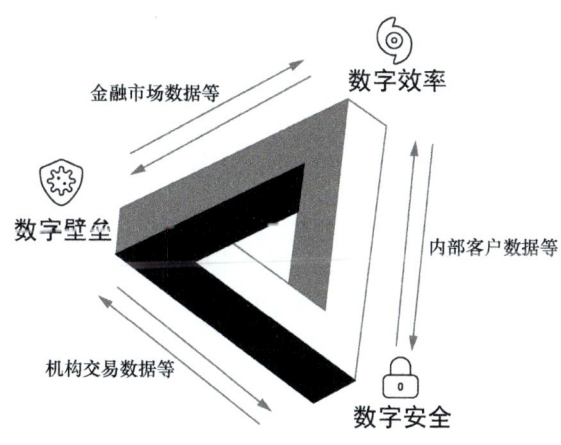

图 5.1　不可能三角

想想看，为了加强数据安全，可能要建立一定的数字壁垒，这时数字效率往往会受到影响。如果基于数字壁垒提高数字效率，则往往难以保障数据安全。而如果同时实现数据安全和数据效率，则金融企业内部是无法建立起有效数字壁垒的。请注意，数字壁垒并不一定是一个"坏"东西，适当的数字壁垒可能会对数字资产的贡献产生正向作用。

"不可能三角"给金融企业的数字化转型带来挑战，而数字化转型正是要在"不可能三角"中找到平衡的中心点。数字化转型充满了各种各样的挑战，这些挑战不会令金融企业望而却步。数字化转型，正是因为其困难，才让成功者树立科技优势，建立科技护城河，重塑金融企业的业务流程，重建金融企业的商业模式，真正实现脱胎换骨，浴火重生。

而数字化转型在一个个"不可能三角"中负重前行，螺旋式前进，不断走向胜利。

第二篇

架构变革

第 6 章
新一代金融企业数字化架构

纵教良匠描难就,自是天工造化成。

——[宋]应材,《题罗汉洞》

城市是人类文明中最复杂的"系统"之一。

在世界历史名城目录中有这样一个有趣的现象:有些历史名城出自大设计师之手,往往是雄伟壮观,气势恢宏,属于"设计型"的名城,也有一些历史名城是自然发展而来,却也浑然天成,别有品位,属于"生长型"的名城。

设计型的名城,例如巴西首都巴西利亚,出自著名设计师卢西奥·科斯塔(Lucio Costa)之手。科斯塔是现代主义设计大师,他巧妙地结合地形,把城市整体设计成一架飞翔的飞机的形状。机头是城市的标志广场——三权广场,旁边是总统府、最高法院和议会大厦。机身是城市中轴线——一条长 8km、宽 250m 的宽敞大道。飞机的前后舱、机翼是精心设计的商业区、住宅区和各种城市功能区。整座城市井井有条,寓意非凡。飞机的形象象征着巴西的国家腾飞。巴西利亚被称为当代城市规划设计的典范,在 1987 年被列入世界文化遗产名录。

生长型的名城则是另外一种形态,例如中国浙江的乌镇。乌镇是首批中国历史文化名镇之一,是典型的中国江南水乡古镇,素有"中国最后的枕水人家"之誉。乌镇环境优美,生机盎然,有"鱼米之乡""丝绸之府"之称。乌镇并没有刻意规划,而是许多代人生长于此,居住于此,建筑依江南水乡特色而建,却也浑然一体,生机盎然。

巴西利亚与乌镇都是历史名城,各有特色,都是著名的旅游城市。但是两者均非完美，各有让人不满意的地方。

例如，巴西利亚固然宏大庄严，但却并没有太多考虑居民的生活。巴西利亚在规划之初仅仅考虑了机动车辆通行道路和高速公路，大量高速公路散布在城市中，造成交通事故率居高不下。同时，交通大道切割了各种功能区，缺乏供民众聚集和穿行的小街道，也没有繁忙的街角和道路两旁充满生气的生活小店，居住区十分狭小而且稀缺，由于城市人口的迅速增长，人们不得不在周围建立起庞大的卫星城，交通和生活都十分不便。对生活于此的居民来说，巴西利亚光鲜外表之下是漫长的通勤、拥堵的交通和生活不便的无奈。

而乌镇则是另一种不便。由于各种历史文化建筑繁多，建造时间非常久远且时代不同，安装和改造现代化设施都非常不易，城市维护也消耗了大量的成本。古镇固然优雅且有生活和人文的气息，但对习惯现代化生活的新人类来说，乌镇不是一个适合长住的地方，时间一久就会显现诸多不便。

设计型的城市和生长型的城市，究竟孰优孰劣，恐怕不是一两句话能讲得清的。

系统也是如此。

6.1 系统设计的原理

在看到金融企业的架构师开始设计一个系统之前，我总会请他们先回答一个问题：什么是系统？

6.1.1 系统的定义

系统无处不在。一般来说，金融行业所指的系统是指 IT 系统或业务系统。在讨论金融科技的话题时，我们默认 IT 系统。但是回到生活中，我们会发现"系统"无处不在。

如前面所言，城市是一个大的系统。城市内部有交通系统、行政系统、司法系统、金融系统等。人们身边，衣、食、住、行都有各自的系统，多种多样。人体内部有血液循环系统、呼吸系统、神经系统等。人体系统的复杂程度超过了人类制造的任何一台机器。

奇妙的是，最早提出一个大家比较公认的"一般系统"的概念的人是一个生物学家路德维希·冯·贝塔朗菲（Ludwig Von Bertalanffy）。他在1968年发表的《一般系统理论：基础发展与应用》（General System Theory: Foundations, Development, Applications）的著作中这样定义：系统是处于一定相互关系中的、与环境发生关系的各组成部分的总体，或者说，由两个或以上的要素组成的、具有整体功能和综合行为的统一集合体。这个定义最初就是对生物系统的高度抽象描述。或可以说，人类对系统的"设计"，也许就是对大自然创造生物系统的一种模仿和再现。

在实际工作中，我们不必提着理论的尺子去衡量架构师设计的成果究竟符不符合"系统"的定义，这样没有意义。但是，我们可以从系统的定义中发现一些特性的描述，为我们设计系统时的目的和方法找到一些依据，或者增进对系统本质的理解。

例如，在IT系统中，第一个关键词——相互关系，就是指内外部接口或者"界面"。这一点描述放在"一般系统"定义的最前面，可见是一件相当重要的事情。事实也是如此。在进行IT系统设计时，内外部接口的定义应该是最先设计的，否则就会给后续系统设计和建设带来无穷无尽的麻烦。

第二个关键词——环境。在进行IT系统设计时应该充分考虑环境的特点和差异，若不考虑环境的特殊性和适应性，则很容易陷入"闭门造车"的困境中。

第三个和第四个关键词——整体功能和综合行为。这一点也提醒设计师和工程师要优先考虑系统的整体功能是否达成，综合行为是否符合预期。只有做到这两点，系统才能称为成功的系统。

6.1.2 系统工程论

如何运用现代科学的思想和方法来设计出一个优秀的系统，这是人们一直在研究的问题。我国著名科学家钱学森在 20 世纪 60 年代创立了"系统工程"理论——对"由相互作用和互相依赖的若干组成部件结合的、具有特定功能的有机整体"的复杂系统的工程构建理论。简言之，就是在系统设计时由系统分解至部件，由部件分解至要素，在建造系统时，则由要素组成部件，再由部件组成系统。

系统工程论包含整体和还原相统一的思维理念，时至今日，仍然能够对我们的系统设计工作产生很大的帮助和指导作用。其中，值得现代数字系统架构师关注和思考的关键点如下。

整体大局思维。系统最重要的特征是完整性。在构建一个系统时，首先要具备整体思维，从大处入手，做好顶层设计，考虑到每个子部件的接口和功能。这是整体思维的一种，也是大家容易理解的。另外，我们还需要意识到，我们的"系统"往往是更大的"系统"或体系的一部分。我们还需要考虑我们的系统与更大体系的系统的适配、兼容或者融入问题。

例如，我们在设计一个金融交易系统时，就应该考虑与客户系统、清算系统、估值系统，以及外部金融系统、监管系统的对接情况，从企业的大局去考虑。如果我们进行一家公司的数字化转型设计，则应该考虑监管政策、金融环境、客户发展等外部因素，从全行业的大局去考虑。公司在做规划时，要做到"五看"——看大势、看市场、看对手、看客户、看自身。

发展变化思维。世界是运动的、发展的，系统也是如此。在系统设计和建设时要重视几方面的发展变化。首先是内部人、事、资源的变化，内因的改变往往会带来根本性的变化，应首要引起足够重视。其次是上下游系统的变化，这些变化有可能会带来系统输入输出的改变，需要引起极大的关注。最后是外部环境的变化。对金融行业的系统建设来说，技术发展、外部政策、市场环境、竞争对手、合作伙伴都是需要重点关注的。

要素思维。 在系统工程论中，钱学森提出了系统的六大要素——人、物资、设备、财、任务、信息。这六大要素是构建系统时最需要关注的，尤其是一头一尾的"人"和"信息"这两个要素。随着数字时代的到来，信息这一要素逐渐演变为"数据"要素。这也符合"发展变化思维"的观念。这些要素都要满足一定的制约：一方面是经济规律的制约；另一方面是技术条件的制约。在制约下求得总体最优，就是系统设计、建设和管理的优化提升方向。

信息反馈思维。 信息流，或者说数据流，是六大要素中关键的要素之一。信息要素增长越大，生产的自动化程度越高，对数据传输的速度和准确性要求就越高。信息的流转要尽可能形成闭环，这样才能形成有效的反馈，达到提升整体效率的目的。信息反馈思维在系统建设时十分重要，应用也十分广泛。例如，在进行客户服务系统设计时，就应该考虑客户信息流的有效反馈，否则客户服务的效果将不可预知。在进行业务运营系统的设计时，应该考虑业务流转信息的反馈，否则业务流向将变得不可预知。

抽象蓝图思维。 系统往往是对现实的抽象，而系统设计又是对系统建设的抽象。所以在进行系统设计时，需要具备抽象蓝图思维。在非信息化系统的设计中，系统设计师往往把蓝图保存在脑海中或者图纸上。例如泥瓦匠在建设砖瓦房的时候，信息几乎都是无形的，蓝图就存在于泥瓦匠的脑海中。但是在建设摩天大楼的时候，设计师必须把设计思想实实在在地写到设计蓝图中。如果设计方案没有经过论证和评审，摩天大楼的建设就可能出现问题。

在建设现代复杂的金融信息系统时，更需要运用专业的设计工具规划数字化系统的蓝图，将系统的接口、功能抽象出来，进行论证和推演，进而保证后续的建设取得成功。

20 世纪 60 年代，钱学森发现"电子数字计算机"这一"技术革命工具"在系统和管理组织上的重大意义。

钱学森在《组织管理的技术——系统工程》一文中指出，为了验证复杂系统的总体设计方案和各部件之间的相互适应性，考察系统在外部环境和各种因素中的响应，需要在电子数字计算机中将系统的因素和数量关系建立数学模型，利用电子数字计算机的强大运算功能进行模拟和推演，达到加速系统设计和验证的效果。这其实就是现代数字化转型中热议的"数字孪生"的起源。

钱学森还指出，在组织管理和系统建设中运用电子数字计算机的好处包括：一是电子数字计算机能形成一个高效的数据库，它可以按照计划部门和领导者的需要，显示任何一项工作的历史情况和最新进度；二是通过电子数字计算机对经常变动的计划进展情况进行快速处理，计划管理人员能够及时掌握整个计划的全面动态，及时发现"短线"和"窝工"，采取调度措施改变这种状况；三是电子数字计算机能在短时间内对可能采取的几个调度措施的效果进行计算比较，帮助计划部门确定最合适的调度方案。

这些对运用"电子数字计算机"的优势总结，放到现代数字时代，仍然对企业数字化转型有很好的参考意义，令人称叹。可见，虽然技术之"术"的发展千样百态，但是科学的"道"却总是质朴而恒久的。时代变迁，科学之"道"仍然熠熠生辉，给予技术之"术"的发展以本源的指向。

6.1.3 复杂巨系统

系统工程论在数十年的不断发展过程中也碰到许多问题。

在碰到超级复杂的生态系统时，许多不确定性因素交织在一起，导致系统在设计之时无法预知因果走向，顶层设计的结果往往失败。例如，社会系统的组成因素是一个个的人，每个人的意识都具有随机性，人与人之间的关系错综复杂。钱学森将这类系统称为"复杂巨系统"。在复杂巨系统的设计和规划中人们往往会遇到许多不可知的问题，甚至可以说，复杂巨系统是很难"设计"出来的，它往往是"生长"出来的。

针对如何解决"复杂巨系统"的建设问题，人们做了很多理论探索与研究，发展出耗散结构理论、模糊理论、混沌理论、复杂适应系统理论等学说。耗散结构论提出了一个远离平衡态的、多组分多层次的开发系统。复杂适应系统理论则强调系统内部复杂的微观主体的互相作用会促使系统变化和发展，所以它采取自下而上的"生长"模式。

随着数字技术的飞速发展，基于人工智能、深度学习、神经网络等技术构建的系统越来越呈现出"复杂巨系统"的特征。这些系统需要用"生长"的思维来看待，而不能简单地用确定性的思维模式来理解。

如何运用这些复杂巨系统的理论不是本书的重点，但金融数字化系统往往具备"简单"与"复杂"的双重特性。从金融业务来看，它追求确定性、精准性，需要简单明了的结果。从金融生态来看，它与大量的生物的人或企业的人（法人）相关，往往会产生和使用海量的数据，具有非常大的复杂性。

这就要求金融行业数字化系统的设计师同时兼顾"自上而下"的系统工程思维和"自下而上"复杂适应思维。既重视系统的顶层规划设计，又兼顾系统的自主生长式发展，这样才能保持系统的鲁棒性和可发展性。

6.1.4　系统架构设计方法

系统的架构就是系统的骨架和蓝图，也是对系统的抽象和提炼。系统架构对系统建设的重要性，就如同人的骨骼对人体的重要性一样，它定义了系统的基本功能特性和部件分布。系统架构设计是系统建设的首阶段任务，贯穿整个系统建设过程，是系统建设中各个角色的通行语言。唯有优良的系统架构才能带来优秀的系统。

计算机信息系统的架构设计有许多优秀的方法论，TOGAF 是其中较为通用的一种。

TOGAF（The Open Group Architecture Framework，开放组架构框架）是在美国国防部的信息管理技术架构（Technical Architecture for Information Management，TAFIM）的基础上，由国际标准权威组织 The Open Group 制定并不断发展起来的。TOGAF 支持迭代式的过程阶段设计，从企业的业务架构入手，再到应用架构、数据架构、技术架构，建立了一套可重用的架构模板，通过最佳实践帮助企业进行架构设计。TOGAF 在许多大型企业获得了深入应用，形成了强大的生命力。

此外，在软件设计领域，DDD（Domain-Driven Design，领域驱动设计）是一个新兴的架构设计方法论。

DDD 基于事件风暴，使用通用语言对业务进行领域建模，通过界限上下文对业务进行合理的领域拆分，使得领域模型更好地转向微服务和落地，从而解决复杂巨系统难以理解、难以演进，以及系统中业务界限难以界定的问题。DDD 是以业务为导向来设计领域和边界，非常适用于复杂巨系统的设计，近年来在许多分布式和微服务的复杂巨系统设计场景中得以应用，并取得了极佳的效果。

金融行业是数字化程度领先的行业，金融企业也正在向数字化和智能化的方向发展。金融企业的数字系统日趋复杂，对系统架构的要求也越来越高。这就需要金融企业的系统架构师具备多样化的系统性思维，充分考虑内外部的发展要求和制约因素。

例如，在进行数据中心架构设计时，就要充分考虑到政府部门对绿色、节能、环保方面的要求；在进行信息系统架构设计时，要充分考虑到金融科技的技术发展方向等。金融企业的系统架构师需要灵活运用多种架构设计方法，结合金融企业自身实践，找到具有金融特色和符合自身特点的架构设计之道。

6.2 金融系统架构从分散式到集中式，再走向分布式

中国金融企业的信息系统架构经历了从分散式架构到集中式架构，再到分布式为主的复杂架构的演化过程。

6.2.1 分散式架构

金融企业的系统架构发展受到业务发展和技术条件两方面的制约。2000年之前，金融企业的信息系统架构大多数是分散式架构。

对大型银行来说，由于存在许多分支机构，各地的业务模式不尽相同，经济发展条件也有很大差异，总行的信息系统规划停留在比较宏观的层面。因此，信息科技系统建设主要由各地分行独自完成。整个银行系统架构是一种分散式架构。对中小银行以及证券、保险等非银金融企业来说，由于信息技术的投入水平相对有限，信息系统多以小型机和微型机为主，整个架构也是分散式结构。

分散式架构的优势在于灵活且适应性强，能够最大限度、最快速地满足本地化的业务需求，但是也带来很多问题。

例如科技人员的总体投入的问题。在分散式架构下，信息系统的重心在各个分支机构，各地需要大量的信息科技人员，总体成本高。同时，各地信息系统标准不一，在客户办理业务时的体验、信息系统操作模式、数据统计模式上各自为政，缺乏统一标准，数据质量存在巨大问题，信息系统的安全风险也难以做到统一管控。分散式架构在每个单体上的业务处理能力和抗风险能力都比较差，难以应对快速的业务发展需求和复杂的网络环境变化。

6.2.2 集中式架构

随着信息系统的重要性日益显著，分散式架构的问题越来越凸显，金融企业开始重视系统架构的建设问题。2000年左右，金融企业纷纷转向集中式架构建设。

如1999年，中国工商银行启动"9991"大集中工程，把分散在全国各地的30多套大型主机系统集中起来，构建统一的、集约式的数据中心。在全国大集中之前，中国工商银行其实已经开展了一项较为巨大的"大机延伸工程"。该工程把中国工商银行在全国的完全分散式的计算机系统集中为省级区域中心式系统。后来数据中心全国大集中逐渐成为趋势。2005年，中国建设银行和交通银行也分别完成全国性数据中心集中建设。在国有大行的引领下，中国金融行业也逐渐完成从分散式架构向集中式架构的演变。

集中式架构具有集约式、统筹建设的优势。在数据中心层面，"两地三中心"成为较大型金融企业的"标配"。这种多中心的模式在具有数据集中优势的同时实现了架构上的备份和容灾能力。交易系统和管理系统也趋向于功能集中和数据集中。相比于单体式系统，集中式系统的处理能力和系统容量实现了质的飞跃，极大地增强了金融企业的信息处理能力。

基于集中式架构金融企业构建了统一的科技队伍，实现了信息科技内部的专业化分工，有能力在信息科技的架构、研发、测试、运维等层面实施精细化管理，同时极大地提升了信息科技水平。

随着数字科技的飞速发展，互联网浪潮滚滚而来，数字时代的金融业务和金融需求面临日新月异的变化。在这一过程中集中式架构逐渐呈现出臃肿和笨重的劣势。这使得集中式架构在数字时代难以满足快速发展的要求。在数字时代，云计算、大数据、人工智能、区块链等新兴技术对金融行业的信息技术产生了很大的冲击，金融科技的理念逐渐建立。分布式、微服务的设计思想由互联网界延伸至金融科技界，这促使金融行业信息系统的集中式架构开始向分布式架构演进。

6.2.3 分布式架构

分布式架构是采用分布式计算模式的系统架构。分布式架构并不是分散式架构的简单循环再现，而是有较为严谨的理论基础和实现框架的。总的来看，资源共享和负载均衡是分布式计算模式的两大主要特征。在集中式系统中，核心数据资源一般存储在中央数据库中，实现资源的共享和应对高并发访问时会遇到许多问题。分布式计算模式解决了资源共享和负载均衡的问题。该模式能够在分布式算法的调配下通过多台计算机实现数据、计算等资源的有效共享和负载均衡。

　　分布式系统的复杂度比集中式系统高很多，而且有许多独特的性质。例如，CAP 原理指出，在分布式系统中，一致性（consistently）、可用性（availability）、分区容忍性（partition tolerance）这三个特性最多只能实现其中两点，不可能三者同时实现（又一个"不可能三角"）。分区容忍性是分布式系统的基本特性，如果失去这一点则分布式系统失去意义。所以分布式系统只能在其他两个特性之间进行取舍和平衡。在 Web 应用中，人们往往优先考虑可用性，而牺牲一部分一致性。但是，在很多金融场景下，金融业务要求事务的一致性。这使得在金融场景下应用分布式架构并不容易。

　　在实践中，分布式架构会舍弃一些关系型数据库强调的事务强一致性，但是会采取基于时间顺序窗口复制等方法，让最终结果达到一致性，并且对用户保持透明，从而实现"用户可感知的一致性"。

　　微服务是对分布式系统的一个最佳的架构实现模式。简单来说，微服务就是在业务架构的基础上对逻辑层次和逻辑架构进行划分，从而形成层次分明的逻辑域。微服务在每个逻辑域内对服务进行原子化的抽象和切分，而各服务之间通过 RPC（Remote Procedure Call，远程过程调用）等接口服务模式进行调用。这样通过多层次的服务体系支撑整个系统功能的实现。

　　微服务是 SOA(Service-Oriented Architecture,面向服务架构)思想的一种实现，但是它与传统的 SOA 又有许多不同。例如，微服务的服务颗粒度更细，每个微服务都能够独立部署、运行，但微服务互相之间也可能存在互相依赖的情形。微服务强调接口及调用方法的一致性。这些特性保证了微服务架构的敏捷和弹性，但是也带来了分布式系统的高复杂性。

　　在云原生、容器化技术的加持下，微服务如虎添翼，在大规模、高复杂系统的支撑上面呈现出巨大的优势。微服务将整个系统功能切分为逻辑化部件和大量的原子化服务，这样带来了架构上的巨大的灵活性——既可以按照部件进行组合，又可以对原子服务进行重新编排，以随业务的需求而变。微服务架构定义了标准化的接口和调用方式，这样不仅有利于提升内部通信效率，而且能够观察和监控内部通信网络，及时发现流量阻塞点和故障点，从而保障整个系统的鲁棒性。

由于微服务彼此互相隔离和独立部署，这就使得开发微服务的过程变得相对独立，进而实现大规模团队并行开发。基于容器化技术，不仅可以快速部署多个微服务节点以实现负载均衡，而且能够实现多个服务版本共存，使得 A/B Test 等多版本验证的模式得以实现。这不仅增强了测试工作的灵活性，而且能够实现多种新服务模式的验证性尝试，从而为业务创新提供强大技术支撑。

6.2.4　金融企业系统架构实践

在现实的金融企业中，分布式微服务架构和传统集中式架构往往并存。一方面，金融企业积极拥抱创新技术，发展金融科技，建立新的数字系统。这些创新类系统多以分布式微服务架构构建。另一方面，由于金融企业的传统系统较多，且这些系统仍发挥重要作用。这类系统大多采用集中式架构构建。为了维持业务连续性和系统稳定性，集中式和分布式并存的情况预计会在金融企业内存在较长时间。

金融系统的 IT 架构是面向业务发展的。从典型的银行架构来看，银行的服务目标大体上可分为个人客户、企业客户、政府机构三大类。此外，由于金融业务的特殊性，银行还面临监管单位的监控和审计。从银行主体业务来看，一般可以将银行的服务对象划分为个人业务和对公业务。这些业务的核心账务都会汇集到集中式系统中进行统一处理。为了防控金融业务中的各种风险，银行建立了严密的风险管理系统和合规稽核系统。由于信息化建设较为成熟，银行的各类运营支撑系统也较为完备。图 6.1 展示了银行的参考系统架构。

第二篇　架构变革

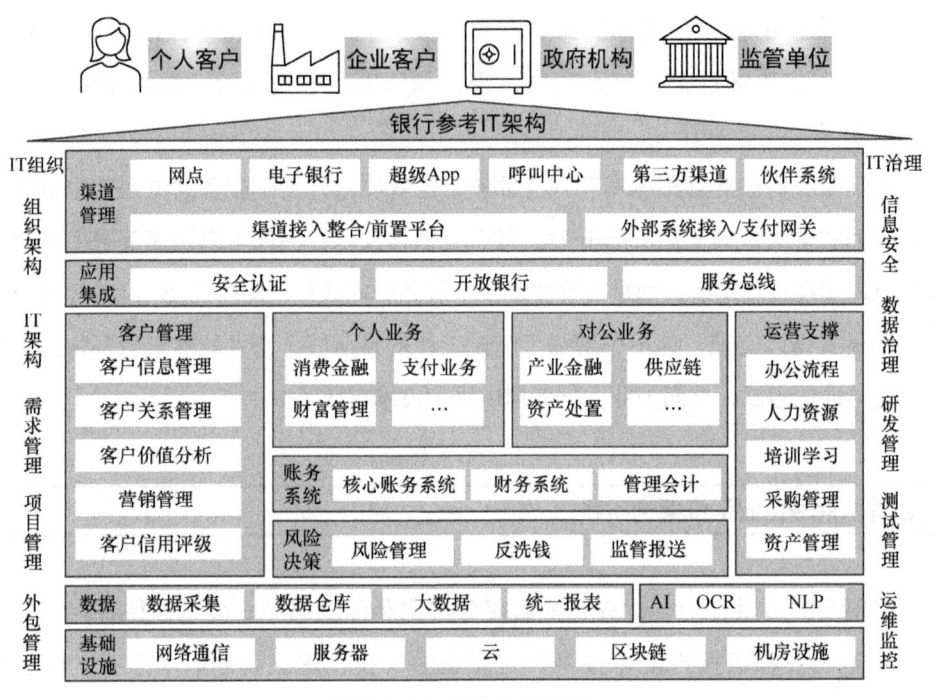

图 6.1　银行的参考系统架构

银行由于体量一般较大，对系统的鲁棒性、稳定性要求较高。2010 年以来，由于相关业务受到的互联网冲击较大，许多银行开始积极发展基于互联网的渠道。银行由于历年积累了大量的金融数据，对数据资产的积累和数据的分析、挖掘都较为重视，数据应用水平较高。有能力的领先银行在积极尝试基于人工智能技术开展业务。但是，由于在体量和投入上与大型银行存在巨大差异，许多中小银行的 IT 系统架构并不是十分健全，数据应用和数据治理的水平也比较低。

同为金融行业，保险公司和证券公司的 IT 系统架构与银行大体相似。但是，由于保险公司和证券公司的业务模式存在差异性，因此两者的 IT 系统架构也存在不同的特点。

由于保险业务与人们的生产、生活紧密相关，因此保险系统也特别重视对社会生活的融入。随着万物互联时代的到来，与数字世界形成融入式生态，将会是保险系统的存在方式。保险业务与银行业务同样是客群规模巨大的金融业务，因此保险公司的 IT 系统在容量和鲁棒性方面同样也有很高的要求。

相对于银行业务和保险业务，证券业务涉及的客户规模一般较小。但是证券业务的特点是高时效性，对时间性能的追求永无止境，因此，证券交易系统对低时延网络的要求比较高。此外，由于证券业务主要面向证券市场，因此其对市场的投资研究更为体系化。

6.3 基于分布式技术的金融企业数字化架构

金融企业要开展数字化转型，数字化架构的规划是最基础和最重要的行动。在规划新一代金融企业数字化架构之前，我们先要分析一下金融企业面临的业务背景的变化与趋势。

6.3.1 金融企业数字化架构的业务背景

进入数字时代后，金融企业面临的社会环境、市场环境、客户群体都发生了重大变化。2020 年突如其来的疫情改变了一切，但是后面的 5 年甚至 10 年，疫情仍是常态吗？恐怕谁也说不明白这个问题，也许不确定才是常态。

数字时代进一步深化，数字经济超越实体经济可能是大概率事件。金融作为资源调配的核心润滑剂，其重要性依旧显著，但是金融企业面临的竞争形势必然会越来越激烈。

时代变了，社会变了，客户变了，金融商业模式也发生了重大改变。用户思维、客户体验、产品创新、敏捷运营、风险贯穿、金融科技 2.0 成为金融新商业模式的关键词。金融企业需要提出新的数字化架构来应对商业模式的变化，从而提升自身核心竞争力。新的数字化架构不仅可以为金融企业的业务开展和运营起到支撑作用，而且能将新的数字科技与金融业务、客户、伙伴深刻融合，形成新的金融场景和金融生态，创造新的价值和收入。

因此，金融企业的数字化架构师将面临构建新一代金融企业数字化架构的新挑战。这个挑战不是来自技术创新的挑战，而是来自商业模式创新的挑战，以及支撑商业模式创新的挑战。

6.3.2　新一代金融企业数字化架构的特征

那么，新一代金融企业数字化架构究竟是什么样呢？应该具有什么样的特性？

我们首先回顾一下第 2 章提出的金融科技 2.0 的理念——数字化、智能化、场景化、生态化、平民化。这些特征和金融新商业模式的特征——用户思维、客户体验、产品创新、敏捷运营、风险贯穿——有机结合起来，就能推导出新一代金融企业数字化架构的目标需求。我们尝试从金融企业数字化架构师的视角去理解这些目标需求。在这些目标需求的基础上，我们再尝试构建一个具有金融科技 2.0 特征的数字化架构。

"数字化"特征。新一代金融企业数字化架构的核心是全链路和全场景的数字化。那么，金融企业数字化架构师在架构规划时，就要从顶层数字化架构和底层的数字化生长模式两方面入手，使得数字的"骨架"能够站立起来，同时预留数字"血肉"的生长空间。也就是说，既要规划大的数字部件，设计基础性的数字连接标准，也要预先考虑数据治理的推进路线、数字文化的内容空间和数字生态的融合生长模式。

从金融企业的主体来看，数字部件设计可以规划为数字装备、数字大脑和数字底座三大部分。这三大部分构成数字化架构的主体部件。对于数字连接标准设计，则应该优先考虑业界成熟通用的数字连接标准，以便高效地连接主体部件。数字组织、数字文化、数据治理、数字生态是围绕主体部件的辅助部件。这些主体部件和辅助部件构成了新一代金融企业数字化架构的基本内容。

"智能化"特征。人工智能技术是未来金融科技的核心技术之一。智能化将是未来领先金融企业最重要的特征。针对新一代金融企业数字化架构支撑智能化的实现，需要从主体部件的三方面考虑。

- 针对数字装备部件，是连接智能、感知智能和敏捷智能。在端侧和边侧对智能模型进行实时训练和应用，实现装备端的持续敏捷。
- 针对数字大脑部件，是思考智能和深度智能。对海量的业务数据、管理数据、知识数据、连接数据进行自驱动和自闭环的分析、训练、模拟、优化，不断产生新的模型、规则、知识，实现企业运作的深度思考和改进。
- 针对数字底座部件，是支撑智能。在网、云、链、数等基础平台层面实现智能运营，优化基础设施和基础能力，实现对数字装备和数字大脑的技术支撑。

"场景化"特征。场景化是现代金融服务的核心，实现场景化与数字化架构的主体部件高度相关。

- 数字装备把客户、员工与生产和生活、金融业务连接起来，融为一体，构建了数字化方式的新金融场景。
- 数字大脑运作和优化金融场景。数字大脑为金融场景提供智能的模型模式和规则指导，促使产生更优质的金融服务结果。金融场景不仅是金融企业的数字科技应用场所，而且是数字需求的来源。通过在金融场景中应用数字科技，能够产生源源不断的各种场景数据。数字大脑对这些数据进行分析和复盘，就能不断优化金融服务模式和金融业务流程。
- 数字底座支撑金融场景，使得场景的运行更加高效、可靠和安全，实现了金融场景的敏捷，提升了客户体验。

总体来看，基于场景，客户与金融企业之间产生了双向有效感知。这种感知将不断发酵，促进金融企业不断数字化生长。

"生态化"特征。之所以我们在设想新一代金融企业数字化架构时多次提到"数字化生长"，是因为现代金融体系是一个典型的"复杂巨系统"。金融与人们的生产、生活互相融合，业务与科技互相融合，客户、金融企业与伙伴互相融合。在这样的背景下，金融企业的系统架构师不能再用简单的系统工程化思维来机械地规划数字化架构，而是需要充分考虑复杂系统的适应性问题，预留数字化生长的空间。

其中数字生态的培育和发展起到极其重要的作用。如何形成数字生态，则需要重点发挥数字装备的连接作用，通过数字装备系统化、自动化地连接外部生态。典型的应用模式就是 2021 年兴起的开放银行、API 银行。这些应用模式将金融业务服务化，连接到外部数字世界的生产和生活中，服务千行百业，形成融合式的创新金融场景。数字生态是非常重要的"辅助部件"。一旦构建，就会不断地为主体部件"浇水施肥"，极大地推动金融企业的数字化生长。

"平民化"特征。 金融企业服务千行百业，无论是在传统的社会经济中，还是在未来的数字经济中，金融服务都不应该是复杂而难以理解的专业化服务，而是人人都可方便使用的平民化服务。

随着"Z 世代"人群逐渐成长，"银发族"人群的规模增大，"下沉人群"的声音显现。这些客户群体对简单、便捷、随手即用的体验要求越来越高，他们的需求越来越不可忽视。金融企业应该高度重视他们的体验需求。

金融企业不仅应该做好外部客户体验，还应该做好内部员工体验和协同伙伴体验。因为他们是重要的生产者和合作者。这就要求金融企业的数字装备的操作使用平民化，数字大脑中的模型和规则的组装编排平民化，数字底座的管理和运营平民化。平民化的数字技术已经非常普遍，例如 RPA、低代码和无代码开发平台、增强数据分析工具等。金融企业应该积极运用这些平民化的数字工具，提升数字装备、数字大脑、数字底座的敏捷性，这样才能快速数字化生长。

6.3.3 新一代金融企业数字化架构的示意图

基于上述的目标需求，我们可以尝试构建新一代金融企业数字化架构，图 6.2 展示了这个新架构。

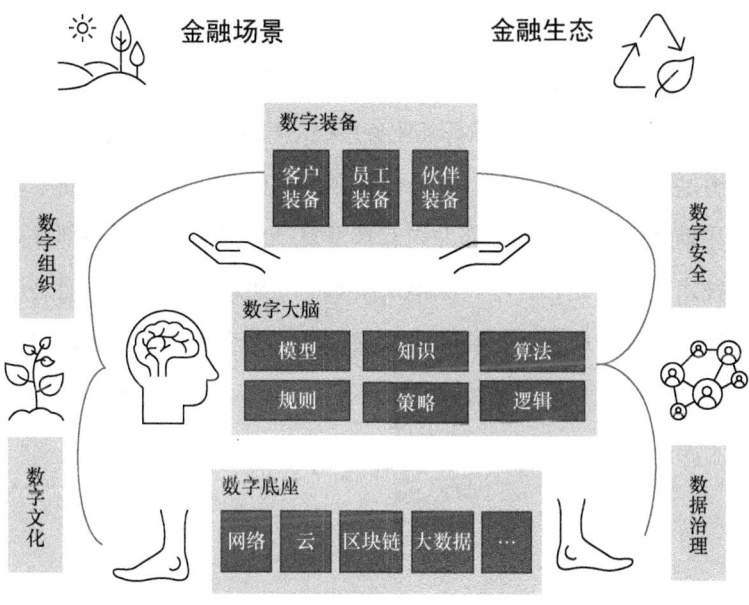

图 6.2 新一代金融企业数字化架构

从图 6.2 中可以看出，数字装备就像人的一双灵活的手臂，赋予客户、员工、伙伴强大的连接和操作能力。数字大脑是思考和分析的中枢，积累下各种金融专业化的模型、知识、算法、策略、逻辑等。这些都是金融企业最重要的数字资产。数字底座就像人的强壮的下肢，通过网络、云、区块链、大数据等数字技术支撑起金融企业的整个业务和科技体系。

从数据流向来看，数字装备产生数据，数字大脑分析加工数据，数字底座承载数据。

这三个部件是金融企业的主体部件，就像大树的主干一样。数字组织、数字文化、数字安全和数据治理等辅助部件则像土壤和水，对主体部件起到保障和培育的作用，促使金融企业向着生长型数字化组织的方向进化。

在实际开展企业架构的规划设计时，应该按照 TOGAF 等成熟的规划方法论，对企业的业务架构、数据架构、技术架构进行梳理和设计。金融企业出于业务连续性的考虑，往往会优先选用成熟的技术和系统部件。

如何将成熟技术与创新架构结合起来，需要金融企业多运用"软"的力量，多发挥"人"的作用，消除数字摩擦。同时建立起"敏稳双态"的运行模式，在发挥创新技术的敏捷优势的同时，保障基础业务系统的稳定运转。

金融系统是"复杂巨系统"。新一代金融企业数字化架构虽然简单地设定了一些主体部件和辅助部件，但每个部件内部都是复杂而多层次的。在部件内部，成熟技术和创新技术互相交织，并不一味追求技术的先进性和前沿性，而是追求内部功能的平衡与融合。并期望在数据和场景的滋养下，各个部件能不断地积累、发展、生长、成熟。这样的数字化架构才是生生不息，能够不断进化发展，具有强大生命力的架构。

第 7 章
新基建：数字底座

栋梁支大厦，柱石表重闉。

——［元］雅琥，《上执政四十韵》

基础网络设施和信息系统的安全与自主掌控是国家安全的重要基石之一。

2013 年 6 月，时任美国中央情报局雇员的爱德华·约瑟夫·斯诺登揭发美国中央情报局已开展长达数年的网络监听计划——"棱镜计划"。这一消息引发世界震惊。

据《华盛顿邮报》和《卫报》的报道，美国国家安全局和美国联邦调查局能够直接进入各大互联网和通信巨头的中心服务器，对在其之上的世界各地人员的通信信息进行监听。监听内容包括电子邮件、视频和语音交谈、影片、照片、VoIP 交谈内容、档案传输、登录通知，以及社交网络细节等各类数据。谷歌、Meta（原 Facebook）、苹果、微软、雅虎等多个互联网巨头都涉及其中。美国国家安全局和美国联邦调查局可以在不通知任何人的情况下，登录网络公司和互联网公司的中心服务器查看各种客户数据，挖掘和分析其中的情报信息。监听范围并不限于美国公民，也不限于美国本土或其盟友。

斯诺登事件和"棱镜计划"的曝光，对网络世界基础信息安全的影响十分深远。各国政府纷纷审视本国的基础网络设施是否存在后门，评估本国的信息安全体系是否健全，并对美国政府肆无忌惮的监听行为表示谴责。"互联网国界"从此开始成为一个不断争论的话题。

到 2019 年，美国开始对中国的华为、中兴等公司提出长臂管辖式的制裁。同年 10 月，美国出台"实体限制清单"，把包括海康威视、大华科技、科大讯飞、旷视科技、商汤科技、美亚柏科、颐信科技和依图科技等在内的 28 家中国机构和公司列入美国出口管制黑名单,限制这些机构从美国购买零部件。这一行为引发了旷日持久的贸易争端。

中国在展开反击的同时,也开始审视自己的信息基础设施的自主可控性。在发现许多基础产业的许多环节存在"卡脖子"现象的同时,也发现许多信息基础设施的核心部件不在自主掌控之中。一旦受到非市场竞争行为的恶意限制,会对国家信息安全、基础信息系统运行带来不可想象的风险。

进一步审视中国新兴产业的发展可以发现,国内之前引以为豪的互联网创新,如阿里巴巴、腾讯、京东等市值巨大的所谓"巨头",其实更多是商业模式的创新和野蛮生长式的发展。在关键的基础核心领域,核心创新技术很少。人们这才感叹华为、中兴这样拥有基础技术的公司的宝贵和稀有。而只有基础性、核心技术自主掌控、实现领先,整个信息产业及至所有产业才能真正实现振兴。"信息技术创新"(简称信创)开始真正引起国家重视,成为以国家力量推动中国基础信息技术建设和创新发展的一项重大工程,并逐渐发展起成体系的"信创产业"。

信息基础设施,无论是对一个国家,还是对一个行业或者一家企业,都是最重要的基石。

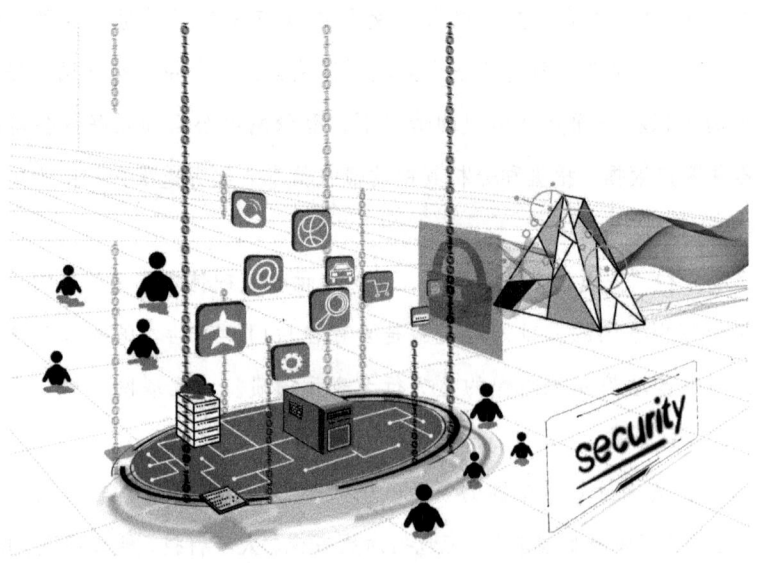

7.1
金融企业的信息基础设施

金融行业长期以来高度重视信息基础设施建设,并在行业顶层设计方面提出过多个规范、标准和相关的指导性文件。

2017年,中国人民银行发布《中国金融业信息技术"十三五"发展规划》(以下简称《规划》),提出了"金融信息基础设施达到国际先进水平、信息技术持续驱动金融创新、金融业标准化战略全面深化实施、金融网络安全保障体系更加完善、金融信息技术治理能力显著提升"的发展目标,把金融信息基础设施建设提到行业重点关注的高度。《规划》指出,要完善金融信息基础设施,夯实金融服务基石,统筹推进支付清算、托管结算、金融市场交易、交易报告库等全国性金融市场信息基础设施建设;健全网络安全防护体系,增强安全生产和安全管理能力,提高金融信息系统安全生产能力。此外,在金融科技基础性应用、金融标准化、数据治理等方面也提出了明确的规划要求。

2019年,中国人民银行发布的《金融科技(FinTech)发展规划(2019—2021年)》(以下简称《发展规划》)提出,到2021年,建立健全我国金融科技发展的"四梁八柱"。四梁八柱是中国传统建筑的结构术语,这形象地表明了金融科技规划中信息基础设施建设的重要性。《发展规划》对云计算等基础设施在金融行业的应用十分重视,指出:统筹规划云计算在金融领域的应用,引导金融机构探索与互联网交易特征相适应、与金融信息安全要求相匹配的云计算解决方案,搭建安全可控的金融行业云服务平台,构建集中式与分布式协调发展的信息基础设施架构,力争云计算服务能力达到国际先进水平。加快云计算金融应用规范落地实施,充分发挥云计算在资源整合、弹性伸缩等方面的优势,探索利用分布式计算、分布式存储等技术实现根据业务需求自动配置资源、快速部署应用,更好地适应互联网渠道交易瞬时高并发、多频次、大流量的新型金融业务特征，提升金融服务质量。强化云计算安全技术研究与应用，加强服务外包风险管控，防范云计算环境下的金融风险，确保金融领域云服务安全可控。

在证券期货业和基金业，中国证监会于 2019 年发布《证券基金经营机构信息技术管理办法》，对证券基金经营机构的信息系统基础设施、IT 治理、数据治理、信息安全等诸多方面也做出了明确的指引和要求。

金融行业的信息基础设施分为两个方面。一是行业层面的信息系统基础设施，如全国性的支付清算平台、金融市场交易平台、金融信息发布平台、金融行业云平台等。二是各家金融企业内部的信息基础设施，如金融企业数据中心、金融企业内部云平台、基础网络和计算、存储设施等。从整体性思维的考虑，金融企业在构建自身的信息基础设施时，也应该对金融行业规范、信息技术建设指引、行业级基础设施和基础系统等保持高度的关注和有效的协同或者连接。

接下来将从数据中心、云计算与云原生、数字底座等几个层面来介绍金融企业进行信息基础设施建设时的建设模式和注意要点。

7.2 数据中心

7.2.1 金融企业数据中心建设

数据中心是金融企业最重要的基础设施，是金融信息系统的运行承载设施。金融企业经过多年的信息化建设，积累了大量的数据和信息系统设备，对这些数据和信息系统设备进行集中式的管理和存储是十分有必要的。因此，大型金融企业纷纷自建数据中心。许多中小型金融企业虽然体量上比不过大型金融企业，但是信息系统的设备数量和数据规模也比较多,可以通过租用、托管、共享的模式建设数据中心。

金融行业的数据中心建设需注意国家政策、地方性法规和行业规范的相关要求。从国家政策层面来看,国家将数据中心作为算力基础设施纳入新基建的范畴,鼓励头部企业建设新型数据中心,即绿色、节能、可持续发展的数据中心,向集约化、规模化、绿色化的方向健康发展。

2021年3月发布的《中华人民共和国国民经济和社会发展第十四个五年规划和2035年远景目标纲要》指出,围绕强化数字转型、智能升级、融合创新支撑,布局建设信息基础设施、融合基础设施、创新基础设施等新型基础设施;建设高速泛在、天地一体、集成互联、安全高效的信息基础设施,增强数据感知、传输、存储和运算能力。

由于数据中心建设涉及用地、能源等各种资源消耗,各地方政府也对数据中心建设提出了明确的要求。

2018年9月,北京市政府颁布的《北京市新增产业的禁止和限制目录(2018)》指出,北京市全市范围内禁止新建和扩建PUE值在1.4以下的数据中心,其中中心城区直接禁止新建和扩建互联网数据服务、信息处理和存储支持服务的数据中心。

2019年1月,上海市经济和信息化委员会、发展和改革委员会颁布的《关于加强上海互联网数据中心统筹建设的指导意见》指出,在PUE方面,新建互联网数据中心PUE值严格控制在1.3以下,改建互联网数据中心PUE值严格控制在1.4以下;总量方面,到2020年上海市互联网数据中心新增机架数严格控制在6万架以内。2019年4月17日深圳市发展和改革委员会发布《深圳市发展和改革委员会关于数据中心节能审查有关事项的通知》,要求新建数据中心要按照"以高代低、以大代小、以新代旧"的方式严控能源消费新增量。根据PUE的高低、新增能源消费量给予不同程度的支持。PUE值1.4以上的数据中心不享有支持,PUE值低于1.25的数据中心可享受新增能源消费量40%的支持。此外,各省市也纷纷出台政策,对数据中心的PUE值做出明确的限制性要求。

PUE（Power Usage Effectiveness）是评价数据中心能源效率的指标。PUE值的计算公式为：数据中心总能耗除以IT设备能耗。其中，数据中心总能耗包括IT设备能耗和制冷、配电等系统的能耗。PUE值大于1，越接近1表明非IT设备耗能越少，即能效水平越好。PUE作为数据中心建设的关键指标被政府重视，这充分证明了国家对绿色环保的决心。

金融行业监管机构也对金融数据中心的建设在安全、备份、容灾等方面提出了明确的要求和指引。

例如，《商业银行数据中心监管指引》规定，商业银行数据中心应包括生产中心和灾备中心，根据资产规模，灾备中心的恢复能力应达到《信息安全技术信息系统灾难恢复规范》中的相应级别。此外，灾备中心的信息覆盖率、建设要求也应符合相应的监管要求，监管机构会定期对其达标程度进行打分评级，不符合要求的将会受到监管处罚。

在保险行业，《保险公司董事及高级管理人员审计管理办法》也提出，对保险公司是否建立灾备中心及应急处理机制，应纳入信息技术高级管理人员的审计内容之一。

在证券和基金行业，《证券基金经营机构信息技术管理办法》也指出，证券公司应该确保备份系统与生产系统同等的处理能力，确保备份数据与生产数据的一致性。

金融数据中心的建设还应考虑物理安全和信息安全的防护，确保数据中心处于安全可靠的环境中。这样金融企业的业务连续性才能够得到有效保障。在数据中心建设过程中，金融企业应选用资质可靠、建设能力强的承建伙伴，建设时采取模块化、预制化的方法以快速、敏捷地展开建设。

在现代化的数据中心建设中，许多金融企业还通过多种传感器收集数据中心的温度、湿度、风速等环境指标，并结合数据中心各区域的系统设备运转情况，然后运用机器学习算法进行分析，实时呈现数据中心运行状况，动态分析数据中心的健康状况和资源消耗情况，智能化地做出应对和决策，将数据中心的运行效能提升到更高的水平。

7.2.2 网络和安全

数据中心的核心建设中，除机房设施以外，网络和安全设施是最重要的信息基础设施。

在传统的金融数据中心中，网络架构通常分为三层——接入层、汇聚层和核心层，核心设备分别对应三种类型的交换机。

接入交换机通常位于机架的顶部，所以一般也称为顶层交换机或机架交换机，是直接物理连接服务器的设备。汇聚交换机连接接入交换机，同时提供一些安全服务方面的功能，例如防火墙、入侵检测、网络分析等。核心交换机为进出数据中心的数据包提供高速转发，为多个汇聚交换机提供主干连接和核心路由，是整个数据中心的核心网络枢纽。

在这样的三层网络架构中，每台汇聚交换机管理一个单独的区域——称为POD（Point of Delivery）。每个POD内部都是一个独立的VLAN网络单元，对应一个L2层级的广播域。服务器在POD内迁移的时候，不必做网络配置上的修改，例如修改IP地址和默认网关等。这样的架构可以保障整个网络架构的稳定性和网络单元内的灵活性。

三层网络架构是传统数据中心常用的模式。该模式在金融业务平稳运行的情况下十分高效且具有一定灵活性。但是随着互联网时代的到来，金融业务变得多样化且会出现突发性的峰值，因此对网络的灵活性要求非常高。

传统业务模式下，网络流量通常呈"南北流向"。也就是说，从顶层的视角来看，流量多是从外部进入数据中心，然后按照树状结构纵向流动的。针对这种情况，在核心层控制好流入流程，通过添加负载均衡器对流量进行均衡，就能很好地满足需求。但是随着业务的发展，分布式和微服务架构得到大量应用，此时横向的"东西流向"变得越来越多，对资源的跨POD的调配需求也十分频繁，传统的三层网络架构显得难以应对。

随着云计算的发展，计算资源被池化。整个数据中心被设计成一个大的 L2 广播域，这虽然极大地增强了灵活性，但是带来了巨大的网络交换压力。为了应对多变的需求，SDN（Software Defined Network，软件定义网络）变得更加重要。

随着新型应用的兴起和虚拟化技术的广泛应用，云计算模式逐渐成为数据中心的主流。但是，由于金融核心系统对性能和稳定性具有严苛的要求，核心业务系统上云的进度显得迟缓而滞后，因此，在规划数据中心时，应该考虑云计算的虚拟化设备和"裸金属"设备共存、共管的模式；在架构设计、技术实现、规划部署时，应该充分考虑到不同的应用场景，保持足够的灵活性。

此外，由于金融企业的数据中心承载的数据和信息十分敏感，因此在建设和运行时应充分考虑数据安全防护、数字隐私保护、跨境数据的流动问题等风险因素，定期对网络安全和数据中心安全开展自查，确保符合监管合规的要求。

7.3 云计算与云原生

7.3.1 金融企业的云计算应用历程

金融行业是对数据中心和信息系统要求极高的行业，对新技术的运用较为积极，尤其是云计算。云计算能够为数据中心带来许多优势，如弹性伸缩和灵活调配资源，提升资源的总体利用效率，解决硬件的标准化问题和软件的正版化问题，实现总成本的降低。云提供开箱即用的数据库、计算资源等。这可以为信息系统的开发、测试、部署带来极大的便利，实现业务敏捷。

2020 年 10 月，《中国人民银行关于发布金融行业标准强化金融云规范管理的通知》对金融团体云的建设标准、评测办法、备案管理等提出了明确的规定，要求云服务提供商在向金融企业提供云服务时，均须遵循新发布的三项金融行业标准：《云计算技术金融应用规范　技术架构》《云计算技术金融应用规范　安全技术要求》《云计算技术金融应用规范　容灾》。同时对金融企业上云也做出明确要求：金融企业在采用金融云时，应结合实际采用通过标准、符合性自律备案的金融云，且满足相关领域金融监管部门的管理要求，切实防范因云服务缺陷而引发的风险。

从运营部署的模式和地理位置来看，可以将云计算分为公有云、私有云、行业云/专有云等几种模式。其中，公有云是指由专业的云服务供应商提供的公用型商业云服务。公有云具有按需购买的特点。企业在使用公有云时不再考虑服务器的安装、存储的规划和网络的部署，仅需要向云服务供应商提出 CPU 周期、存储空间和网络带宽的需求即可。

随着云计算技术的发展，许多公有云服务供应商开始提供更加专业化的资源服务能力，例如各种类型的数据库资源、流和消息的资源、数据分析的资源等，可以帮助企业和个人开发者专注于更上层的应用建设。许多大型的公有云服务供应商还开始建设 SaaS 商场，将基础性的、专业性的服务通过 SaaS 化的服务进行提供，例如 AI 图像识别、语言语义识别的能力服务，票据检测、身份证件识别的专业能力服务，企业 CRM、供应链管理的专业应用服务等。这些服务形成了基于公有云的应用生态圈。企业基于现有生态，敏捷地构建起自己的特色化应用，从而将产品快速推向市场，赢得竞争。

对金融企业来说，需要认真考察公有云的安全性，以达到金融业务对安全性和稳定性的严苛要求。在实践中，金融企业往往将应用部署在多个公有云上，形成互相备用的模式，以增强总体可用性。但这也对金融企业的多云管理能力提出了挑战。

出于数据安全和隐私保护的考虑，许多金融企业不能或不愿将含有客户重要隐私数据的系统部署到公有云，而采取在自有数据中心或专有数据中心内运用云计算技术自行构建云的模式。这种模式称为私有云。

私有云部署在企业内部或专属的主机托管机房，安全性和自主可控性可以得到有效保障。但是由于云计算的实施成本高，金融企业构建私有云会付出更多的成本。私有云在建设和运营上对技术要求严格。金融企业为了维持私有云的正常运行和发展，也需要投入专业的技术运营团队，这将带来技术和成本上的挑战。

由于技术条件的限制，基于私有云，企业往往难以建立丰富多样的 SaaS 应用生态，且在发展上也受到很大的局限。很多企业开始同时使用公有云和私有云，这种模式称为混合云。混合云在一定程度上结合了公有云和私有云的优势，能够兼顾安全性、可发展性和成本考量。

金融行业对云的安全性和私密性有更为严苛的要求。金融行业对机房安全、物理设备安全、网络安全、存储和计算安全、数据安全、应用安全等都制定了细致而严格的标准，而面向公众行业的云计算服务往往不能满足金融行业的要求。

这时面向金融行业的金融行业云（或称金融团体云、金融专有云）的模式应运而生。

2018 年 9 月，上交所技术有限责任公司同阿里云合作推出"证通云"。上交所技术有限责任公司称，"证通云"依托于阿里云底层技术，构筑了技术先进、安全合规的金融行业云平台，全面助力基金证券行业的云计算技术应用的平稳、可持续发展。

2020 年 7 月，深圳证券交易所下属单位深证通联合腾讯云推出深证通新一代金融行业云，面向证券行业提供包括 IaaS（Infrastructure as a Service，基础架构即服务）、PaaS 以及行业 SaaS 在内的全栈云服务，助力深交所集团、证券金融机构和监管机构降低金融科技创新门槛，应对业务发展挑战，加速金融行业的数字化转型升级。

2020 年 12 月 9 日，中国银联推出金融级云服务"银联云"。中国银联称"银联云"将为金融行业及产业各方提供自主可控、安全可信的金融级云平台产品和服务，加快金融行业数字化转型。

金融行业云除提供行业通用型云服务以外，还可以增强金融企业的业务连续性保障。例如，许多金融企业将金融行业云作为私有云的备份平台，在灾难发生时将金融行业云作为应急手段，保障部分业务能够维持运转。

7.3.2 云计算的发展与云原生的兴起

云计算是现在和未来的基础核心技术。本节将深入分析云计算的技术构成和发展方向。

云计算本质上是资源的服务化。一般来看，云计算将数据中心的架构划分为三个层次——IaaS 层、PaaS 层、SaaS 层，每个层次对应不同层级的资源管理能力。

早期的云计算以虚拟化技术为主。但随着容器、微服务、服务网格等技术的发展，云计算的技术逐渐多样化，业界提出了"云原生"的概念。

相对于仅仅利用云的虚拟化资源而"迁移上云"的应用来说，云原生是"生于云、长于云"，最大化地体现出云的强大特性。

2015 年 12 月，Linux 基金会宣布成立云原生计算基金会（Cloud Native Computing Foundation，CNCF）。这是一个厂商中立的基金会，许多著名的云服务供应商和 IT 服务商加入其中，并捐献项目代码。例如谷歌捐献的 Kubernetes（简称 K8s）就成为对容器编排的关键软件。

CNCF 发展迅速，短短数年时间，已经成长为生机勃勃的生态系统。CNCF 作为云原生的关键组织，在技术上奉行三个基本的导向：面向微服务；容器化封装；通过中心编排系统对资源实现动态管理。

CNCF 通过发布云原生的全景图来展现经其认证的各子领域的技术领先者的产品，进而对大众形成指引。截至本书撰写时，CNCF 将云原生从横向划分为 5 个层级，从下往上分别如下。

- 特设层：包括 K8s 认证的服务供应商和培训伙伴。这一层级的厂商起到对整个云原生体系的服务落地实施和培训支持的作用。
- 配置层：包括自动化与配置、容器注册、安全与合规、键值和密钥管理 4 个部分。这一层级属于对整个云原生的基础保障和配置管理的层级。
- 运行时：包括云原生存储、容器运行时、云原生网络。这一层级是对存储、计算和网络资源的抽象运行时，是整个云原生体系的核心内容。通过对存储、计算、网络三个核心资源的虚拟化和分布式实现,支撑起整个云原生体系的"高楼大厦"。

- 编排与治理:包括计划与编排、协调与服务发现、远程过程调用、服务代理、API网关、服务网格等。这一层级是云原生的管理层,意图通过微服务的抽象管理,与微服务的应用功能进行解耦,实现微服务的体系化和优化改进,实现微服务体系的整体可用,并达到服务治理的目标。
- 应用定义与开发:包括数据库、流与消息、应用定义和镜像创建、持续集成与交付等。这一层级是面向应用的开发层,其中包括应用开发的关键组件和基础发布的支持工具。

除横向的5个层级以外,CNCF还规划了两个纵向部分——观察与分析部分以及平台部分。这两个纵向部分是5个横向层级的公用部分,包括运行监控、日志、跟踪、混沌工程等。

在云原生中,容器技术是整个体系的核心之一。容器技术是基于Linux内核发展出来的一项技术。2007年,谷歌工程师向Linux系统贡献了cgroups技术。这一技术被合并到2.6.24版的Linux内核中。cgroups以及namespace等组件使得Linux系统具备轻量级的容器虚拟化的能力。这个能力机制称为LXC(Linux Container)。2013年,Docker公司基于LXC等技术发展出简单易用的管理工具,使得容器的创建和开发变得简便易行,并迅速得到业界认可。2015年,Linux基金会和Docker公司共同发布开放容器项目(Open Container Project,OCP)。该项目后来更名为开放容器计划(Open Container Initiative,OCI)。越来越多的公司加入和支持该计划并将其作为容器的通用标准。

Docker的标志——一条载满集装箱的大鲸鱼,传神而形象地呈现出容器技术的特性——标准化封装、简易、承载平台。虽然后续出现许多容器技术的竞争产品,但Docker仍然是当下流行的容器运行时之一。

在容器运行时、分布式网络、分布式存储的基础上,K8s实现了对微服务的编排。这就如同一位优秀的交响乐指挥家,将各种各样的微服务资源和应用组织起来,导演出云原生的精彩应用体系。K8s 的诞生时间只有短短数年，但是迅速得到业界认可和广泛实践，可见数字时代对创新科技的巨大包容。而不断涌现的创新科技又推动数字时代加速发展。

虽然云原生体系逐渐完善了微服务的发展，但是在微服务应用中也暴露出各种问题。服务治理成为浮出水面的话题。技术的问题终究需要技术来解决，API 网关和服务网格成为服务治理领域关键的两项技术。

API 网关是对服务的统一入口系统，可以对接入的请求进行统一管控，以确保将经过身份验证的安全请求正确路由到相应的微服务资源。基于此，API 网关可以实现服务代理和流量监测。

服务网格则能对微服务的内部访问和通信做更多的管控，以侵入或非侵入的方式解耦微服务的业务功能与访问控制。微服务本身将不再处理服务之间的发现、调用、代理、路由、流控、熔断等一系列管控类的操作，这些治理工作全部交给服务网格完成。这样极大地促进了整个微服务体系的灵活性。

7.4 数字底座

当下领先的金融企业已经在应用中广泛使用云原生、微服务等技术，并构建了内部云和外部云共存的多云混合模式。许多领先的金融企业提出"数字底座"的概念，希望通过底层技术的更新迭代，实现数字化基础的升级，从而支撑企业的数字化建设。

7.4.1 金融企业的系统架构设计

图 7.1 是一个较为常见的金融企业的系统架构示意图。

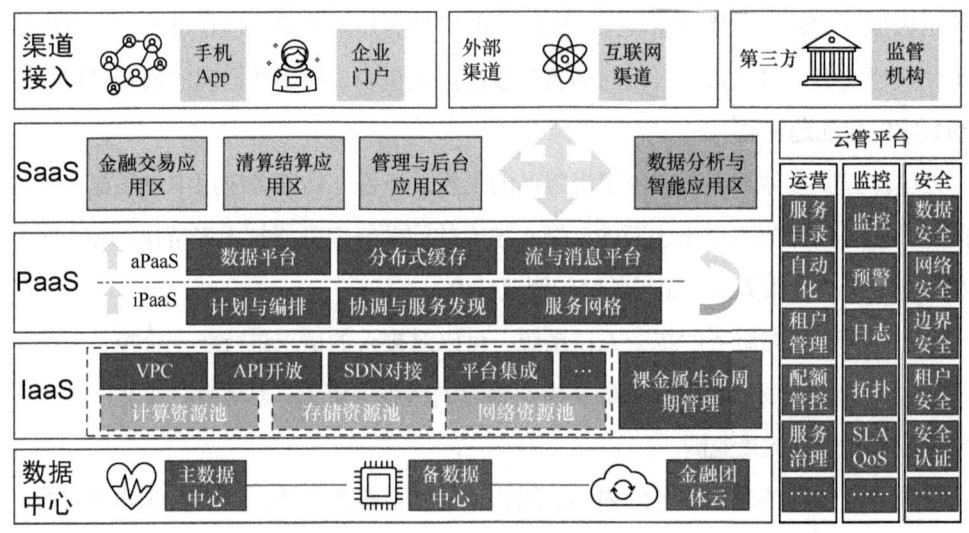

图 7.1 金融企业的系统架构示意图

从图 7.1 中可以看出，在数据中心层，金融企业已基本实现主、备数据中心的容灾模式，且部分应用部署在金融团体云中。在数据中心内部，云技术得到一定范围的应用。

在 IaaS 层，金融企业实现对计算资源、存储资源、网络资源的抽象和虚拟化。许多金融企业构建了容器云平台，在 PaaS 层实现了微服务的治理和管控，并将数据、缓存、流和消息等公共功能实现云化。在 SaaS 层，新型应用采用了微服务的技术和框架，并划分为金融交易应用区、清算结算应用区、管理与后台应用区、数据分析与智能应用区等。

针对整个私有云或混合云体系，金融企业建立了统一的云管平台，实现了对多个云的统一管理，包括运营、监控、安全管理等。这是一个较为先进的数字底座架构设计方案。

当然，图 7.1 没有呈现出来的是，银行（以及许多非银的金融企业）还存在许多集中式系统，这些系统仍然部署在物理服务器上，而这些服务器有许多还是大型机或小型机，要迁移上云将难上加难。

这些集中式系统往往承载着比较重要且基础的作用。金融业务类系统如银行的核心账务系统、总账系统等，证券公司的集中交易系统等，以及非金融业务类系统如 ERP 系统、财务系统等仍是封闭而笨重的。由于这些系统支撑着金融企业的重要业务，要改造迁移须花上巨大的代价。

另外，出于性能的考虑，许多金融应用系统难以迁移上云。例如，证券交易中的极速交易系统对性能有严苛的要求，而云计算在虚拟化之后总会有一定的性能损失，所以这类系统仍然部署在高主频的物理服务器上，而在网络层面采用专门研制的低时延交换机。

云计算是金融数据中心的技术方向，下一代数字底座架构必然会构建在云原生的技术架构之上，但这估计还会有一段不短的路程要走。这是由技术发展的成熟度和系统迁移的过程两方面决定的。在这个过程中，金融企业往往会采取折中、分步走的策略。

金融业务上云的初心是在快速推出新业务的同时，节约系统建设和部署的成本，以相对较小的代价来适应快速变化的业务需求。如果上云的代价超出数据中心传统模式建设的成本投入，则金融企业上云是一件不划算的事情。金融企业采用分布式的技术路线和微服务的技术框架，初心也是为了简化和复用目前复杂的金融业务系统。将金融业务功能原子化后，能够在一定程度上组合及复用，从而增强总体系统的灵活性并降低成本。但是分布式和微服务技术的复杂性带来了技术掌握上的门槛和挑战。新技术的掌握成本和人才需求也使得许多金融企业在上云和微服务化的道路上充满了曲折和观望。

快的业务上云，慢的业务回数据中心，这是许多金融企业目前采取的策略。为应对互联网业务的快速变化，"快"且变化的业务部署在公有云或私有云上，这类业务称为"敏态"业务。"慢"且稳定的业务，如基础交易、通用财务等业务，则仍然部署在集中式系统上，这类业务称为"稳态"业务。如何保持"敏稳双态"业务的建设和运营是金融企业经常会面临的问题。

7.4.2 金融企业的数字底座

随着数字技术的高速发展，新技术的成熟周期及更新换代的周期大大缩短。那么，下一项颠覆式技术和架构会在什么时候出现？谁也不能给出明确的回答。这就提醒金融企业的数字科技建设者在构建数字底座的时候留有一定的余地。因为底座建设会对上层应用产生根本性的影响，针对底层架构的改变和更新，代价往往都是巨大的。把数字底座架构的技术方向押宝在某一项技术或产品上，风险可能是很大的。

因此，金融企业要构建下一代的数字底座，其要求往往是具有一定的矛盾性的。既要求敏捷，又要求稳定；既要求创新，又要求恒定；既要求变化迅速，又要求安全可靠；既要能承受快速增长，又要能够节省资源；既要求功能强大，又要求成本低廉。金融企业需要在这样多样化甚至有时是矛盾化的要求中取得平衡。这个数字底座一定是一个复杂而又简洁的系统。

新一代数字底座要支撑起金融企业的下一代数字应用体系，应在如下几个方面保持优秀。

- 可靠性与可用性：数字底座需要保证自身的可靠，以支撑整个数字应用体系的可用。
- 安全性：包括信息安全和物理安全。信息安全包括合理合法的数字访问，数据不被泄露，网络不被攻破，数字权限得到合理控制。物理安全包括基础设施的安全运行，不对人员健康造成损害，不对周边环境造成污染。
- 韧性与鲁棒性：数字底座应该是鲁棒的，能够承受未来迅速增长的业务，也能够弹性地实现资源复用。数字底座应该具有良好的韧性，在局部出现故障时，具有良好的"自愈"功能，或者在某些特殊的非正常操作或风险降临时，能够保证业务正常和正确运行。数字底座的韧性是衡量数字底座设计好坏的重要特性。
- 隐私保护与合规性：金融企业承载着客户大量的重要隐私信息，如果不能妥善保护，不仅会丧失客户的信任，而且会面临严厉的监管处罚。数字底座应采取措施从设计和实现上加强对隐私数据的防护，确保合规性。

基于这些要求，我们可以尝试规划金融企业的新一代数字底座架构，如图7.2所示。

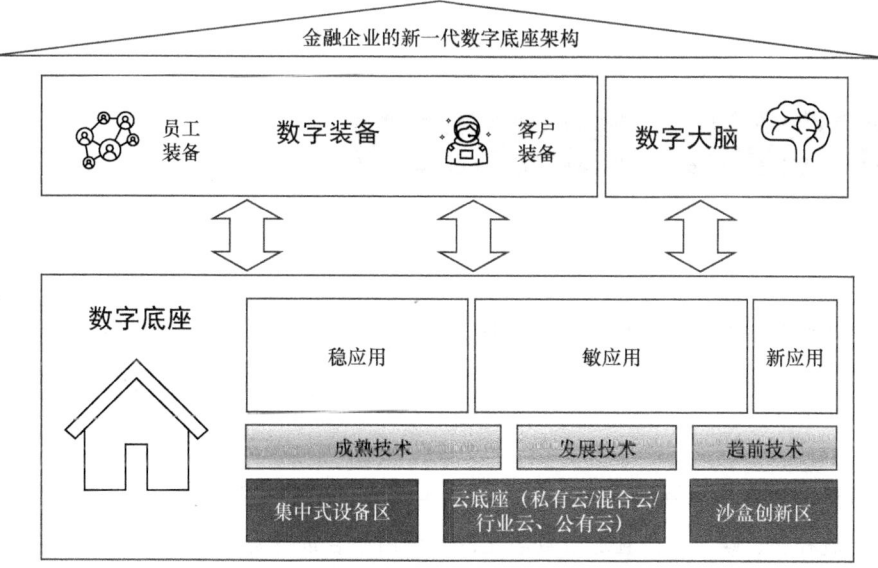

图 7.2 金融企业的新一代数字底座架构示意图

从图 7.2 中可以看出，由于金融企业仍然存在大量的传统设备，集中式设备区仍是必不可少的区域，它对应于传统而成熟的技术体系，承载着"稳态"业务。运用云计算技术构建的"云底座"是金融企业数字底座的核心部分。它包括了私有云/混合云/行业云以及公有云等多种形态的云。云底座通过多云管理的模式，运用各种发展类数字技术，支撑金融企业的"敏态"业务。因此，云底座是金融企业数字科技建设的重心。

此外，金融企业还应根据自身技术条件，构建沙盒创新区，以沙盒的模式发展超前技术，以支撑金融未来和创新的业务。

数字底座对金融企业的数字化建设具有非常重要的意义，是整个数字底座架构的基石。在数字底座支撑下，金融企业有望构建灵活敏捷的数字装备和思考能力强大的数字大脑，赋能企业的客户、员工、伙伴，将他们与企业的业务、知识、过程高效和紧密地连接起来，将金融企业的数字化应用推向更高的水平。

第 8 章
新连接：数字装备

忆昔轻装万里行，水邮山驿不论程。

——［宋］陆游，《忆昔》

数字经济为大众带来了丰富多彩的线上线下互相融通的生活。人们不仅在数字空间开展社交、娱乐，而且通过数字化的互联网平台进行购物、订餐、旅行订票等，享受着数字技术带来的各种便利。这是一个美好的时代。快递行业是支撑这个美好数字时代最重要的基础行业。人们应该对穿梭在大街小巷的快递小哥抱有一份尊敬。据不完全统计，目前中国快递员有数百万人，这是一个庞大的群体。但是这数百万人放在十几亿消费者面前，又是一个很小的数目。正是这数百万人扛起了十几亿消费者的数字消费市场，完成数字经济时代线上和线下的连接。其中的工作是非常艰苦和巨量的。这些艰苦和巨量工作的背后饱含快递小哥的汗水，同时也包含大量的数字科技的运用。

快递小哥风雨无阻地在城市中穿行，一身的数字装备精简而高效。在大众的印象中，快递小哥的平台抢单、路径规划导航、客户沟通交流等展业工作通过一部智能手机就全搞定了。智能手机是快递小哥的核心装备，是连接后端快递平台的强大工具，是数字科技延伸到终端工作者的强大武器。围绕着智能手机 App，快递小哥还有一系列的配套武器，例如电动车、智能头盔、标志性服装等。这些配套装备支撑快递小哥高效敏捷工作。

据美团介绍，该公司于 2018 年推出一体化的智能装备系统。骑手穿戴这套智能装备系统，就能够脱手操作，安全、快捷地完成送达任务。这套智能装备系统包括六大模块——

智能手机App、智能语音助手、智能电动车、智能安全头盔、智能餐箱和室内定位基站。

智能手机App是核心装备，它不仅能快速准确地进行接收订单、路径规划和导航、与客户沟通联系等基本任务，而且承担了其他智能装备的协同工作。

智能语音助手负责骑手和平台之间的语音交互，能够智能识别场景，及时播报、提醒和引导，并将骑手的语音命令转化为可执行的指令。骑手通过智能语音助手接收信息，可以极大减少操作手机屏幕的次数，这不仅能让人机对话更直接，而且能够避免安全事故。

智能电动车不仅是骑手的绿色座驾，而且能够与智能手机进行连接，将智能手机化身为车辆仪表盘。此外，智能电动车还加入自动锁车、远程防盗、故障报警、电池监测、行驶安全监测等功能。

智能安全头盔和智能餐箱承载在智能电动车上。智能安全头盔除防护骑手的头部安全以外，还能够通过智能语音助手控制车辆的头灯和尾灯，并提供各种安全防护提醒。智能餐箱则负责食品的保温、紫外线消毒等工作，还能够投射"安全防护线"，进一步保障骑手安全。

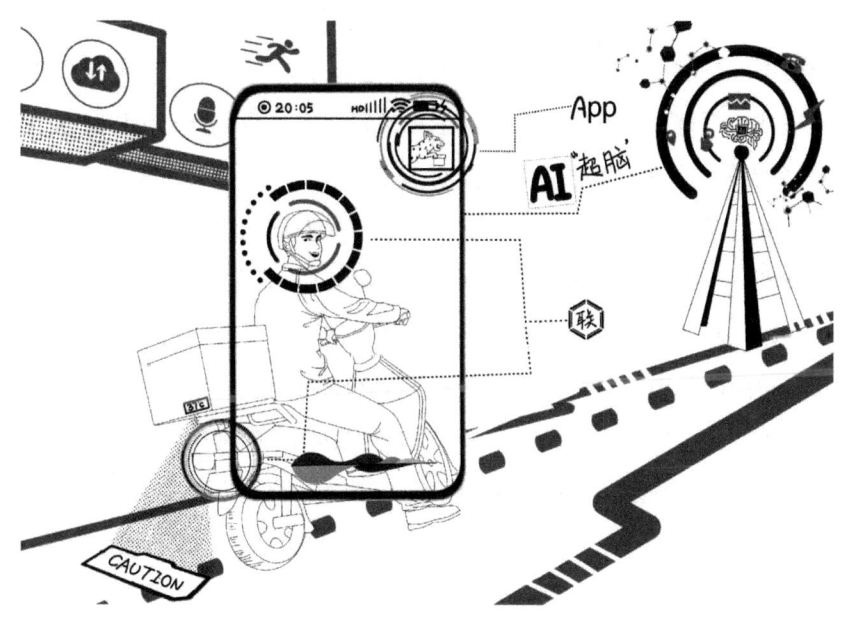

室内定位基站通过蓝牙技术,增强骑手的位置定位,并简化骑手与商家、客户的订单操作交互的流程。

据了解,一体化智能装备系统能让接单效率提升50%,极大地简化骑手的工作。

单从展业的效率和便捷性来看,金融企业许多一线员工的"数字化装备"(如果有)远远比不上一位快递小哥。金融企业的数字化装备建设迫在眉睫。

8.1 数字化新连接

我们首先讨论一下数字时代的新连接技术,这里面包括基础通信技术、万物互联的物联网技术、应用连接技术等。

8.1.1　5G与Wi-Fi6

数字装备的基础技术是连接技术,而5G是近年来最重要的连接技术之一。5G指的是第五代移动通信技术。从移动通信技术发展史来看,第一代移动通信技术是模拟信号通信技术;第二代移动通信技术(2G)发展出数字通信技术;第三代移动通信技术(3G)则将数字通信范围大大扩展,开始发展出移动互联网生态;第四代移动通信技术(4G)则将带宽进一步扩大,使得人与人之间的移动数字交流变得通畅;第五代移动通信技术(5G)则将数字连接扩展到人与物,开始构建万物互联的移动数字网络。按照国际电信联盟的定义,5G是具有高速率、低时延和大连接特点的新一代移动通信技术,是实现人、机、物互联的网络基础技术。

5G作为目前通信行业最新一代的移动通信技术,具有八大关键指标。其中峰值速率、移动性、时延和频谱效率是传统的移动宽带关键指标。人们新定义了4个关键指标,即用户体验速率、连接数密度、流量密度和能效。5G具有20Gbit/s的接入速率、1毫秒级时延的业务体验、千亿设备的连接能力、超高流量密度和连接数密度及百倍网络能效提升等极致性能。

国际电信联盟指出，5G的强大性能将支撑起三大类的创新应用场景——增强移动宽带（eMBB）、超高可靠低时延通信（uRLLC）和海量机器类通信（mMTC）。增强移动宽带主要面向移动互联网流量爆炸式增长，为用户提供更加极致的应用体验。超高可靠低时延通信主要面向工业控制、远程医疗、自动驾驶等对时延和可靠性具有极高要求的垂直行业应用需求。海量机器类通信主要面向智慧城市、智能家居、环境监测等以传感和数据采集为目标的应用需求。

5G在全球范围已经开始商用，但是通信技术的研发者并没有停下前进的脚步。在2020年年底的全球移动宽带论坛（Global MBB Forum）上，中国通信科技领军企业华为公司提出5.5G的概念——在现有5G上增加上行大带宽能力、实时交互能力和融合感知能力的三大特征，使得5.5G能够更好地支持万物互联的高可靠性、超低时延的各类场景。

此外，据了解，华为等公司目前已经开展对6G的研发，有可能会在2030年左右推向市场。虽然现在6G的特性如何尚不能明确，但可以预见的是，基础通信技术的每一次重大变革都会带来数字社会的重大升级。

5G为金融行业带来创新的应用场景。5G的大带宽和移动性使得银行能够快速构建远程服务场景。例如中国银行、中国工商银行、中国建设银行、中国农业银行等银行纷纷设立"5G+智能网点"。中国银行称该行的"5G+智能网点"是一个生活化的智能场景，许多传统的复杂的柜面业务可以通过基于5G的"一对一远程智能柜面"完成。该模式带给客户便利性的同时，也大大节省了柜面人员的投入成本。

除在智能网点中的应用以外，5G还因为具有大带宽的特点，可以为银行的服务内容提供更加丰富的形式。例如民生银行推出的5G手机银行突破了原来手机银行App的静态展现的局限，融合了图片、文字、音视频等多种内容形式。从用户打开手机银行App到浏览首页背景、各样功能模块、信息呈现、营销优惠活动等，所有信息都"动"了起来，可以给用户完全不同的使用体验。

证券行业是一个高频、实时的交易行业。量化交易、算法套利等场景对低时延有着极致性的要求，5G 的低时延特性正好满足这一需求。据广发证券介绍，传统的超低时延设备造价高昂，部署不便，但是基于 5G 的 uRLLC 标准，可以利用 5G 低时延特性，为 VIP 客户快速部署独立交易主站、独立报盘机和独立交易单元，以较低成本的方式为客户快速提供低时延交易通道，满足客户的低时延交易需求。

5G 在保险行业的应用则更为广泛。保险行业是与人们生活、生产以及各个产业高度融合的行业。5G 则因为其对物联网设备的革命性支持，为保险行业在保险定价、远程核保和智能定损等多个场景带来创新应用。某互联网公司认为，5G 带来的实时、精准的大量数据，以及更多的数据维度和更深刻的数据画像，将有可能帮助保险公司在车险、健康险等诸多品种方面带来更好的客户服务模式和更好的风险防控措施，挖掘更多的保险需求和回应线索，推动保险普惠下沉，提升保险的附加价值。

5G 作为新一代移动通信技术，覆盖人类活动的公共区域，是主流的广域网技术。在室内和局域网区域，Wi-Fi 技术将会是无线网络的必要补充。2019 年 Wi-Fi 联盟宣布启动 Wi-Fi6 认证，正式将新的 Wi-Fi 技术推向市场。Wi-Fi6 技术具有速度更快、时延更低、容量更大、安全性更高的特点。重要的是，Wi-Fi6 的成本更低廉。Wi-Fi6 技术与 5G 是相辅相成的。如果 5G 是高速公路，Wi-Fi6 技术就像小区内部道路。在企业和家庭内部等局域空间使用 Wi-Fi6，不仅可以增强内部私密性，而且能节约宝贵的 5G 频谱通道资源。

在移动互联网技术领域，除 5G、Wi-Fi6 技术这样的网络层的基础通信技术以外，移动操作系统、移动互联网应用开发平台方面也有许多值得关注的技术。

例如，在移动操作系统领域，2019 年华为公司推出鸿蒙系统。华为公司称鸿蒙系统基于分布式软总线等技术开发，能够让智能手机、Pad、可穿戴设备，以及智能家居设备、智能车载设备等终端设备基于同一个虚拟设备层面运行，从而实现移动互联网平台的统一化。

鸿蒙系统自发布以来，发展十分迅速。鸿蒙系统在可能实现对苹果 iOS、安卓系统的国产化替代的同时，还有望成为下一代移动操作系统。金融企业对鸿蒙系统的卡片直达、原子化程序编排等创新特性非常青睐，纷纷推出基于鸿蒙系统的应用。

8.1.2 万物互联与物联网技术

数字技术的不断发展，将互联网从第一代的PC互联网推向第二代的移动互联网。而5G和Wi-Fi6技术则可能将互联网带往第三代的万物互联网。在万物互联时代，将不再只是计算机与计算机的连接、人与人的连接，还将是人与物、物与物的连接。每一台智能设备都将拥有独立的身份ID、计算芯片、存储器、传感器。每一台智能设备都会产生数据、联入网络、在线互动。万物互联网极大地扩展了数字连接的范围。这个扩展是革命性的。革命性不仅体现在连接范围的革命性改变，而且体现在数据和智能的革命性改变。

物联网技术是连接智能设备的技术。业界对该技术已展开多年研究，并发展出较为成熟的技术标准和框架模型。一个典型的物联网框架将物与物之间的连接分为三层——感知层、网络层、应用层。在感知层，智能设备感知外界环境，采集环境数据，涉及RFID标签和读写器、摄像头、GPS、传感器、M2M终端、传感器网关等。感知层是物联网的核心层。由于人类环境的多种多样，感知层相关的技术也在飞速创新和扩展，从而使得智能设备不断增加数据采集的范围。随着智能设备的感知能力不断增强，相关的数据量也成指数增长。

感知层数据量的增长，给整个万物互联网带来巨大的计算需求。由于云端算力和网络传输的局限，人们尝试在物联网的边缘端就开始进行计算处理，力求合理调配整个体系的计算资源，这种模式称为"边缘计算"。边缘计算使得智能设备之间的连接更加直接，万物互联网的处理效率大大加强，从而使得终端设备更加敏捷、更加智能。

边缘计算将部分计算过程放在边缘侧，这带来了许多技术上的挑战。例如，边缘侧的小样本数据的问题。由于边缘侧产生的数据量有限，使得模型训练和计算基于的样本数据比较少，模型的实际效果可能会受到很大的影响。同时，边缘侧的资源也比较有限,算力、存储以及供电、场地等方面都存在局限,使得边缘侧的运算效果往往并不理想。在实践中,由于边缘侧的系统与云端往往是异构的技术体系,每个边缘端又各自独立,因此边缘计算有可能带来新的数据孤岛问题。这些问题不得不引起重视。"云边协同"是万物互联时代一个值得关注的问题。

不断涌现的基础数字科技和技术如5G、Wi-Fi6、物联网、边缘计算、云边协同等为万物互联打下了坚实的基础。智能手机等移动终端的算力增强,为构建一个强大的智能终端设备,形成以智能手机或智能移动手持设备(如Pad)为核心的数字装备体系提供了可能。数字装备体系创建了更广泛的以人和物为中心的新连接。

8.1.3 新连接,连接什么

尤瓦尔·诺亚·赫拉利(Yuval Noah Harari)在《人类简史》一书中指出,人类文明发展的最重要的一点是能够形成"共识",这种共识很多的时候是一种想象。而达成这种想象的共识,依赖的就是人与人之间的连接,其中最重要的就是信息的连接。在古代社会,这种信息的连接建立在书信、马匹、信鸽、邮差上,效率低下且安全性难以保障。进入现代社会,特别是进入信息社会以来,信息连接的速度大大加快,连接效率大大加强。

在信息社会,特别是在移动互联网时代,人与人之间的连接方式变得多种多样,手机通话、即时消息、电子邮件等大大加速了人与人之间的信息连接。信息连接的内容也得到极大丰富,文本、图像、声音、视频等形式可以传递更多的内容。在万物互联时代,连接扩大到人与物、物与物之后,连接方式和连接内容进一步多样化,连接场景更加接近甚至超越现实世界。这种多样化带来了连接的本质的变革,即由信息的传递升级为服务的传递。

在信息时代,人与人建立连接之后,只能将信息传递给对方(当然这已经是很伟大的事情了),双方之间并不能形成物理上的直接互动。但是在双方加入智能设备——具备特定功能的智能设备后,可以为这种连接增加许多新功能,使得构建新的数字服务化场景成为可能。例如，智能汽车能够解决交易场所的安全问题，使得对交易安全要求更高的金融服务得以进行。

对金融行业来说，新连接的重要意义还在于通过拓宽与人、物的连接来构建创新的金融场景。

金融与物的连接可能带来新的供应链金融服务模式。在传统的供应链金融服务模式中，货物只有种类加数量等寥寥无几的属性数据，银行难以监控动产质押，这就导致在实际供应链融资活动中，银行多以核心企业的信用支持为主，而中小企业往往很难得到融资支持。在万物互联时代，物联网技术让货物的识别和定位更加精细化和实时化。银行可以对供应链和营销链进行全程数字跟踪，有效地连接供应链各方，从而将原来无法覆盖到的中小企业更多地纳入到新供应链信用体系，让金融普惠服务更多的中小企业，助力产业成长。

在面向普通个人客户的营销领域，金融与人的连接路径更加广泛。车联网、地铁联网、智能购物设备等的发展，使得金融企业有可能发展车上金融、新消费金融等新的场景，创造更多的获客渠道和更广泛的服务模式。

此外，万物互联技术的发展，还使得金融与人之间的连接更加深入。例如，可穿戴设备能够采集人的更多健康信息，智能汽车能够收集驾驶员更多的驾驶行为习惯。这些多维度的数据能够让金融企业对客户进行精准画像，使得健康保险、汽车保险的服务更加精准，为金融企业和客户双方提供更恰当的服务和带来更多的收益。

8.2 数字化新体验

数字时代的经济是强调用户体验的经济，而万物互联技术增强了这一点。具体原因是：一方面，随着互联网经济、数字自媒体的高速发展，通过数字网络商品和服务的信息可以快速传播到人类社会的每一个角落；另一方面，用户可以通过互联网、电商平台等直接看到商品和服务的样式甚至直接感知到。购买之前的体验成为数字时代的商业习惯。体验良好才能获得竞争的成功，这是数字时代的共识。

8.2.1 极简化用户体验

用户的数字体验呈现出两个方面的特性。

一方面是功能上极大丰富。人们可以利用数字科技做许多之前从未想过的事情。数字生态的商家开发出层出不穷的数字功能，提供丰富的数字服务和数字产品，以供用户挑选。其实数字功能的丰富程度远远超出用户的需要。

另一方面是操作上更加简便。例如，拥有海量商品的电商平台建立多种多样的商品频道，以激发用户的体验兴趣。另外，各种提供"严选""精选"服务的挑选助手会帮助用户快速找到心仪的物品，并承担精挑细选的职责，使得用户在购物时更加省心、省力。

在充分竞争的市场经济环境下，如何让用户更便捷、更顺畅、更省心地获得服务成为商业机构的核心竞争力之一。

同样，给用户带来更好的体验是数字技术的发展方向之一。

数字科技进化迅速，从PC互联网时代到移动互联网时代，再到万物互联时代，技术的进步始终围绕以"人"为中心。万物互联技术的发展，使得围绕人的智能装备越来越丰富，越来越精巧，甚至可以直接穿戴在身上，或者融入人们的衣物和饰品中。这就是所谓的"可穿戴设备"。这些可穿戴设备给使用者带来许多额外的体验，具体如下。

- 智能手表、智能手环是常见的可穿戴设备。除接收智能手机的扩展消息这一场景以外，还有一些即时的应用场景，例如，利用抬腕即可见的便捷特性，小屏直接呈现关键信息。此外，许多智能手表和智能手环还具有心率、血压、步行频率等健康检测功能，可以随时监控佩戴者的生理数据和运动数据。
- 穿戴于头部的智能耳机、智能眼镜、智能头盔等。智能耳机在播放音乐的同时，还能够与用户进行语音交互。在日常生活中智能眼镜和智能头盔的应用并不普遍，但是在许多特殊场景能够发挥作用。例如在工厂的质检、维修、设计等工作中，智能眼镜往往能够起到很大的帮助作用。同时智能眼镜也是远程协同的利器。智能头盔则是快递小哥的得力装备，可以在驾驶过程中起到保护、导航和语音指引和交互的作用。

- 智能靴子、智能服饰等提供一些特别的功能，如运动检测等。除这些较通用、面向普通生活场景的智能可穿戴设备以外，还有一些专业场景的可穿戴设备，例如血糖检测仪、血压检测仪等健康可穿戴设备，能够帮助视力障碍者导航与感知的智能手杖等。

由于可穿戴设备能够提供更丰富的扩展体验，因此许多金融企业开发出基于可穿戴设备的场景式服务。例如通过智能手表上展现的实时的股市行情，佩戴者能够及时获得最新的、最简要且关键的市场信息。再例如可穿戴的健康设备可以为保险公司提供实时的健康保险数据。

在增强用户体验的相关科技中，扩展现实（eXtended Reality，XR）技术是未来一个重要的发展方向。扩展现实技术包括虚拟现实（Virtual Reality，VR）、增强现实（Augmented Reality，AR）、混合现实（Mixed Reality，MR）等技术。

虚拟现实利用计算机硬件实现虚拟世界的三维场景，让佩戴者沉浸于其中，体验到与现实世界相近似的视觉、听觉、触觉等交互体验。随着近几年VR技术逐渐得到用户认可，许多公司开发出VR影片、VR游戏等，让用户获得与传统影片和游戏不一样的沉浸式体验。

增强现实则在现实世界的基础上叠加虚拟的三维物体，将虚拟世界嵌入现实世界，并形成虚拟与现实的互动，达到对现实世界的增强的效果。增强现实能够将虚拟世界与现实世界集成、连接，具有更广泛的应用场景，如军事、医疗、建筑、教育、工程、影视、娱乐等领域。

混合现实则是虚拟现实和增强现实的进一步发展。混合现实不仅将虚拟世界和现实世界叠加，而且衍生出更多的数字信息。这些数字信息是虚拟与现实的融合，是现实世界感触不到的虚拟形态，也是虚拟世界观测不到的现实数据。混合现实提供了一个更加混沌的世界，将虚拟世界和现实世界深度融合。

扩展现实技术在金融行业也有许多应用场景。例如许多银行建立了虚拟营业厅，应用 VR 技术让客户远程感知金融营业厅的各种现场式的服务。在线下营业厅中，通过 AR 技术，可以让用户实实在在地看到金融产品的"形态"，从而增强用户对金融的感知。

用户体验技术的另一个方向是游戏化。游戏满足了人类爱玩、好奇、探险、及时得到奖励的天性。将一个专业化、枯燥的商业服务过程游戏化是改善用户体验的很好的方式。游戏化就是将游戏的思维和机制运用到相关产品和服务设计中，以引导用户的行为和互动，促进用户参与和分享。金融类游戏是一个大的品类，例如著名的冒险游戏《大富翁》就曾经拥有广大的拥趸，以至于很多金融企业会模仿《大富翁》游戏来开展投资者教育活动。某些金融企业设计了类似武侠游戏的教育场景，将学习投资技巧模拟为武侠世界的练功升级，从而引发用户的学习兴趣。通过这种方式，金融企业不仅获得了用户对投资者教育的认可，而且额外收获了许多新的金融客户。

有的金融企业在风险测评中引入游戏化设计，通过游戏式的"关卡"和"奖励"，增加测评者的兴趣。有的企业在金融营销过程中设计了许多简单且有趣的"关注任务"和"打卡任务"，让用户转化为客户，或促进用户的活跃程度，达到"获客"和"活客"的目的。游戏的设计过程是一个始终围绕着用户体验的协同过程。许多金融企业也将游戏化的设计理念引入产品和系统的研发过程中，使得金融产品和金融服务不再枯燥无趣。这些措施极大地提升了金融产品对客户的吸引力。

元宇宙是最近火热的概念，它是在最新的信息通信技术（5G、物联网）、扩展现实技术（VR、AR、MR）、游戏化技术、人工智能技术等一系列数字技术的基础之上，构建出的全新的数字世界。这个数字的虚拟世界与现实世界相连接、相融合、相互动，为人类打开了一扇新世界的大门。

元宇宙（Metaverse）一词源于美国科幻小说家尼尔·斯蒂芬森（Neal

Stephenson)在 1992 年发表的小说《雪崩》(*Snow Crash*)。这本书描述了一个平行于现实世界的虚拟世界——Metaverse。所有现实世界的人在元宇宙当中都有一个网络分身 Avatar。人们利用这个网络分身在虚拟世界中生活、玩乐、交往，甚至学习、工作等，这一切与现实世界并无二异，但又拥有虚拟世界的非凡特性。

2018 年著名导演史蒂文·斯皮尔伯格（Steven Spielberg）的作品《头号玩家》描述了元宇宙的场景。在这个名为"绿洲"的元宇宙中，人们赛车、冒险、挑战谜题，获得前所未有的感官刺激和征服体验。

也许在未来，每一家现实世界的金融企业都会在元宇宙中开设一家虚拟的"元宇宙分公司"。甚至可能会出现元宇宙原生的金融企业。这类企业发展到一定程度后可能会开设现实世界中的金融分公司，为现实世界的人类代理虚拟世界的金融业务。

元宇宙的金融系统和金融规则将会是什么样的？现在我们还难以想象，但一定会是数字化的、分布式的、可信任的，金融企业也许从现在开始就应该对元宇宙的金融体系进行研究，以便在未来世界取得先机。

8.2.2 金融"新体验"

回到现实世界中，金融企业的商业竞争力主要体现在为用户创造和带来更好、更有温度的"新体验"。业界人士将这种金融"新体验"总结为以下几点。

- **产品人性化**：无论是面向个人客户还是对公客户，金融产品都应该更便于人的使用，是更具人性化的产品。
- **服务体验化**：金融服务应该更多考虑被服务对象的感受，增强使用者的体验，减少重复操作或机械操作，使得整个体验更简便或更顺畅。
- **连接温度化**：不仅仅考虑连接到客户，还要使得连接更加有质量，更加有温度，这样才能真正提升客户的体验。
- **设计游戏化**：采用游戏化的思维来设计金融服务。这一思维的本质是与客户的同理心。
- 数据资产化：将金融全过程数字化，然后将数据服务化、资产化，最大化地发挥数据的价值。
- 业务场景化：未来金融业务的设计和创新都是以场景为基础的，金融科技只有融入业务场景，才能更好地提升用户体验。

这种金融"新体验"促进了客户与金融企业的双向感知，可以帮助金融企业对客户的个人习惯和偏好了解得更加深入和透彻，也让客户感知到金融企业的更优质的金融服务和金融产品。

8.3 金融数字装备

现代金融企业最重要的工作之一是连接，包括与客户、员工、伙伴、市场的连接等。这些连接依赖强大的工具和平台。我们将连接的工具集合称为"金融数字装备"。

8.3.1 金融数字装备的特性要求

金融数字装备是由金融企业打造并赋能给客户、员工、伙伴的连接工具集合，那么它应该拥有什么样的特性要求呢？

金融数字装备首先应该是一体化的融合装备平台。近年来许多银行着力打造超级 App。银行的用户，特别是零售客户，可以通过超级 App 办理绝大多数业务。

招商银行在 2020 年报中提到，从银行卡转型到 App 的过程重新定义了银行的终端设备。银行卡只是一个单一化的产品，而 App 则是一个一体化的生态平台。招商银行已经将几乎所有的零售客户转化成 App 用户。

2020年11月，中国工商银行推出"全智能手机银行"新版本，宣称将"财富、智能、连接、感知、共生"的理念融合一体化，致力于打造专业级的线上金融综合服务平台。

几乎所有的零售银行已经深刻地认识到超级App生态的作用，并开始围绕超级App延伸出许多扩展的装备。如可穿戴设备上的App应用，健康设备上的App应用等，借此打造以超级App为核心的一体化融合装备平台。

金融数字装备应该具备场景化的多种感知能力。现代金融行业强调场景化的金融业务，希望将金融服务融合到人们的生活和生产中，而金融数字装备在金融场景中扮演了关键的业务承载设备的作用。客户、员工、伙伴通过金融数字装备的连接直接开展金融业务。金融数字装备除作为金融业务的终端平台以外，还能够感知场景中的各种扩展数据，并在合规合法的前提下采集数据。

金融数字装备应该具有极致便捷的极简体验。金融业务和金融系统都是非常专业且复杂的，在合规、风险、适当性管控方面有一系列的要求。这对金融企业的装备设计者提出了很大的挑战。由于许多金融企业的客户服务界面异常复杂，操作难度大，再加上数字社会的复杂生态化，这都导致客户的金融服务体验不佳。一些领先银行已经意识到生态丰富之后的便捷化体验，开始走上功能精简、体验极致的进化之路。极致便捷的极简体验正是下一代金融数字装备的重要特性。

8.3.2 金融数字装备架构图及部件说明

金融企业首先应该围绕客户设计金融数字装备，以客户为中心提供金融服务，通过金融数字装备为客户赋能。一般来说，金融企业的金融数字装备的设计思路是以超级App为核心，并基于这个核心进行延伸，研发带有金融属性的可穿戴设备、智能车载设备、智能家居设备等。通过这些终端设备能够实现统一的身份认证与核实，并在终端设备之间无缝协同和快速流转金融信息。金融服务能够以最合适的展现形式呈现在最合适的装备上面，带给客户最佳的体验。

金融企业还应该围绕员工设计金融数字装备，为员工提供高效的展业装备，让企业的知识、经验、信息能够快速地传输到员工的金融数字装备，赋能员工随时随地与客户或伙伴进行信息、电话、视频交流。必要时金融数字装备还可以智能地召集合适的员工或伙伴投入特定场景中，并自动进行数字留痕与合规记录。

金融企业还应为伙伴提供必要的金融数字装备，或通过开放金融平台连接伙伴的系统。这些伙伴包括商户、供应商、合作商等。对平台型金融企业来说，伙伴是金融生态中必不可少的一员，为伙伴提供优质金融数字装备，有助于金融生态的统一化和标准化。对专业型金融企业来说，也需要保持与伙伴的数字化连接，以提升整个业务链的效率。

金融企业通过金融数字装备与客户、员工、伙伴形成有效连接，就能够构建丰富多样的金融场景。当然，并不是所有金融场景都需要这三者共同参与。时至今日，客户通过金融数字装备与金融企业的系统后台进行对接即可完成大多数金融服务，如消费支付、小额贷款等。只有在复杂的场景中才需要员工或者伙伴参与，例如投资顾问服务等。在另外一些场景中，则只需要员工通过金融数字装备即可展业，例如对金融市场的分析、研究、报告等。

总体来看，为了加速金融数字装备之间的连接、协同，金融企业需要构建边缘云，以对三大类金融数字装备形成统一的、直接的、有力的支撑。在边缘云中，通信和计算得以迅速完成，以避免金融数字装备与数字底座、数字大脑以及普通业务系统频繁通信，较好地提升效率。

边缘云也应具备一定的人工智能能力。可以考虑将训练好的模型部署至边缘云，或者在边缘端展开轻量级的训练，以提升人工智能的整体效率。此外，边缘云还应该具备对异常行为的防护能力，能够拦截装备层及外部接入层传入的有害行为、攻击行为或确认无效的行为，避免冲击和伤害内部系统，以增强金融系统的总体韧性。

图 8.1 展现了金融企业的金融数字装备各个部件之间的协同关系。

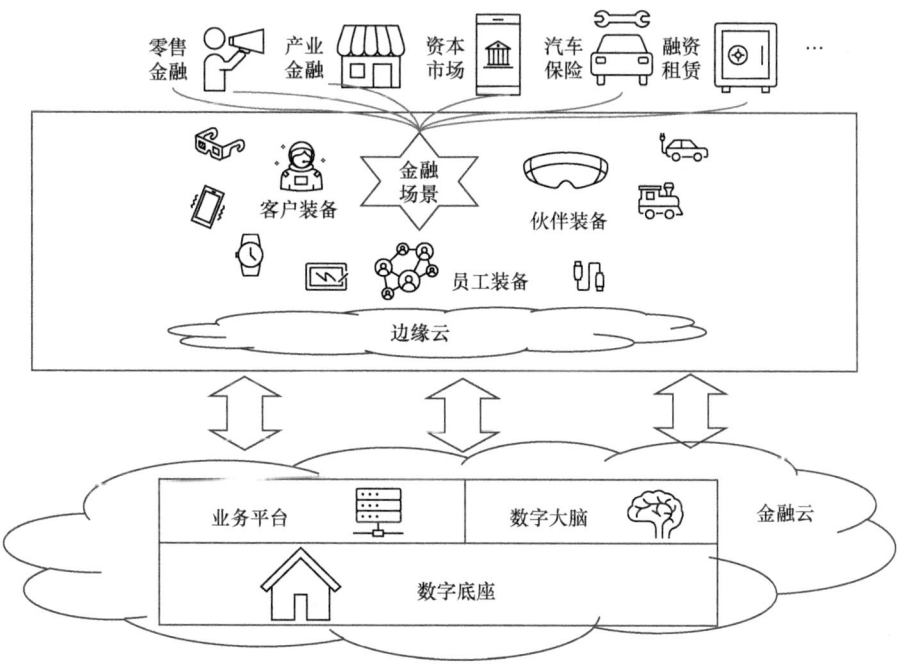

图 8.1　金融企业的金融数字装备各个部件之间的协同关系

8.3.3　金融数字装备的意义

对金融企业的数字系统来说，强大的金融数字装备具有非同寻常的意义。

金融数字装备使得连接有了场景内的汇聚点。金融数字装备如同探针，可以深入金融场景内部。金融数字装备不仅是金融业务的执行载体，而且是数据的收集器和释放者。金融数字装备的设计者应该充分利用金融数字装备，在合法合规且不侵犯客户隐私的前提下尽可能地收集有用的数据和信息。

金融数字装备是使用者的体验平台。使用者的体验好坏往往直接决定了金融业务的体验好坏。由于金融数字装备的体验设计涉及美学、心理学、金融行为学和金融业务等多方面知识，只有具备复合能力的人才方能胜任设计工作。未来金融数字装备体验设计师将会是一个正式的职业。

良好的金融数字装备的出现，体现出科技对业务发展的促进意义。金融数字装备是先进数字科技的集合体。由于能够带来直接的体验优势和效率优势，先进金融数字装备往往会给金融企业带来直接的市场竞争优势，因此金融企业愿意花费重大的投入以提升金融数字装备的优越性。这些投入扩大了数字科技的应用面，促进了数字科技的探索性发展。

第9章
新动能：数字大脑

从容帷幄去，整顿乾坤了。

——［宋］辛弃疾，《千秋岁》

2020年9月，美国一家神秘的独角兽公司Palantir在纽约证券交易所上市，引发投资者关注。这家以大数据分析为主业的独角兽公司上市首日的市值即高达1 200多亿元。这家公司的神秘之处尚不在于其极高的估值，而在于围绕它的一系列故事带来的神秘光环。

Palantir公司的早期客户是政府部门，包括美国中央情报局等美国情报部门。据媒体报道，Palantir公司的数据分析软件在海量的情报信息中发现关键线索，最终定位到恐怖组织首脑的藏身之处，为相关政府部门的行动提供了重要的情报指引。在此过程中，该软件发挥了极大的作用。

目前Palantir公司的客户主要是美国政府部门、大型金融企业等。据相关报道，某些顶级投行通过Palantir公司的系统揭露了纳斯达克前主席麦道夫的庞氏骗局，帮助数十家银行追回了数十亿美元。

Palantir这个名字来自托尔金的魔幻小说《魔戒》中的水晶球。魔幻的名称，极高的估值，未经证实的传闻，加之少之又少的公开资料，这些因素叠加在一起，使得这家科技独角兽更添神秘色彩。

据不多的公开资料显示，Palantir公司建立了一个以"本体论"为核心的数据知识平台。这个平台把数据分为三种类型——实体、事件、文档。实体是指事物本身。如果按照IT行业的习惯，这里的实体应该包括对象及其属性。事件是指实体的动作和时间的行为序列，通俗来说就是对应现实世界的各种事情。文档是指各种非结构化的数据文件，包括电子邮件、文本文档、音视频文件等。Palantir 公司提供了统一的"实体—事件—文档"建模平台，可以将现实世界中的各种情报数据组织起来，形成巨大的图网络，以进行推导和分析，探寻知识和规则，发现线索或者得出结论。Palantir 公司的核心技术点可能在于对本体数据的组织和基于图网络的搜索能力，也就是对知识数据的组织和计算。

在这个领域有许多重要的技术，例如知识图谱和图计算等。知识图谱最早被谷歌等公司运用于互联网搜索引擎，是一种大规模大语义网络的搜索技术。近年来，业界提出了"知识计算"的概念。2020 年，华为公司提出"知识计算"在企业界的解决方案。该方案将人工智能技术应用于知识获取、知识建模、知识管理、知识应用，借助一系列人工智能技术对各种形态的知识进行抽取、表达、计算，进而产生更为精准的模型，以帮助企业释放行业知识的最大价值。Palantir 公司的系统本质上也是一个大数据和知识计算的平台。

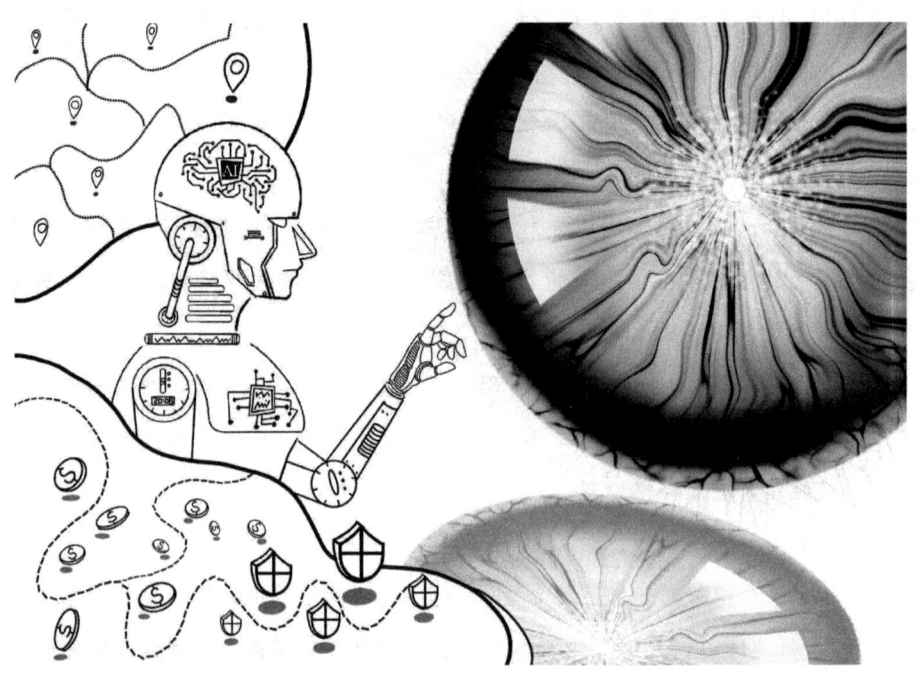

在上市一年以后，Palantir 公司的神秘光环似乎逐渐开始消退。而美国政府在反恐战争和疫情困境中的作为，让人们对 Palantir 这类科技公司在其中的作用也产生了一些质疑。但是大数据分析、人工智能以及知识图谱和知识计算等技术在企业决策和运营上的应用面越来越广。

通过数字技术构建企业的知识大脑、决策大脑，帮助企业运筹帷幄、决胜千里，成为企业界积极探索的实践课题。

9.1 数字化新动能

金融科技的建设过程是一个金融企业从信息化走向数字化和智能化的过程，其核心是将金融科技作为新的发展动能。数字化和智能化的本质是使得金融企业在应对外界的市场变化和需求变化时能够更敏捷、更准确。在这个应对中企业需要积累数据，并做出分析，得出结论。当这个过程变得自动化、智能化，在金融企业内部就会形成一个类似人类大脑一样的中枢系统，以指挥、决策企业的业务和经营行为。这一中枢系统或可称为"金融数字大脑"。目前各行各业都已经开始构建类似的"数字大脑"，例如城市大脑、工业大脑、交通大脑等。

在详细介绍"金融数字大脑"之前，我们先来看一看其他行业的数字大脑是如何为行业的发展注入新动力的。

9.1.1 城市大脑

城市是一个复杂系统。让城市这个系统更加高效、绿色运转，给城市居民更加便捷舒适的生活，是城市管理者首要的任务。

随着数字科技的飞速发展和新基建的兴起，智慧城市的建设成为近年来的热点，其中城市大脑作为决策、管理、指挥的核心枢纽，成为智慧城市建设的关键系统。

从功能上来看，城市大脑是城市的综合指挥系统，能够对公共卫生防疫、突发安全事件、城市交通管理、生态环境治理、社会综合治理、地方经济布局、便民政务服务等多个方面提供综合化的决策、控制和服务支撑，从而提升整个城市的治理水平。

杭州是最早开展"城市大脑"建设的城市之一。早在2016年，杭州就开始建设"城市大脑"1.0版。经过多年的持续建设，杭州"城市大脑"已发展到3.0版。杭州"城市大脑"的建设架构是在数据层面将政府的各个层级（如市、区以及各部门）打通，在功能层面实现政府与市场之间的互联互通，在场景层面实现城市职能的统一互通。杭州"城市大脑"通过全面打通各类数据，接入各类业务系统，实施融合计算，形成了一个统筹指挥、协同联动的综合指挥决策中枢系统。

这个系统从支撑城市交通治堵向治城演进，逐步发展出一系列便民服务，为城市治理形成强大动力。

2019年，杭州"城市大脑"发布了舒心就医、欢快旅游、便捷泊车、街区治理等便民服务内容。

2020年2月，杭州"城市大脑"发布"杭州健康码"，为杭州的疫情防控起到了积极的作用。

虽然各地的城市大脑建设模式各有不同，而且发展出许多技术和应用方面的创新点，但就总体而言，数据打通、全景呈现是城市大脑的两个基本共同特征。由于城市是多个系统、多种职能、多个生态的复杂聚合体，数据散落在各个系统和生态中，分散的数据无法统一进行治理。只有在打通各种数据的基础上，汇集和联动数据，全景式呈现，才能形成统一的指挥和决策，为城市的管理和服务打下基础，进而发展出各种各样的城市治理和便民服务的应用生态。

9.1.2 工业大脑

工业大脑一般是指应用于大型工业特别是高端制造业的核心智能平台。

智能制造是许多工业化国家的核心战略。例如德国提出的"工业 4.0 战略",将智能工厂、智能生产、智能物流作为国家发展战略之一。

智能化在工业领域有广泛且长期的应用基础,许多人工智能技术、机器人技术都是在工业领域首先应用并发展起来的。

工业的基本单元是工厂。工厂是高度精密、高度技术化、质量管控和流程严苛的系统。现代化的工厂和机器产生了大量的工业数据,而工业数据对实时性、标准化、复杂度方面有非常高的要求。工业大脑需要实时处理这些数据、形成决策,以判断工厂的生产效率、生产质量、生产安全,从而保障工厂的高速和高效运行。

工业是高度专业化分工的,而每个行业都有非常深刻的专业领域知识。工业大脑只有在本领域积累非常深厚的知识才能有效运行,在工业设计方面更是如此。

工业大脑使得许多传统制造业企业成功实现数字化转型。在 2021 年"数字中国"大会上,中国宝武马钢集团展现了钢铁行业的工业大脑建设成果——"马钢大脑"。"马钢大脑"以"1 个智慧中枢(运营管控中心)和 4 个智控中心(炼铁、炼钢、热轧、冷轧)"为核心,将整个钢铁企业的生产管控实现一体化操控和智能化决策。"马钢大脑"不仅实现了对整个生产流程的高质量控制,而且将原料消耗、能源使用、环保排放控制在最佳水平,提升了企业的生产效能和绿色水平。

与城市系统相比,工业系统的标准化程度和专业复杂度更高,对生产的安全性和质量的要求更为严苛。许多工业制造过程存在风险极大、成本极高的情形,对失败"零容忍",例如航空制造业等。为了降低生产过程中的失败率,"数字孪生"的技术被发展出来——在计算机的"数字空间"内 1∶1 建立物理工厂的数字孪生体。这个数字孪生体在数字空间内模拟运行。设计师通过对模拟运行数据的观测,修复存在的问题,改进设计方案,从而降低实际的制造成本。

9.1.3 交通大脑

交通大脑是另外一个具有典型特点的智能应用系统。交通大脑也可以称为城市大脑的一个"子系统",是针对城市交通管理的智能应用体系。交通大脑运用传感器、5G、大数据、人工智能和云计算等技术,建立对地面交通管理的统一、实时的综合管理控制系统,从而实现交通管理的动态化、全局化、自动化和智能化。

一般来说,交通大脑包括如下功能。

- 交通集成管控。通过对实时交通数据的分析,快速发现交通拥堵点,自动制定疏导方案,并通过智能信号灯系统实施疏导方案,实现总体管控。
- 交通诱导系统。通过主动发光的空中诱导提示牌,提前指引驾驶者通过可变车道的方式对行驶车流进行引导性调度,实现车流均衡调度。通过多色彩的马路标识线、语音提示等方式来引导和保障行人、非机动车的通行路权和交通安全。交通诱导系统还会将交通拥堵数据精准地发布给相近的驾驶者,提醒驾驶者及时避开拥堵地段,达到提前疏导的作用。
- 电子警察系统。通过高清摄像头、鸣笛检测设备等及时发现各种闯红灯、违章停车、违章鸣笛等交通违法违规行为,从而改善城市道路交通环境,提升公众出行安全系数。发现交通险情时,电子警察系统会第一时间发现事故定位信息,并将现场数据实时通知给附近执勤的交通警察。

交通大脑是一个非常典型的感知+中枢的智能系统。从系统的实现架构来看,一般将整个体系划分为感知层和中枢层。

感知层运用各种传感器技术,例如视频检测、微波检测、声音检测、GPS、地磁等,实时检测和收集各种交通数据,通过5G等高速通信技术将数据实时汇集到中枢层的大数据平台上。

中枢层对数据进行实时分析和处理,形成指挥调度指令,然后发回给感知层的各种信号处理系统,以便通过信号灯、语音播报、声光提示等方式将信号反馈给驾驶者或行人,从而实现整个交通指挥的智能运行。

交通大脑的整个运行过程与人脑和神经系统的感知、决策、信号传递的闭环过程极为相似。交通大脑通过对城市交通数据的不断积累、深度分析,有可能发现交通运行的规律,提前做出应对,真正起到"数字大脑"的智能预测作用。

从城市大脑、工业大脑、交通大脑这三个数字大脑的实践来看,数字大脑的主要作用是通过对各类数据进行汇集和积累,运用机器学习、人工智能等技术对这些海量的数据进行实时、多维度分析,快速形成决策,提升城市治理、工业设计和生产、交通治理的水平,为城市发展、工业制造、交通管控形成新的动能。

9.2 金融业务——需要思考的业务

金融业一直以来就是一个数据密集型的行业。很多金融业务需要基于对大量数据的分析和洞察才能开展,因此,人们将金融业务认为是一种"分析型"和"思考型"的业务。这种分析和思考体现在很多方面,例如对风险的分析和思考、对市场的分析和思考、对运营的分析和思考等。人们在这些分析工作中大量运用大数据和人工智能等技术,取得了良好的效果。

9.2.1 金融风险分析

风险管理能力是金融企业的核心能力。对风险的分析和计量也是金融企业的核心工作之一。

风险与每一类金融业务都密切相关。例如,从风险分类来看,有信用风险、市场风险、操作风险、声誉风险等,每一类风险都有不同的管理模式。风险还贯穿在金融业务的每一个流程的每一个环节中。例如投资风险可以分为投前风险管理、投中风险管理、投后风险管理,每一个风险管理环节都有不同的管控要点。

风险管理依赖于大量的数据。例如,对反欺诈风险来说,首先需要对大量的金融客户交易数据和行为数据进行分析,找出其中的异常行为和可疑行为,运用数学方法进行建模,得到关键的反欺诈规则,然后运用这些规则模型对现实中正在发生的金融交易进行实时检验。当发现欺诈概率超过预警线时，立刻发出警戒信号，并阻断交易进行，从而达到控制欺诈风险的目的。金融企业还会持续地训练、修正这些规则模型，以便更加精准地识别反欺诈行为。风险模型是金融企业的核心商业秘密，一旦发生泄露，不仅会给金融企业带来损失，而且会给金融市场带来扰动。

金融企业在风险管理的过程中也会运用深度学习和人工智能等技术。例如金融企业运用人工智能技术在上市企业的财务造假预测方面取得了良好成效。据报道，广发证券与华为公司在2021年开展了一项对上市企业的财务造假动机和财务造假行为的预测研究课题。研究人员通过输入大量上市公司财务数据和相关资讯数据，运用图神经网络模型进行训练，能够识别超过90%的财务造假行为和异常行为，并对财务造假线索进行归类，从而让上市企业的财务造假无所遁形。

另外，许多金融企业应用知识图谱、隐私计算等多种数字科技来提升风险管理能力。例如，近年来保险欺诈多呈现团伙化的特征。由于多个犯罪嫌疑人参与其中，保险公司通过传统方法很难对团伙欺诈行为进行识别。据报道，泰康保险通过隐私计算技术引入多方数据，挖掘多维度、多领域、深层次的潜在风险因子，并通过知识图谱和图计算技术，对投被保关系、邮箱、IP等10类强关系和出险地点、报案地点、就诊医院等12类弱关系，计算保险实体之间的关联关系，构建投保人、被保人、保单和案件的关系网络图谱，从而更加充分和精准地挖掘与识别保险欺诈团伙。

金融风险涉及金融企业的业务和管理的方方面面。许多金融企业开始构建"全面风险管理系统"，通过对各种类、各层面、各环节的风险进行分析、计量、加总，得到金融企业的总体风险评估。全面风险管理建立在金融企业的全面数字化的基础上，而且要求金融企业具备对数据的全面汇集和分析计算能力。金融企业通过数据中枢型平台进行计算，并将风险计算结果实时反馈给业务应用系统或经营决策系统，以做出相应的应对措施。

9.2.2 金融市场分析

金融业务的思考性还体现在对金融市场的分析上。从层次上可以将金融市场分析分为宏观分析、中观分析和微观分析。宏观分析一般是指对国家政策、产业政策和金融市场大势等的研究和分析；中观分析一般是指对行业政策及发展趋势、地区发展趋势等的研究和分析；微观分析则是对具体的股票、债券、企业、项目等的研究和分析。

金融市场分析指导了金融业务开展的方方面面，而研究分析本身也是金融业务之一。根据金融市场分析构建量化策略是较为典型的应用场景之一。例如基于宏观分析，金融企业可以基于判别的某个金融市场、国际货币趋势构建宏观量化指数或者宏观策略基金。此外，货币基金公司也非常关注宏观分析的结果。中观分析侧重于对行业周期的分析与判断。许多基金公司根据中观分析的结果构建行业轮动的策略，捕捉行业热点，寻找投资机会。微观分析由于涉及具体的经济和投资的实体，因此会对金融市场中企业的竞争力表现、价值链行为等进行细致分析。微观分析广泛应用于量化策略方面。无论是择股策略还是择时策略，微观分析形成的因子都是最主要的策略因子。

金融市场分析的数据来源是多种多样的，主要包括宏观经济数据、行业经济数据、金融市场行情、金融资讯、企业财报等。金融分析师基于各种金融数据的分析而形成的研究报告也是重要的数据来源之一。

随着数字时代的来临以及金融分析的广度不断扩大，各种新兴的数据源不断被发掘出来。金融分析师将这些有别于传统金融数据的数据称为"另类数据"。例如个人活动中产生的各种社交数据、新闻评论数据等，商业活动中产生的电子商务平台交易数据、物流数据等。另外还有各种遥感监测数据，如卫星图片数据、无人机数据、地理定位数据等。

另类数据在金融投资中得到越来越多的应用。例如美国的卫星数据分析公司 Orbital Insight 就为金融分析机构提供了多种多样的卫星监测数据。例如通过区分储油罐的油盖在阳光下的阴影图像,分析出原油储量的变化趋势,从而提前判断原油期货走势。再例如通过对大型超市的停车场的卫星图片的分析,根据停车数量的变化来预测超市在每个季度的销售业绩情况。由于卫星数据具有客观性强、覆盖面广的特点,因此得到许多金融分析师的青睐,在金融市场分析的应用面也越来越广。

分析金融市场数据的方法也在不断发展中。在传统经济学分析方法如计量经济分析、统计回归分析的基础上,人们不断设计出新的数据分析方法。近年来,机器学习、深度学习和人工智能等技术在金融市场分析中得到广泛研究和应用。许多基金公司开始构建基于人工智能的量化策略,国内外都不乏案例。

2017年10月,纽约证券交易所上市了一只声称完全用人工智能进行选股的基金 AI Powered Equity ETF(AIEQ)。截至2021年6月,该基金的净值高达41.45美元,业绩好于许多对冲基金。

2020年5月,宁波的一家私募基金幻方量化宣布启用超级计算机用作量化投资。据称幻方量化自建的"萤火一号"超级计算机占地面积超过一个篮球场,算力高达1.84亿亿次浮点运算,相当于4万台个人计算机算力。

2021年1月,幻方量化再次宣布已建设"萤火二号"超级计算机。该超级计算机的算力是"萤火一号"的10倍。据介绍,幻方量化通过超级计算机构建了超大规模的神经网络以对金融市场的数据进行分析。

金融市场分析是许多中大型金融企业的重要业务之一。金融市场分析体现了金融企业对经济发展、市场变化、竞争形态的预知能力,是"金融数字大脑"的重要组成部件。

9.2.3 金融业务运营分析

由于金融业务中涉及实体资产的业务相对较少,因此业务运营主要侧重于客户运营、财务运营、业务流程运营、科技运营等几方面。

针对客户运营,金融企业依赖于对客户的数据分析。在数字时代,如何获客、稳客以及活客成为金融企业最重要的课题之一。许多金融企业借鉴互联网企业运营的方法，在用户分析的过程中使用 AARRR 模型来提升用户运营的效率。根据 AARRR 模型，可以将用户的生命周期划分为 Acquisition（获客）、Activation（活客）、Retention（存客）、Revenue（增加收入）、Refer（传播推荐）5 个阶段。这 5 个阶段就像一个漏斗，一层一层转化递进，通过数据分析对每个环节的转化率进行评估，找到短板，提升转化率。

财务分析是金融企业财务运营方面重要的内容。杜邦分析法是财务分析的基本方法之一。它是对企业的财务状况与经营成果进行综合系统评价的方法。杜邦分析法的基本公式如下：

$$权益净利率 = 总资产周转率 \times 销售净利率 \times 权益乘数$$

其中，针对总资产周转率、销售净利率和权益乘数这三个基本因子，可以逐层级展开，最终形成一个完整的企业财务指标体系。通过分析每个指标的优劣势、短板和提升空间，就能够清晰地了解和掌握企业的财务状况。

对业务和管理流程进行分析，以提升流转效率，是业务流程运营中的重要内容。金融企业的业务流程分析主要涉及对资金流和信息流的分析。例如，针对资金流，通过数据分析的方法，找到资金流在部门之间流转的短板和局限，提升资金的流转效率和使用效率。针对信息流的分析也是如此。

除业务层面的运营分析以外，科技层面的运营也是金融企业内部分析的重要内容之一。科技运营分析主要包括 IT 项目的运作情况分析、数据中心的运行效率分析、网络和服务器的使用效率和安全性分析等。由于科技运营主要基于 IT 系统展开，具有良好的数字化基础，因此能够进行更精准、实时的分析。但是信息系统的日志数据的规模往往比较大，对数据处理和分析的能力也提出了要求。

在金融企业的经营管理中，建立全面而准确的指标体系是实现数字化管理的重要措施。金融企业建立指标体系的过程中要重视如下几个方面。

- 覆盖的全面性。指标体系能够覆盖到业务经营的各个方面，综合全面地反映出金融企业的经营状况。

- 业务经营的相关性。指标体系的设定要与金融企业的发展导向和业务方向高度相关，只有这样才能体现出对业务经营的指引。
- 可度量性。指标体系应该是可度量的、可比较的，这样才能运用数据工具进行分析。
- 相对稳定性。指标体系应该是相对稳定的，这样才能持续地进行指引，并进行历史指标的趋势分析，从而得到对金融企业长期发展的观察和改进措施。

在运营指标的分析过程中，许多金融企业运用机器学习和深度学习的方法对指标的发展状况进行预测性分析，得到对企业下一步经营管理状况的趋势判断，从而更好地指引金融企业的发展，并制定更有预见性的战略决策。

在指标体系的基础上，一些金融企业将内部管理事件化。通过将各类企业事件汇集并存储，金融企业在必要的时候可以对历史事件进行回放，还原历史场景，进行复盘式推演和分析，找到其中的问题和不足之处，并加以改进和优化。这是一个艰难而复杂的过程。但是一旦构建这种事件回演模式，金融企业就有可能运用人工智能方法自动进行分析和推演，实现企业相关的管理过程和业务经营过程的自主式进化。通过这种模式，金融企业将变成一个生长型的数字化系统，从而实现真正的数字化转型。

金融风险分析、金融市场分析和金融业务运营分析是金融企业三个主要的分析方向。这些分析工作都基于大量的数据，同时需要强大的分析工具、高效的分析方法和充足的分析算力的支撑。这些要求都需要"金融数字大脑"提供支持。

9.3 金融数字大脑

金融行业的许多企业和先行者在探索构建"金融数字大脑"，试图发挥以大数据和人工智能为主的数字科技在分析型业务中的积极作用。

早在2017年5月，百度公司就宣布推出"百度金融大脑"解决方案。据相关报道，百度金融大脑是依托百度公司拥有的数十亿级的搜索数据和上千亿的互联网行为数据，以百度强大的大数据能力和人工智能技术为核心，面向金融行业提供的智能营销、智能风控、智能客服、智能投顾、智能监管等一整套完整的能力体系建设的解决方案。百度公司与贵州省合作建设的"贵州金融大脑"是基于"互联网数据+政府数据+地方金融数据"的企业和个人综合金融服务平台。该平台打通了政府、企业、金融企业、互联网等多维度的数据，可以为中小微企业提供智能融资撮合的金融服务。

2018年2月，百度公司宣布和中国农业银行共同打造的中国农业银行"金融大脑"一期实验室正式投产。据称，中国农业银行"金融大脑"平台大范围集成人工智能技术，建成包括人脸识别、图像识别、光学字符识别等能力的"感知引擎"，具有听、说、读、写全方位生物感知能力。

除百度公司以外，360金融也宣布推出"360金融大脑"。2019年8月，360金融宣称，新升级的"360金融大脑"运用20亿节点数据和180亿边数据构建出了庞大的社交网络图数据库，并在此基础上运用深度学习和强化学习等技术构建出强大的风控引擎。"360金融大脑"实现了对风险的精准判断和实时管控。据报道，"360金融大脑"在互联网借贷等产品上效果明显，可以很好地控制逾期率和坏账率。

2020年8月，中国消费金融领域的领先者马上金融公司宣布建立"马上金融大脑"。从介绍的情况来看，马上金融公司基于金融云平台构建了数据中台、AI中台和业务中台，并在中台的基础上开发出一系列智能应用，如智能营销、智能风控、智能信贷全流程、智能客服、智能双录、智能贷后管理等。马上金融公司的科技负责人说："AI能力就像人体的大脑，负责整个系统的决策，作用非常关键。"

9.3.1 金融数字大脑的特性要求

智能是金融数字大脑的首要特征。那么，什么是智能呢？这个最基本的概念的定义确实众说纷纭。笔者比较倾向于杨学山在著作《智能原理》中提出的定义：智能是主体适应、改变、选择环境的各种行为能力。这里主要考虑到智能一定是有主体的，没有非主体的智能。

用这个定义来引申解释，就可以很好地总结出金融数字大脑应有的特征，以及它和金融智能平台、智能中台的区别。这个区别就是，金融数字大脑是有主体的。这个主体就是金融企业本身。

金融数字大脑是具有感知和反馈能力的。有人将这种感知和反馈能力总结为能听、能看、能读、会写、会说。"能听"是指能处理语音数据，将语音转化为文本，并识别其中的感情信息和隐藏信息。"能看"是指运用OCR等技术对图片、视频等图像类数据进行处理，识别其中的文字、数字、模式等。"能读"是指运用NLP等技术对文本数据进行处理，得出文本摘要，进行语义识别或转换。"会写""会说"则是将数字反馈结果转为人类可理解的自然语言，并且用语音或者视频对模式进行回复。针对数字装备和业务系统传递过来的各种数据信息，金融数字大脑能够进行感知和反馈，从而形成数字流的完整闭环。

金融数字大脑是能够"思考"的。具体来说，这种思考就是能够分析、推理、回演。金融数字大脑是整个金融企业的分析引擎，应该具备企业内最强大、最核心的分析能力，支撑起金融风险分析、金融市场分析和金融业务运营分析。此外，金融数字大脑还应具备推理能力，能够对内外部各种事件进行推理，得到其中的逻辑，并且做出预见或者决策。回演能力是与推理能力相对应的，在将数据主体化和事件化的基础上，对已发生的事件进行场景式回演，找寻其中的问题点或机会点，从而不断进化和提升。

金融数字大脑能够对企业的知识进行识别、总结、提炼和积累。这些知识包括金融企业内部的各种专业知识、业务规则、管理策略、金融模型、算法策略等。金融数字大脑能够对企业知识进行识别，发现"好的"知识，剔除无用或无效的知识。金融数字大脑还能够对知识进行自动分类、归集，形成知识树或知识图谱。基于知识树和知识图谱，金融企业可以建立知识体系。这个知识体系能够参与金融数字大脑的"思考"过程，并在这个过程中得到不断训练和提升，最终成为可生长的企业知识资产。

金融数字大脑还应该包含灵活、可视的智能组件的组装工厂。这个组装工厂是金融企业的管理者、生产者、运营者、协同者的工作平台，其中包括数据挖掘工具、AI建模工具、自助式的数据探索工具、金融数字大脑的可视化工具等。使用者能够通过组装工厂观察金融数字大脑的感知和反馈过程，探查思考过程，对企业知识资产进行查阅、编辑和修订，在生产和修正知识资产的同时，保障金融数字大脑处于正常运行和可控的状态。

正如人在自然环境中要对外部的危险保持警惕一样，金融数字大脑应该对风险管理特别关注。金融数字大脑应该具备对企业事件中的异常行为和风险行为的敏锐识别能力，对风险动机形成具有一定的预判，对各种涉及合规的行为能够进行嗅探。金融数字大脑应该是金融企业全面风险管理的核心引擎。

9.3.2 金融数字大脑架构

在对金融分析业务的总结和金融数字大脑特征描绘的基础上，我们可以尝试得出金融数字大脑的架构，如图9.1所示。

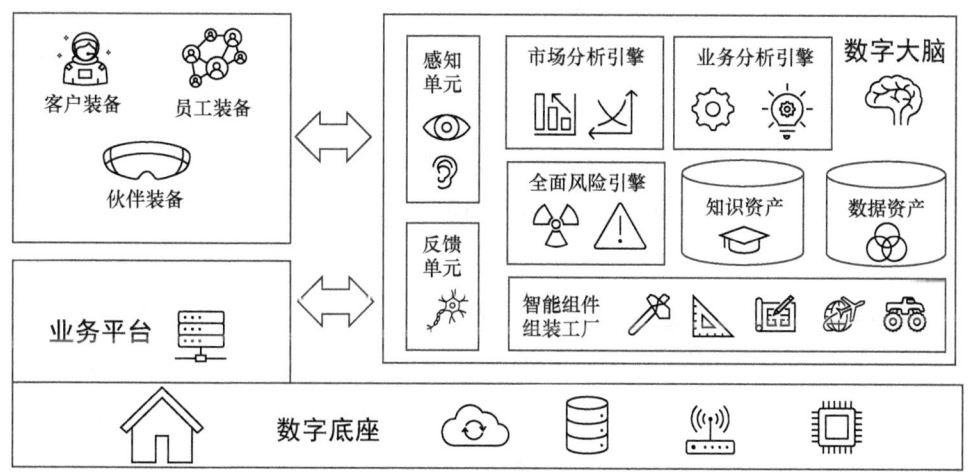

图 9.1 金融数字大脑

金融数字大脑"生长"于数字底座之上。这里的"生长"有两方面的含义。一方面，数字底座提供了金融数字大脑运行所必要的技术条件，例如云资源、存储、计算、网络通信等。数字大脑依赖于这些技术资源展开分析和思考，接受外界的感知并进行反馈。另一方面，金融数字大脑对存储在数字底座上的数据进行加工、提炼，持续不断地形成知识、扩展知识、优化知识，促使知识不断生长，从而具有源源不断的生命力。

金融数字大脑与数字装备进行通信和协同。这两者之间的协同也分为两个层面。底层是数字装备与金融数字大脑之间的技术通信。这种通信一般通过边缘云和数字底座之间的连接进行，并采用标准而高效的技术通信协议来承载。上层是数字装备与金融数字大脑之间的事件级的协同。这种协同是业务级的、策略级的消息机制。协同的模式可以是会话模式，例如数字装备将请求发往金融数字大脑，接受金融数字大脑"思考"后的反馈。或者金融数字大脑发现风险，将指令或情报发给数字装备，数字装备完成信息探测后将数字反馈回金融数字大脑。协同的模式也可以是订阅模式，例如金融数字大脑与数字装备互相订阅事件消息或知识模型。请注意，这种订阅是双向的，而不仅仅是金融数字大脑发布给数字装备。

金融数字大脑与金融传统业务系统之间的协同一般通过数字底座来承载。这里需要引起注意的是，与金融传统业务系统的通信和协同，应该尽量采取无改造和非侵入的模式进行。"无改造"指的是尽量不对金融传统业务系统内部结构和程序进行改动；"非侵入"指的是尽量不要将信息直接插入到金融传统业务系统内部，以防止对正常运行的业务系统带来问题或不稳定因素。理想情况是通过对金融传统业务系统进行接口封装，形成微服务化的新接口。当然，现实情况中这并不容易实现。

除与数字底座、数字装备和金融传统业务系统的协同以外，金融数字大脑还可能与外部生态协同，以使用外部公有云能力，或者获取或交换知识，或者更新、升级金融数字大脑的智能组件。在协同的过程中，金融企业应该尤为注意其中的安全防护，通过数字底座的安全能力来保障协同的安全。由于金融数字大脑是可生长的复杂系统，还应该注意外部生态在对内部金融数字大脑的知识更迭过程中发生的"知识覆盖"或者"知识污染"问题，以保护企业自身的知识资产的可持续性。

9.3.3 金融数字大脑的意义

金融数字大脑是金融企业的分析中心和知识中枢，对促进金融企业的业务创新和效率提升有积极的意义。

金融数字大脑汇集和积累了大量的客户和业务数据，通过分析形成知识，对促进金融业务和金融产品的创新具有指导性意义。金融数字大脑将知识融入场景中，能够提供许多增值性服务。例如传统交易过程涉及一定的切换等待时间，而这些时间是碎片化的。有的银行把这些碎片化的时间利用起来，通过用户画像对客户进行一些精准而短暂的产品或服务推荐，有可能带来产品营销机会。金融数字大脑还能够进一步提升和优化这种碎片式服务的效能。它可以评估碎片式产品推荐的效果，找出匹配度不高的客户并分析和改进，从而带给客户更好的体验。

金融数字大脑通过全面汇集金融企业的内部事件，并在此基础上进行回演和分析，能够不断找到业务流、资金流、信息流中的短板，从而提升业务效率。人工智能技术已经极大地提升金融企业的业务效率。例如 AI+RPA 在运营管理方面取代了大量的人工操作功能，实现了成本的节省。金融数字大脑能够进一步优化 RPA 的执行效率，对多个 RPA 进行管理和编排，实现总体运营流程上的最优。

金融数字大脑基于金融企业的全部数据构建了全面风险分析引擎，对提升金融企业的全面风险管理能力具有重要的意义。由于全面风险分析引擎内嵌于金融数字大脑中，使得风险模型与其他知识模型能够更好地通信和连接，有助于将风险管理融入业务流程和管理过程中，使之更快速、更深入地发挥作用，从而提升风险管理的效能。

金融数字大脑还有助于金融企业更快速地发现商机。金融数字大脑的市场分析引擎能够实时分析市场信息，捕捉市场机会，快速匹配内部业务模式，找到新的商业机会。在数字时代，非结构化数据甚至更巨量的虚拟世界数据会进一步汹涌而至，这些数据已经难以通过传统的大数据平台进行处理。金融数字大脑通过对公有云和私有云的算力的混合运用，有可能从其中发现新的知识、规则或者模式。这些不断更新的知识资产是企业创新的最终动力。

金融企业是思考型业务的集合体。金融企业需要建立金融数字大脑来应对这些思考型业务，并从中得到知识，形成知识资产，并将这些知识资产用于企业的创新和发展。只有这样，金融企业才能在未来生存下来。

第10章
数字化组织与创新文化建设

岂曰无衣？与子同袍。

——［春秋］佚名，《诗经·秦风·无衣》

在地球的另一端，遥远的北欧国家挪威，虽然全国人口仅500多万，但却是不折不扣的科技创新大国。鲜有人知的是，在1969年之前，挪威还是一个相对落后的国家。挪威天气寒冷，大部分国土被冰川、雪原所覆盖，可耕地面积很少，粮食依赖大量进口。幸运的是，20世纪70年代开始，挪威境内发现一系列大型油气田，丰富的油气资源帮助挪威迅速完成工业化转型。

与许多石油资源出口国不同的是，挪威没有被石油资源带来的短期的巨大财富所迷惑，而是很早就开始致力于海洋经济的全面性、创新性发展。经过数十年时间，挪威建立起世界领先的海洋经济体系。围绕海洋产业和海洋科技的发展，挪威的海洋金融也蓬勃发展起来。挪威政府制定了一系列的海洋金融创新鼓励政策，营造出开放、专业、高效的海洋金融服务生态环境。挪威首都奥斯陆已逐渐成为全球性的海洋经济与金融知识创新中心。在这种开放创新的环境下，挪威诞生了一批具有金融创新意识的金融企业，如挪威银行（DNB）、北欧联合银行（NBE）、奥斯陆证券交易所（OSE）等。这些金融企业已成为国际海洋金融领域的领头羊。

有学者认为，体系化的机制建设、透明而严谨的监管环境、创新开放的包容生态是挪威海洋科技和海洋金融取得成功的原因。挪威政府积极鼓励企业之间展开合作，形成创新关系网络。挪威国家创新署的一份研究报告指出，企业很少孤立地进行创新，纯粹依赖自身的内部资源进行创新是不可行的。相反，企业创新的程度，以及创新的特定形式和方向,都取决于企业与其环境互动的方式。

挪威金融企业尤其重视对金融科技创新的培育。据报道,截至2020年,挪威主权财富基金已扶持了本国的800多家初创企业,其中大量的初创企业是金融科技领域的创新企业。随着这些初创企业的成长,世界上越来越多的研究中心、实验室、创新中心搬到挪威奥斯陆,并形成了多元化的创业生态。挪威最大的银行——挪威银行与创业种子机构StartupLab一起推出"挪威银行下一代加速器"创新孵化计划。通过创新基金、3个月免费的办公空间、免费午餐、专业导师和创新伙伴等一系列优惠内容,该计划吸引了大量金融服务创新领域和大数据、人工智能、网络安全、区块链或银行和支付服务方面的创业团队。在帮助许多初创企业取得成功的同时,挪威银行也收获了丰富的创新生态资源。

在这种良好的创新环境下,挪威近年来涌现出许多"小而美"的金融科技创新企业。例如,数字身份服务提供商Signicat在电子ID和电子签名解决方案领域已跻身世界领先行列。挪威的许多金融科技团队已经成为充满活力的全球性的创新企业,受到大量风投机构追捧。

创新的文化氛围、对科技的好奇心、创业型的团队组织形式、开放的企业生态,这些创新"土壤"促进挪威金融科技蓬勃发展。

金融企业要取得数字化创新的成功,也应该建立自身的创新土壤——数字化组织和创新文化建设。

10.1 不忘创业初心,来一场内部数字创业

中国金融行业在改革开放后经历了快速发展的 40 年。除中国银行、中国农业银行等国有六大行以外,许多股份制银行、城商行、证券公司、基金公司也茁壮成长起来,在中国金融市场上大显身手。许多领先的金融企业都有引以为傲的创业故事。例如某家大型保险集团在其创业回忆录中就写道,该集团的创始人在公司初创之时坐着火车到全国各地出差拉业务,路上还总抱着一本英文词典时刻自学英语,后来不仅拓展了国际业务,而且聘请了外籍高管,不懈自学的英语也派上了用场。还有一位领先投行的创始人自述,他在创业之初,经常在客户办公现场加班到凌晨两三点。而此时客户工厂的大门早已经关闭,他们只好每天翻墙回到住所,短暂休息之后第二天精神抖擞地继续奋斗。

金融企业在创业之初总是不缺创新精神,而在成长壮大之后,企业的创新意识却逐渐丧失。调查显示,2021 年超过 70% 的金融企业反映"科技创新难"是金融企业面临的最大痛点之一。另外超过 85% 的中小金融企业反映"数字科技人才匮乏""数字化团队能力不足"是当前面临的现实困境。

如何解决创新不足,特别是数字化创新能力不足的问题,是每个金融企业都需要认真思考的课题。

10.1.1 重拾创业文化

中国金融企业在数字科技上的创新动力不足,原因有诸多方面。

在宏观层面，由于国家对金融业务创新持审慎态度，使得金融业务方面的创新显得不足。由此带来金融企业在数字科技方向上的创新多是"盆景式"创新、"评奖式"创新、"沙滩式"创新等，而缺乏真正有内涵的、能够对业务起到推进或变革的科技创新。

在微观层面，由于缺乏激励机制和竞争机制，金融企业内部普遍存在创新动力不足的问题。员工心态保守，多干不如少干，不出错是第一要务，少创新则少风险。

与心态保守和创新缺乏相对应的是，金融行业的员工薪酬普遍高于一般行业，其原因很大程度上是行业壁垒所带来的。这种局面并不能长久持续。随着中国进一步对外开放，金融监管机制更加成熟，引入更多的市场竞争，缺乏创新精神的金融企业很可能在未来竞争中逐渐落伍，甚至被淘汰出局。基于此，许多金融企业以"数字化转型"为契机，开展创新活动。但是其中一些金融企业的"数字化转型"是应付式的，甚至是盲目的。数字化转型只是金融企业内少数几个人的应景式行为，整个公司还处于麻木而僵化的状态。在这种情况下开展的数字化转型是金融企业的另一场危机。图10.1展示的这幅漫画形象地描绘了企业盲目进行数字化转型时将面临的危机。

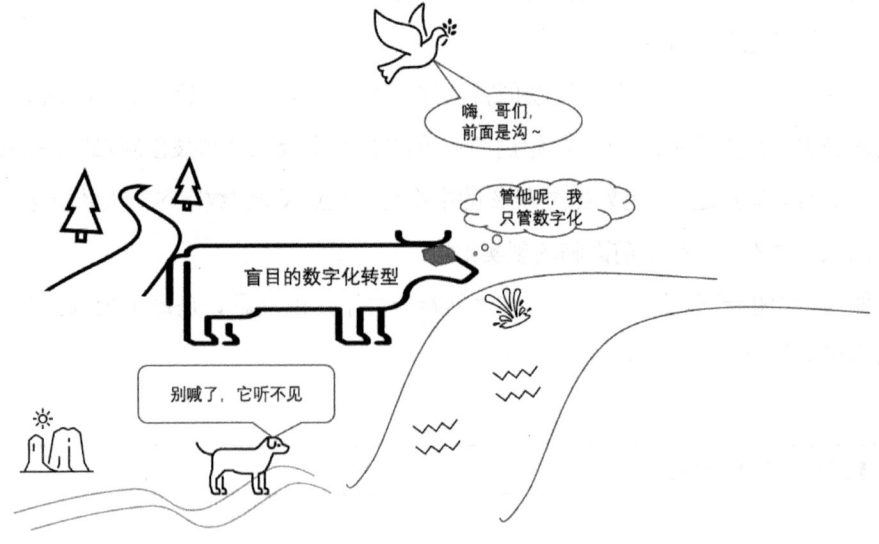

图 10.1 企业盲目进行数字化转型时面临的危机

解决危机的对策之一就是进行真正的数字化转型。金融企业上下都行动起来，来一场不忘初心的数字化创业。将数字科技创新作为金融企业文化的主要内核，培育真正的数字科技创新文化，则是首要的前提。

培育数字科技创新文化说起来容易，落实起来难。很多金融企业并不能将数字科技创新文化有效地传达给每一名员工，或者员工对数字科技创新文化毫无理解和领悟，无法形成共鸣，或者产生应付和抗拒心态。许多金融企业的所谓数字科技创新文化变成了热闹而不实用的作秀。究其原因，是金融企业没有将忧患意识和创业意识作为数字科技创新文化建设的两个前提。

针对数字科技创新文化，金融企业首先应树立强烈的忧患意识。

国际金融行业的领先者常年在金融科技方向上投入巨大，而且不遗余力地深化对数字科技的应用。例如投行巨头高盛2021年宣布把核心业务系统全面迁移至亚马逊云，以增强其交易系统的弹性和扩展能力。此外，高盛还将其部分数据平台在Github上开源，以期获得全世界IT工程师的关注，建立更加开放的数字科技生态。

而国内金融行业，从国有大行到股份制银行及领先的保险、证券等金融企业，则鲜有领先的、独创性的数字科技，更遑论对金融科技的技术性引领了。而这种引领能力的缺乏，终将会导致银行、证券、保险等金融企业在未来的数字科技竞争中丧失话语权，沦为单纯的需求提出者和技术使用者，甚至将来连创新场景都需要从外界引入。"银行的末日"或者"金融行业的末日"为时不远。

其次，针对数字科技创新文化，金融企业还应在企业内重拾创业意识。

数字科技创新不应是简单的应景和作秀，或是科技部门的一些游戏式活动，而应该是一场轰轰烈烈的内部创业运动。

金融企业应该将忧患意识和危机意识传递给每一名员工，让大家行动起来，运用数字科技对自身的业务、管理和运营进行重构和再造。这事关到金融企业的未来生存，是企业的"再次创业"行动。

在这次"再次创业"行动中，金融企业应该保持开放式的沟通，打破企业内长期以来形成的官僚式管理的壁垒，不仅让管理层的危机洞察传导给基层一线，也让基层一线的声音和发现直接传递给管理层。其中也可以用到许多创新类的数字工具，而不局限于传统的流程化的办公管理类系统。例如一些新兴的创意管理工具能够将企业内外部的业务创意或管理创意聚集起来，形成创意社区。这些工具还可以对其中的优质创意进行识别和标注，并提供给企业管理层，从而推动创意落地。

这种"再次创业"的数字科技创新文化行动可以从小范围开始，逐步扩大到全员参与。最终应该形成"创业者获益"的局面，让积极参与"再次创业"的员工获得及时的激励。甚至对未能获得理想成效但实际付出大量努力的员工进行勉励，这样才能形成真正良好的、持续的创新氛围。

10.1.2 数字科技创新文化的挑战

金融企业在推行数字科技创新文化的过程中往往会面临许多挑战。图 10.2 总结了其中常见的一些挑战，以及挑战应对失败时企业可能会面临的结局。

重视颠覆和影响	打破部门壁垒	不要孤立行动	消除官僚主义	防止突破合规		
✓	✓	✓	✓	✓	→	数字化成功！
✗	✓	✓	✓	✓	→	业务中断
✓	✗	✓	✓	✓	→	抵抗
✓	✓	✗	✓	✓	→	推行无力
✓	✓	✓	✗	✓	→	缓慢
✓	✓	✓	✓	✗	→	走歪路

图 10.2　金融企业推行数字科技创新文化过程中遇到的挑战及结局

有的数字科技创新是渐进式的，能够给金融业务带来微变革，逐步促进业务发展和改变。也有许多数字科技创新会对既有金融业务带来冲击和变革，如果不能恰当地管控这种冲击和变革，这类创新甚至带来颠覆或破坏。渐进式创新与颠覆式创新并无优劣高下之分，而是需要金融企业视形势而定，量力而行。重要的是金融企业要对创新的类型和影响进行清晰认识和识别，精确识别创新所涉及的干系人、关联的业务面、影响的客户群体，在此基础上对创新变革进行有效把控。

数字科技创新往往会碰到组织孤岛的阻碍。在创新过程中，往往会遇到部门壁垒，阻碍开展创新，导致数字流的阻断。金融企业应该通过积极有效的数字化转型来打破这种组织孤岛，通过敏捷的跨部门协作数字工具将多个部门的行动聚合起来。管理层应该重视数字科技创新的进展，而不是将其推给低层级部门而放手不管。数字科技创新团队在遇到部门壁垒时应该积极寻求沟通和来自上层的帮助，必要时打破这种壁垒，而这种破局往往会成为数字化转型的深化机会。

再小的创新活动也不应该是孤立式的创新。组织内孤立的部门或个人推动的创新行动往往是无助而且无法持续的。金融企业的数字科技创新应该想办法有效地吸引更多的员工或决策者，以利用他们的集体智慧。这些办法也许是一个开放式的创新社区，也许是一场多部门的协同创新活动，也许是一个内外部的联合创新项目。应该通过各种创新文化活动吸引更多的人参与，避免独狼行动。

不管创新活动是以自上而下还是自下而上的模式展开，官僚式管理都会是其中最主要的障碍。消除僵化管理是企业管理的长期任务，这往往需要在企业内部建立起开放的创新社区，而且应该包容来自员工或者伙伴的多元化的声音。也许有些声音会刺耳或者不和谐，但是又何妨呢？寂静无声往往才是更可怕的局面，反应僵化是阻碍创新的最大敌人。

此外还应该关注创新过程中合规底线的管控，保持创新推进与风险管理之间的平衡。金融行业是强监管的行业，合规管理是底线，风险管理是生命线。要避免在数字科技创新过程中对合规底线的触及、绕过和突破的尝试，也应该识别或者及时阻断这种尝试。合规和风险管理部门在前期就应该积极地参加到创新活动中，并且在每个关键点提出对创新状况的专业性评估意见，在发生争议时及时判断和干预。此外，加入到监管机构的创新沙盒，或者内部建立起相似的沙盒机制，是实现这二者平衡的有效措施。突破或者触及合规底线是创新活动中最应该引起重视的挑战点。

10.1.3　给创新更多保护

金融企业对数字科技创新活动给予更多的保护，这里有两个层面的含义。一个层面是降低金融企业在创新活动中的风险，避免不必要的损失；另一个层面是对创新的参与者——员工进行必要的保护，避免其受到伤害。图 10.3 描述了金融企业对数字科技创新的一些保护策略。

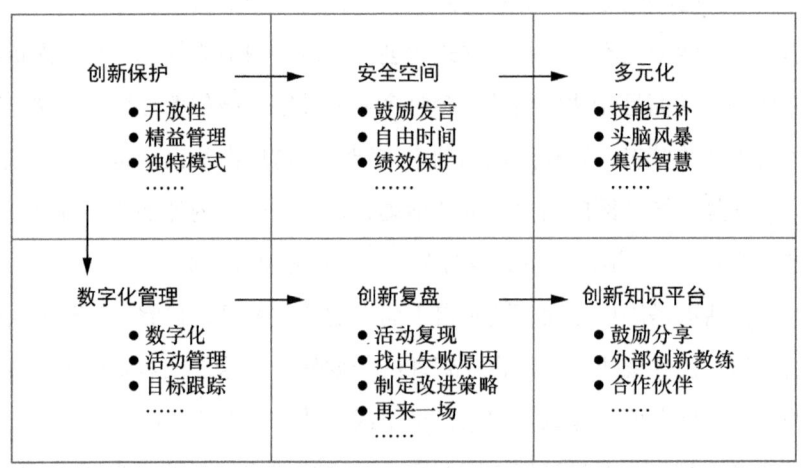

图 10.3　金融企业对数字科技创新的一些保护策略

金融企业应该培养数字科技创新的"安全空间"，让投入"数字创业"的员工能够相对舒适且安心地参与。这个安全空间能够帮助伟大的想法蓬勃发展，吸引更多的员工积极加入，并增强员工的创新动力。这个安全空间也可以是一个创新沙盒机制——创新项目在其中运行而不必担心风险溢出，这个安全空间也可以是一个 15% 雇佣时间的自由计划——员工可以利用这个时间段进行相对自由的发挥而不用担心绩效考核问题。这个安全空间也可以是一个安全建言邮箱——员工可以大胆发言。

金融企业应对数字科技创新进行必要的管理，为阶段性创新和每一个创新活动设立目标，并跟踪进度。这里面可能会涉及一些特定的数字化工具。金融企业通过创新管理工具可以管理创新进展，反馈风险，观察其边界和协同情况，保障均衡分配创新投资。在创新活动管理中金融企业还可以加入必要的假设，以形成持续的创新战略步伐。金融企业应全面收集与创新活动相关的数据，以实现创新管理数字化。

在创新管理数字化的基础上，金融企业应该对每一个创新活动进行复盘。这个复盘工作包括分析之前数字创业者在其中做出的努力，这些努力值得被肯定。同时从过去的错误中总结经验教训并分享，避免其他创新再次"踩坑"。金融企业可以考虑设立一些指标来评估创新的达成率，例如实现的投资回报率、参与的员工人数、业务的改变比率等。这种复盘式分析是下一批创新项目的良好参照，也是企业制定下一步创新战略的重要输入，同时也是创新参与者总结和提升的机会。

金融企业应该对创新的复盘和分析形成沉淀和积累，进而形成企业的创新知识库。

金融企业在创新过程中应该多获取局外人的观念和建议，利用外部专业知识降低创新风险。创新活动在开始之时总是会令人兴奋不已，但创新过程往往不会一帆风顺。金融企业在创新过程中往往会发现一些难题或者自身能力所不及的短板。即使是最优秀的企业也不能保证自己具备创新所需的全部能力。金融企业应该从组织之外寻求第三方的帮助，以扩大企业自身的知识范围，或者获取更多侧面的视角。这个第三方可以是合作伙伴或者行业内外的专家机构，也可以是特定的客户群体。

数字科技创新的关键要点是保持多元化。数字科技种类繁多，技术多样，存在许多不确定性因素。为消除这些不确定性因素，只能更多地依赖集体智慧，让更多的人参与其中，群策群力，才有可能实现真正的创造力和数字科技创新。

总之，数字科技创新文化的建立，在于对员工创业精神的激发，以及对员工创新行为的指引和保护。这个过程艰难而又脆弱，就像培育一批树苗，用心照料，呵护得当，才会得到一片森林。但一旦森林成长起来，就会变得生机勃勃，给企业带来无穷的发展动力。

10.2
赛马机制和数字特战小队

在企业内部采取竞争式的"赛马机制"是互联网企业近年来流行的方式。

其实这并不算新奇，中国古代有许多这种内部赛马式的故事。例如在秦朝末年的反秦运动中，楚怀王与天下豪雄约定，先入关中占领咸阳者为王。这不就是一种赛马机制吗？设定一个明确的目标，各个团队分头奋进，各显神通，先达到目标的就是优胜者。

这种赛马机制极大地激发了内部队伍的竞争雄心，非常适合于"方向或目标较为明确，但过程具有很大不确定性"的创新任务。

10.2.1 竞赛激发员工创新活力

除"赛马机制"以外，"合伙人机制""揭榜挂帅"等都是近年来流行的热词，可见当今中国社会对创新和人才的渴求。

许多金融企业开始采取各种各样的创新机制和管理办法来激发员工的创新活力。

2021年6月，某信托公司负责人向媒体介绍，该公司在内部采取"赛马机制"，将非标产品划分为几个赛道。针对每个赛道，员工自行组队，并从公司领取种子资金。每个季度公司对各队伍的业绩表现进行综合审定。优者胜出，成为正式的产品项目；败者出局，人员各自重组，参加下一轮的赛马比拼。

这一举措大幅激发了内部活力，孵化出一批高质量的产品团队。图10.4是该公司推行"赛马机制"时员工自发描绘的漫画图。由此可见这种良性竞争机制对员工活力的激发效应。

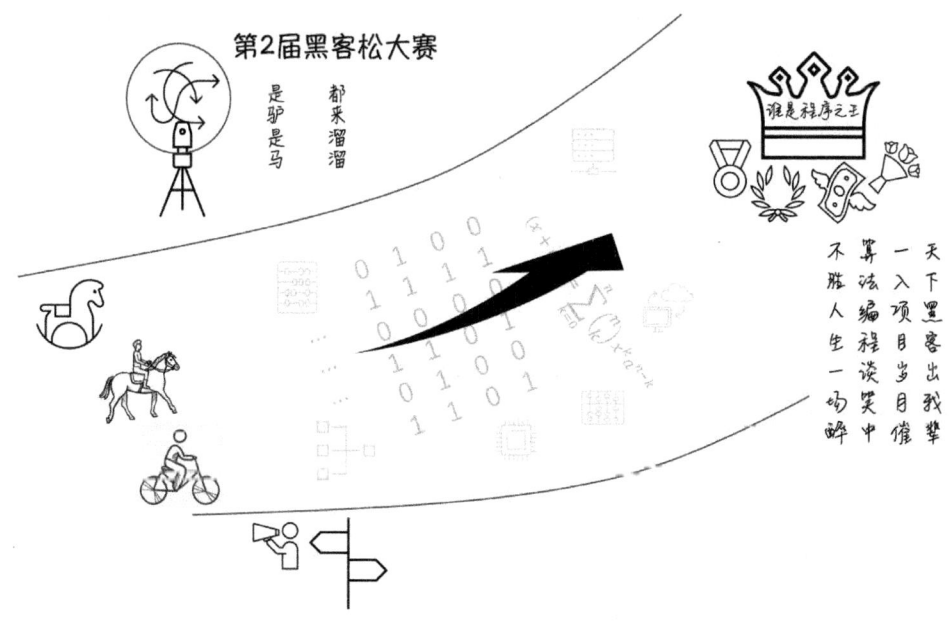

图 10.4 员工自发描绘的 "赛马机制" 漫画

近年来,许多大型银行设立科技子公司。这些科技子公司的人员多来自母行科技部门。他们长期以来已习惯中后台的工作模式,创新精神略显不足。某银行科技子公司为了改变这种局面,在内部尝试运用赛马机制。例如针对市场上的某个科技建设项目,公司内部设立两个团队分别应标,在公开竞标之前,先进行内部比拼,胜者代表公司出战。这样运作下来,优秀团队脱颖而出,暂时失利者也有了强大的竞争压力,从而激发整个公司的市场活力。

还有一些金融企业尝试对某个课题设定竞赛活动。例如某头部券商借鉴硅谷科技公司的做法,在内部设立了类似"黑客松"的创新竞赛活动。每一场黑客松活动都会设定一个特定的竞赛课题。这个课题与公司的业务和技术的未来方向有一定关系,例如某个产品的区块链设计系统、某个业务的智能处理过程等。

竞赛课题在活动当天揭晓。公司员工自行相约意气相投的伙伴组成队伍参赛,每支队伍都要求同时配备技术人员和业务人员。公布竞赛课题后,参赛队伍在一个封闭的大会议室里不眠不休,奋战 3 个昼夜。

公司为黑客松参赛队伍提供食品、饮料、水和临时休息的床，各级领导也会来比赛现场为大家加油鼓劲。比赛结束之后，各支队伍登台路演自己的研发成果，胜者获得公司领导的公开奖励和不菲的奖金。

经过数年的尝试，黑客松竞赛已经成为这家公司的一个"传统节目"，极大地激发了技术人员和业务人员的创新活力。

竞争是激发内部活力的一剂良药。这在古今中外皆是如此。

10.2.2 数字化特战小队

从前面介绍的案例不难看出，不管是赛马活动，还是黑客松竞赛，都是以临时性小团队的方式展开的。企业内部组建临时性的小组式团队，往往是完成创新任务的最有战斗力的模式。

企业在数字科技创新过程中往往会碰到许多关键性难题。这些难题可能是一项需要突破的技术，或者是某个需要验证的商业模式，或者是某个棘手的业务环节。这些问题的解决往往会给数字化转型带来突破。

正如军事上的高地攻克需要特种部队，企业内也应该组织许多"数字化特战小队"来解决这些"卡脖子"的问题。

企业内往往有许多具备业务、技术能力与领导力的多面手，这些多面手一人就能完成一项重要的项目或工作。但是，企业如果要持续地开展创新，仍然不能让这些多面手"孤独"行动。

个体的力量总是有限的，创新任务再小，也应该以小组式团队的形式来承接。

也有企业设立了固定编制的"创新办公室""数字化创新部"，这些部门的专职工作是推进创新，其落地模式可能是承担重大的带有创新特性的项目，或者专职负责某些创新项目的孵化。

对企业的数字科技创新来说，个体的孤独行动，或是团队的固化式创新，往往都不如临时性质的"数字化特战小队"效果更佳。

"数字化特战小队"的特点是快速组队，可以包括2~3人或者5~6人。队员之间可以是互相熟知，也可以是认识不久，但一般都会是意气相投的同类人。队员最好具有多元化的技能，例如在领导力、业务能力、技术能力等方面都有好手。团队面向特定的、相对明确的目标，只要在公司规定的框架内，可以采取不同于常规的方法来完成任务。

临时团队的模式会更有活力。团队的多元化组成能够激发更多的碰撞，避免个体行动的孤独感和沉默感。团队的临时性也带给成员以紧迫感，会促使队员更加积极地寻找目标的实现路径。如果这项任务变成一份常规工作，那么临时小组往往会丧失紧迫性，同时活力也会随之消失。

临时团队的模式会更有持续性。队员之间的互相激励会避免个体的信心丧失，在应对困难和挑战时往往会更加有韧性。而意气相投的小组成员之间会更加容易建立协同关系。紧迫且有挑战的任务也往往会激发临时团队的战斗精神，让队员之间的配合更加紧密。这种紧密且高效的协同配合往往会持续到后续的项目中。

临时团队的模式会更容易复制。临时团队组建快速，目标小而明确，模式简单高效，基于数字化平台团队的经验能够很好地积累下来，并进行复盘和分析。相对于个体模式和固化组织模式，临时团队的创新经验或失败教训更容易进行剖析和抽象，而且成功经验能够快速形成模式并进行复制和推广。

人类最具组织效率的团队是军队。现代化军队的基础单元——班组，一般包括6人左右，这足以说明这一点。

现代化金融企业是一个复杂的组合体。正如图10.5所示，既有稳固高效的三角形团队，也有灵活开放的创新圆形团队。这两种团队有机地组合在一起，构建起混合型的创新组织，推动金融企业实现数字化乃至智能化，在市场竞争中占据领先地位。

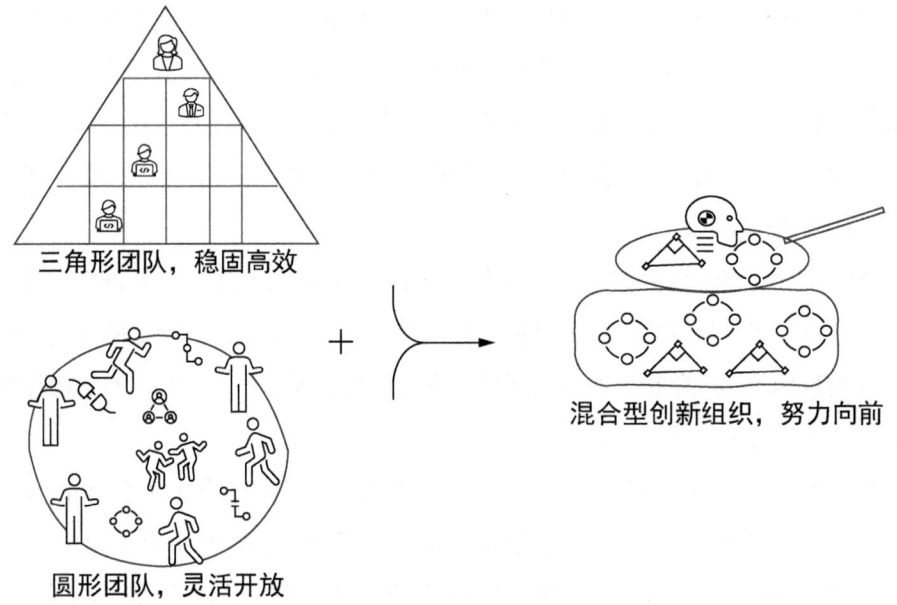

图 10.5　创新的组织变革

10.2.3　对赛马机制和数字化特战小队的恰当管理

赛马机制和数字化特战小队的模式往往能形成金融企业数字化转型的最佳实践，但也不乏失败的案例。数字科技创新很容易走偏，金融企业需要尤为重视这一点。金融企业应对赛马机制和数字化特战小队进行恰当管理，以便发挥其最大效益。

赛马机制很容易造成重复建设。如果多个团队做同样的事情，那么重复投资往往将难以避免。赛马赛到最后，有可能造出来一堆重复的"轮子"。而由于评判标准往往不够精确，轮子的孰优孰劣争执不下，重复建设的结果反而不能达到最优的效果。

赛马机制也容易形成部门和团队之间的隔阂，阻碍团队分享。由于参加赛马的团队之间存在竞争关系，不甘于落后的团队也许会采取一些非常规的手段，甚至互相挖角的现象也时有发生，最后发展为恶意竞争的局面。

如果对赛马机制和数字化特战小队管理不当，也可能会出现目标失控的局面。金融企业投入大量的资源，而赛马团队之间以防止对手达成目标为前提，最终的结果是都没有实现目标，竞赛最后以失败告终。

如果数字化特战小队的成员不能投入足够的时间，就难以保证完成创新团队的任务。但如果投入过多的时间，队员的常规性工作有可能受到影响。队员面临绩效考核的压力，往往很难在两者之间取得平衡。

如果金融企业的创新活动是运动式的，管理层的重视程度仅仅体现在前几天，则创新活动往往会流于形式，草草收尾。

那么，如何防止出现上述问题呢？

金融企业应该为赛马机制设定恰当的目标。这个目标相对明确且有挑战性。另外，金融企业应该对目标完成过程设立期限，以避免无限制推进。对于过于艰巨宏大的目标，金融企业应该将其裁剪或分解为多个阶段来开展。

管理层应该定期对各个团队的完成情况进行审视，评估各个团队的资源消耗和进展推进情况，及时督导和鼓励。对显著偏离路线的团队应该及时进行干预，对超出预算的行为也应该及时纠正。

赛马机制的竞赛规则应该设定得尽可能完备和明确，对违规行为应该提前列举"负面清单"，例如禁止互相挖角、禁止互设障碍等。对违规行为，管理层应该建立裁判机制，保证赛马机制的公平运转。

无论结果如何，金融企业都应该对参加的队伍进行鼓励。赛马完成后，金融企业应该及时组织复盘和充分分享。对于胜者的经验固然值得高度肯定，但对于未能最终胜出的团队，金融企业也应该鼓励其发表意见，分享经验和不足，这些经验都是金融企业宝贵的创新知识资产。

10.3
案例：人人都是数据分析师

金融企业开展数字化转型与创新，最重要的两个因素是文化和人。只有大多数员工具备足够的数字化能力，并唤醒多数人的数字创业精神，才有可能推进企业数字化转型和创新取得成功。

提升员工数字化能力的最有效的方法之一是开展面向全员的数字化培训。在本节中，我们来具体看一个金融企业的案例：人人都是数据分析师。

这家金融企业是一家头部证券公司，我们暂且用 G 公司来代指它。"人人都是数据分析师"是 G 公司于 2019 年开始举办的一项数字文化活动。该活动连续三年均获得成功，成为 G 公司的精品活动，广受业界关注。

"人人都是数据分析师"活动分为三方面的内容——培训、认证、竞赛。

10.3.1 面向全员的数字化培训

"人人都是数据分析师"活动的第一项内容是数字化培训。这项培训工作分两个阶段展开。

第一阶段是数据分析专业技能培训。在这个阶段，G 公司在内部选拔了 40 多名骨干员工。这些员工具备较好的数据分析基础，并且日常工作与数据分析密切相关。他们参加了第一期"数据分析师培训班"活动。

学员在参训之前必须设定一个数据分析课题作为参训目标。这个分析课题与自身的工作相关，并得到所在部门负责人签字确认。学员带着课题进入培训班，有目的地、有针对性地、系统地学习数据分析课程。

G 公司将这 40 多名学员分成 6 个小组。小组内部每周对学习内容和分析课题的进展进行交流和研讨。G 公司从内外部聘请了专业的数据专家对这 6 个小组的学习和研究进行专业辅导和帮助,并对各小组的进展情况进行跟踪评估,每周给出评定。评定报告会在每周一上班之前发给 G 公司的首席数字官。

培训工作的核心是数据分析课程的设定。G 公司精心设计了与金融业务和公司平台相关的数据分析课程,课程的安排从浅入深。G 公司聘请了多位业界较知名的数据专家来担任授课老师,以确保授课质量。图 10.6 列举了培训课程的清单。

阶段	培训内容	讲师	方式	面向对象
第一阶段 (4月—5月)	数据分析基础知识	外部专家	线上学习	培训班学员
	大数据在金融行业的应用	外部专家	面授+远程	培训班学员
	大数据分析平台培训	内部讲师	面授+远程	培训班学员
第二阶段 (6月—8月)	数据分析方法培训(基础)	内部讲师	面授+远程	培训班学员
	数字化运营案例分享(上)	内部讲师	面授+远程	培训班学员
	数字化运营案例分享(下)	内部讲师	面授+远程	培训班学员
	数据分析方法培训(进阶)	外部专家	面授+远程	培训班学员
第三阶段 (9月—12月)	数据分析理念与数据价值认知	外部专家	面授+远程	培训班学员
	数据可视化	外部专家	面授+远程	培训班学员
	机器学习与人工智能	外部专家	面授+远程	培训班学员

图 10.6 "人人都是数据分析师"活动的专业培训课程清单

第一阶段的培训是面向部分员工展开的。从清单中可以看出,课程的专业化程度较高,能够系统性提升学员的数据分析技能。由于课程门槛较高,第一阶段的培训只适用于有较好的数据分析基础的员工。

在第一阶段的基础上,G 公司对课程进行简化,构建了一系列的数字化普及课程。这些课程通俗易懂,与公司业务结合度高,可操作性强,以视频课程的形式提供给公司全员进行学习。这是数字化培训的第二阶段。图 10.7 列举了第二阶段普及培训课程的清单。

类型	序号	课程名称	课时	备注
理念	1	《大数据时代》第1集：数据时代	1.2	选修
	2	《大数据时代》第2集：转型之路	1.2	选修
	3	《大数据时代》第3集：决策之智	1.2	选修
	4	《大数据时代》第4集：商业之变	1.2	选修
	5	《大数据时代》第5集：未来已来	1.2	选修
案例	6	金融业大数据应用案例	1.5	必修
	7	大数据在京东的应用	1.7	必修
	8	美团外卖的大数据应用	1.5	选修
	9	微软数字化转型之路：如何"中年转型"，重回市值巅峰？	1.2	选修
工具与思维	10	可视化设计让数据不再枯燥	2	必修
	11	数据分析入门培训	2	必修
	12	商务演示与呈现-PPT高级技能培训	2	必修
	13	结构性思维	2	选修

图10.7 "人人都是数据分析师"活动的普及培训课程清单

第二阶段的培训是面向全体员工展开的，培训课时计入员工的年度绩效考核，确保每个人都能学习和掌握。

通过两个阶段的培训和学习，G公司将数字化技能初步传达给每一个层级的员工，并且形成了"专业–普及"的梯度。专业的数据分析学员成为G公司的第一批"种子数字选手"。从实践效果来看，"种子数字选手"对G公司的数字化转型和创新工作起到了积极拥护和实践的引领作用。这充分证明了"人人都是数据分析师"活动的卓有成效。

而普及型的培训则着眼于"数据分析土壤"的培育。随着"人人都是数据分析师"活动逐年开展和深化，"数据分析土壤"中不断生长出第二批、第三批"种子数字选手"，G公司收获了更多的数据分析人才，同时将数字化转型和创新工作一步步推向更大的成功。

10.3.2 数字化认证和竞赛

"人人都是数据分析师"活动的第二项内容是数字化认证。这个认证分为考试和课题答辩两个环节。

在专业阶段的数据分析课程完成之后，G公司开展了严格的数据分析考试，考察学员的数据分析技能，评定其数据分析水平。同时，组织数据专家团队组成专业评委会，由学员向专业委员会就自己的课题完成情况进行答辩。G公司对通过考试和课题答辩的学员授予"数据分析师"的内部认证称号。

"人人都是数据分析师"活动的第三项内容是数据分析竞赛。竞赛分为两类队伍——专业组和业余组。专业组是参加第一阶段培训的6个小组，业余组则是其他员工自行组队参加的业余小组。G公司在竞赛前公布三个赛题，这三个赛题均与公司业务相关。G公司为各赛题准备了参考数据，预留两个星期的时间让参赛队伍进行准备和分析。

到了"人人都是数据分析师"活动的年度收官时刻，竞赛终于到来。这是一场公开的数据分析竞赛，也是G公司对数字化的一场路演和宣传秀。参赛队伍尽显技能，公司全员火热互动，竞赛精彩纷呈，过程不必详述。公司管理层对竞赛优胜小组现场颁奖，同时对获得认证的"数据分析师"授予证书。"人人都是数据分析师"活动在这样一场热闹的竞赛中走向高潮。G公司的数据分析文化也通过"人人都是数据分析师"活动逐渐深入人心。

为什么"人人都是数据分析师"活动能够取得成功？

G公司的"人人都是数据分析师"活动连续举办了三届。每一届都获得了全员的踊跃参与，得到了管理层的高度认可，取得了毫无疑问的成功。总结来看，该活动有如下经验值得借鉴。

- 培训路径的选择——从"种子数字选手"推向普通员工。培训目标最终是让所有员工（而非"少数员工"）都具备基础数据分析技能，以实现数据驱动公司发展。但是在行动路径上选择了具有一定基础的员工作为"种子数字选手"，由骨干员工参与逐渐扩大到全员参与。骨干员工的参与保证了培训的质量和效果，在此基础上逐步扩大范围，使得数据分析的培训活动能够稳步开展，并树立起高质量的形象。经过对培训课程的验证和反馈，挑选出合适的课程并推向全体员工。"种子数字选手"对普通员工起到了很好的带动和帮助作用。

- 培训课程的专业程度的阶梯化设计。课程紧扣专业化,与现实金融业务密切相关。学员带着分析课题参与培训,不仅让学习有了更加明确的目标,而且使得数据分析的技能学习有了更加现实的实验场景。学员能够即时学以致用,不断在课题中检验与应用所学技能,从而更好地提升自己的数据分析水平。

- 活动过程的适度游戏化。数据培训专业性较高,为激发全员的学习兴趣,G公司采取了适度游戏化的手段。参加学习和互动的学员可以活动积分,完成阶段性课程时还能获得勋章。G公司还对月度的学习情况进行排名,以此来带动全员的参与热情。

- 公司管理层的高度重视和过程管控。G公司的首席数字官作为"人人都是数据分析师"活动的第一推动人,对活动的方案设计、开展情况、学员反馈实时关注。各层级管理者对活动大力支持,认真评定学员的数据分析课题完成情况。公司管理层高度重视竞赛活动,亲临现场进行颁奖和激励。公司管理层对数字化转型的深度参与和积极推进,是公司数字化转型成功的有力保障。

- 数据分析能力认证的仪式感。严格而专业化的数据分析认证成为公司对数据分析工作的认可评定体系。G公司对认证的评定过程、评定范围、考题选择、答辩过程的细节安排丝丝入扣,保证认证工作的严肃性。不仅如此,对证书设计、授予仪式、公开通告等环节都精心设计,极具仪式感。正是这种仪式感,体现出公司对数字化转型的决心,唤起全员对数字化转型和创新的重视。仪式感带来责任感,G公司通过对"人人都是数据分析师"活动的仪式化深化了公司的数字科技创新文化。

- "种子数字选手"的数字先锋作用和责任感。G公司从"人人都是数据分析师"活动中识别出高潜力、高素质的种子选手。这些选手经过体系化的数据分析培训,能力得到提升,成为在G公司内推行数字化的"数字先锋"。这些数字先锋被部署到一线的关键岗位,成为G公司推动数字科技创新的先行者和播种机。数字先锋由于身负公司的期望和重托，也培育出更强的责任心。
- 年度盛会式的数据分析竞赛。公开而盛大的数据分析竞赛，不仅是对培训学员的成果检视，更是对数据分析师文化的宣传。公司管理层的参与也让全体员工感受到公司对数据分析的重视，进而形成对数据分析文化的良好导向。数据分析竞赛营造了良好的竞赛氛围，使得数据分析文化深入人心，也让许多员工看到数据分析的巨大作用，对数据分析在业务推进和管理提升方面的巨大作用产生了直观而深刻的认知。

就这样，G公司通过平民化的、全员参与的、充满热情和活力的"人人都是数据分析师"活动，很好地激发了公司上下的创新动力，提升了全员的数据分析水平，为推动数字化转型打下了坚实基础。

第三篇

实战变革

第 11 章
金融企业数字化：从规划到落地

九层之台，起于垒土。千里之行，始于足下。

——［春秋］李耳，《老子》

中国古代有许多伟大的工程，郑国渠是其中之一。

郑国渠修建于秦王嬴政登基元年，历时十载修建而成。郑国渠连接了泾水和洛水，水道长达 200 余千米，建成之后，在关中地区形成了密集的灌溉区域，灌溉面积高达 4 万公顷。郑国渠的建成，使得贫瘠干旱的关中平原一跃成为秦国最重要的粮仓，为秦国的富强以及随后的征灭六国建立了强大的物质基础。《史记》曰"于是关中为沃野，无凶年，秦以富强，卒并诸侯"。

传奇的是，郑国渠的缘起，居然是一场间谍活动。郑国本是韩国人，修建郑国渠的建议，原本是韩国为了"疲秦"的计策，希望秦国陷入庞大水利工程的泥潭，而无暇东顾。但最终秦国举全国之力，完成这项伟大的工程。其中的成功经验，从现代工程管理学的角度来看，如果把郑国渠看作一个"项目"，这仍然是一个极为优秀的项目管理的模范样板。接下来我们尝试分析一下郑国渠这个项目的成功之道。

郑国渠的成功之道可以总结为 5 点。第一是设置卓越且明确的项目愿景，并引入优秀的领军人物。引泾水而灌溉关中平原，所带来的巨大农业收益，以及对国力的巨大提升，这个宏大的愿景打动了野心勃勃的秦国管理层。而对当时"世界著名"的外籍水利人才郑国的引入和任命，则体现了秦国管理层的"国际视野"和开阔心胸。

第二是精准的测量和细致的规划，体现出管理和建设的精细化水平。经过后世的考察，郑国渠的平均坡降仅为 0.64%，反映出建设者高超的测量水平。郑国渠依形而建，充分考虑并利用了关中平原西北高、东南低的地形，渠道的选择堪称最优路线，可见当时的设计者对地形的细致测量和对方案的严谨规划。

第三是先进工具的使用和先进技术的创新。据考察，郑国渠在建设过程中使用了大量的铁制工具。铁器在当时是先进的"黑科技"。铁制工具的大量运用，大大加速了工程的建设进展。在建设过程中，郑国创造了独特的"横绝"法，通过将沿途的河流进行横向拦截，不断壮大郑国渠的水源，使得郑国渠的灌溉能力大大提升。

第四是物质资源和人力资源的充分保障。郑国渠的建设在当时是一项庞大的举国工程，历时十年，耗费人力高达数十万人。对这样一项巨大的工程，保持如此长时间的巨大投入，可见秦国管理层的巨大决心和战略定力。

第五是对建设团队的充分信任。在建设中途，郑国的间谍身份暴露，秦王大怒，欲杀之。而郑国却说："始臣之间，然渠成亦秦之利也，臣为韩延数岁之命，而为秦建万世之功。"秦王最终相信了郑国的解释，继续委以重任并给予全力支持，上

下齐心，全力以赴，终于取得了这项恢宏的水利工程的伟大成功。

郑国渠历经千年，至今已是著名的"世界灌溉工程遗产"，也是全国重点文物保护单位。郑国渠的传奇故事也依然被世人所津津乐道。

在整个项目中，秦国上下所体现出的变革的勇气、卓绝的毅力、艰苦的努力，再加上工程师天才的设计，虽然历经千年，却仍然是数字化建设者所应学习的"项目成功之道"。

11.1 金融企业的数字化家底

《孙子兵法》曰"知己知彼，百战不殆"。在现代的商业竞争中也是如此。在了解竞争对手之前，首先要对自身有更清楚透彻的了解。但是哲学家也说，人最难的事情是清楚地认识自身。企业也是如此，部门墙、数字鸿沟、上下等级、文化差异等各种隔阂阻碍了企业对自身的清晰认知。金融企业由于业务更加复杂、合规风险管控更加严格、内部防火墙等限制，在全面、深入认知自身方面，可能面临着更大的难度。但是商业竞争和数字化转型的挑战逼迫着金融企业更加透彻认知自身。因此，自查数字化家底成为金融企业开展数字化转型的第一步。

11.1.1 数字化家底

金融企业自查数字化家底，目的是要对自身在各层面、各维度的数字化水平、数字科技运用情况、数字短板和痛点需求等方面有更清晰的了解和更全面的审视，从而为制定数字化战略提供基础输入信息。这是开展数字化转型和创新建设的先决条件。

针对数字化家底自查，应该从如下维度来展开。

首先是从业务应用的维度盘点数字化家底。通过自查，企业应该摸清楚各业务条线的数字化开展情况。每家金融企业的业务模式和业务特点各有不同，数字化家底自查也应该根据自身的业务特点而有所侧重。大型商业银行的业务较为全面，则应该针对零售业务、对公业务、中间业务各条线进行深入透彻排查，以检查其业务应用的数字化程度、数字化应用深度等。而小型商业银行则应重点排查自身优势业务。例如零售银行应重点排查自身在个人信贷、信用卡、消费金融等领域的数字化营销、智能风控等的应用情况。与此相同的是，头部的保险公司和证券公司与中小型的保险公司和证券公司所采取的排查方向也有不同。

其次是从信息系统的维度盘点数字系统家底。数字系统家底包括金融企业的整体IT架构，数据中心和网络架构及部署情况，基础设备清单，信息系统的架构、硬件部署情况和设备清单，基础软件部署情况和清单，业务和管理系统部署情况及清单，科技供应商和生态清单等。数字系统家底的自查是数字化家底自查的重点内容之一。金融企业在排查时应该尽可能做到详细和规范。排查结果是金融企业下一步展开数字化规划的重要参考。

然后是从数据的维度盘点数字资产家底。数据是金融企业的命脉。对自身数据资产的分布情况的详细掌握，是金融企业进行数字化转型和创新规划的必要条件。金融企业应该尽量依照现有的金融数据分类分级标准来展开数据资产的盘点，以得到脉络清晰、分类规范、定级标准、信息完备的企业数字资产家底。

最后是从组织架构和配套机制的维度盘点金融企业当前在数字化建设和IT管理方面的组织情况、人员配备情况、制度和机制配套情况等。由于金融企业的信息化建设开展了多年，因此数字化转型与创新并不是从头开始的。金融企业应该对自身的组织和人才情况进行了解，对已制定的相关制度进行审视，评定其落实情况和落实效果，为下一步的数字化组织变革和创新机制的优化做好准备。

数字化家底自查可以采取多种形式来开展。例如向各业务条线发放调查问卷；数字化家底自查小组对各业务条线和科技板块的负责人员进行访谈，了解数字化应用情况、IT治理和数据治理的进展和痛点，收集数字化需求反馈等。对信息系统和数据资产的排查应该深入到系统和数据中，收集IT系统和元数据的真实数据，在此基础上做出综合性的统计和分析。

数字化家底自查应该重视排查的全面性和真实性，避免遗漏。同时也应避免排查信息的失真，造成虚假繁荣或认知不足的调查结果。为了保障自查的客观性，调查问卷和访谈应该尽可能地采取中立态度，有条件的情况下还可以考虑引入外部咨询机构来帮助自查。此外，自查还应该尽可能多地收集来自信息系统的原始数据，在客观数据的基础上进行统计分析，从而得出金融企业各方面真实的数字化现状。

11.1.2　数字化成熟度模型

金融企业开展数字化家底自查，应该留意对业界实践经验和"参考标杆"的引用，以达到自查的最佳效果。这个"参考标杆"就是数字化成熟度模型。

金融企业通过数字化成熟度模型对自身数字化家底进行评估，可以得到量化的数字化成熟度结果。根据该结果，金融企业可以客观认识自身的数字化建设水平，了解自身在各维度的数字化水平的度量和差距，从而更准确地做出数字化规划方案。

业界的数字化成熟度模型主要分为两大类别。一类是领先的商业咨询机构，如毕马威、麦肯锡、普华永道、安永等均提出了各自的数字化成熟度模型和评估方案。另一类是相对中立的研究机构或行业组织，例如中国信通院提出的"企业IT数字化能力和运营效果成熟度模型"（IOMM），中信联等单位提出的《数字化转型－参考架构》中也对企业数字化能力的发展阶段和能力维度提出了参考模型。此外，由华为公司主导的Open ROADS社区也提出了面向全行业的数字化成熟度评估模型ODMM（Open Digital Maturity Model），以指导企业从多个维度和层次进行全面衡量，得出企业数字化期望与业界标杆相比较的量化结果。

这些数字化成熟度模型各有侧重方向和特点，金融企业可以综合评估，考察选用或吸收其中的领先理念。一般来说，领先的商业咨询机构能够根据金融行业的特点并结合金融企业的业务发展情况，给出具有行业属性的数字化成熟度评估模型，并展开具有针对性的评估方案，但需要企业为此付出更多的费用。而行业研究机构的数字化成熟度评估模型则较为通用，评估的实施也需要企业自身具备较强的组织和推进能力。

总体来看，数字化成熟度模型一般都会对企业数字化水平的阶段做出定义。例如中信联的《数字化转型 参考架构》就将数字化能力阶段分为 CL1（初始级）、CL2（单元级）、CL3（流程级）、CL4（网络级）和 CL5（生态级）5 个等级，每个等级均有总体特征的描述和过程、要素、管理三个维度的详细特征介绍。

金融企业可以参考每个等级的总体特征和详细特征对自身的数字化水平做出评估和判断，了解自身的数字化发展阶段。

此外，许多数字化成熟度模型会从企业的总体维度展开，层层细化到企业的管理、业务、运营、技术等方面，通过对细粒度的数字化水平进行评估，从而得出企业综合的数字化成熟度状况。例如华为公司的 ODMM 就从战略决心、以客户为中心、数字文化 / 人才与技能、创新与精益交付、大数据与人工智能、技术领导力这 6 个顶层维度出发，再细化到子维度、元素、评价因子，形成四层评价的架构。据介绍，在 ODMM 较新的 V5R2 版本中，第二层有 18 个子维度，第三层有 68 个元素，第四层有 165 个不同的评价因子，较完整地涵盖了企业数字化建设的各个方面。

金融企业在数字化家底自查工作中应用数字化成熟度模型，除作为参考标杆以外，还能够对业界在数字化转型上的实践经验、完整视角、先进经验进行学习和借鉴，为后续开展数字化规划和建设提供更好的决策依据。

11.1.3 企业数字台账

企业通过数字化家底自查得到大量的底稿，包括调查问卷反馈、访谈记录、需求清单、网络清单、系统清单、数字资产清单等。通过对这些大量的素材进行分类整理和统计分析，最终可以得到企业的数字化家底。这是一项细致而繁重的工作，需要专业团队的大量投入才能完成。

金融企业的数字化家底并没有固定的格式，一般来说会包含如下几大方面的内容。

- 业务应用层面，俗称"业务数字台账"，包括对业务应用和业务流程的调查情况整理后得到的统一清单。业务数字台账以统一的格式登记了业务应用和业务流程的分类和明细情况，包括基于明细的量化统计数字，应用的覆盖范围、客户数量、关键流程数量等，以及定型的评估，如数字化程度、功能先进性、智能化水平等，便于后续对业务应用的数字化成熟度做出评估。
- 系统应用层面，俗称"系统数字台账"，包括对数据中心、云和基础设施、信息系统等调查整理后得到的统一清单。系统数字台账包括金融企业的底层数字基础设施和信息系统各层面的详细情况。例如数据中心的台账就应该包括主备中心的区域划分情况，以及各区域的网络部署情况、机架容量、设备种类数量等。云的台账应该包括公有云、私有云和混合云的技术和资源清单。信息系统的台账则应该包括系统的分类、目标应用领域、技术特点、资源占用情况等。
- 组织机制台账，包括推进数字化的组织机制，例如数字化办公室、数字化特战小队，以及科技部门、数字化运营部门等。此外，还应该对数字化和信息科技相关的公司制度、管理办法、规章规范等进行排查和梳理。
- "人"的台账，这是最重要的。金融企业应该对员工的数字化能力、技能及水平、数字化经验等进行标识，在数字化建设时最大化地发挥员工的数字化能力。

此外，还应登记生态台账，即供应商和合作伙伴的清单。

在各种详细的台账整理的基础上，金融企业应该对这些素材进行深入分析，得出当前的数字化成熟度评估报告。数字化成熟度评估报告应该包括金融企业当前的数字化水平所处的阶段，各维度的评估分值，当前数字化存在的问题、痛点需求等。这是金融企业的完整且有深度的数字化家底，也是金融企业制定下一阶段数字化战略和建设规划的基础。

11.2 数字化战略规划

在完成对自身情况的全面排查之后，金融企业可以更有底气地进行下一步的数字化建设。首先应该以制定阶段性的数字化战略为起点。数字化战略包括数字化目标和数字基线。数字化战略是数字化建设的行动指南，对下一阶段的数字化建设起到提纲挈领的作用。

11.2.1 数字化目标

数字化战略规划的第一步是制定数字化目标。在制定阶段性数字化目标之前，金融企业首先应该明确自己的数字化"愿景"。也就是说，金融企业通过数字化转型和数字化创新建设，希望能够达到什么样的目的，成为什么样的企业。例如有的银行提出要在 3 年内建设成为"国内领先的数字化零售型精品银行"，这就体现了该银行的业务特色和价值主张，是一个与自身发展方向相契合的阶段发展愿景。

金融企业制定数字化愿景，可以从如下几个方面的分析入手。我们称之为"五看"。

- 看宏观趋势。对国家宏观政策和国际、国内的金融发展趋势要有透彻的分析。金融企业对时代数字化的大背景一定要有深刻的理解和把握。
- 看市场格局。对国内外的市场竞争格局要有深入的分析和洞察，看清楚自身所属的梯队，明白所处的竞争环境。
- 看客户变化。对自己的客户群体要有深入的理解，掌握客户的群体心理和群体变化。例如零售银行就应该深入洞察与自身业务相关的人群的数字消费心理的变化，"Z 世代"人群、"银发"人群、"女性"群体等都是未来具有显著变化的特征群体。
- 看竞争对手。金融企业应该高度关注竞争对手的动态，包括其新产品发布、新理念的提出、业务变化情况等。
- 看自身发展。金融企业应该在数字化家底的基础上，对自身的业务特点和数字化禀赋进行透彻深入的分析，清楚地认知自身的数字化情况和发展方向。

除此之外，金融企业还应该对先进标杆进行对比和分析，例如国内外的领先的金融企业、互联网企业、数字化原生的科技企业等。在条件允许的情况下，可以多开展交流拜访，或邀请数字化专家进行咨询和交流，了解成功经验和失败案例。金融企业应该保持开放的心态，对先进标杆甚至竞争对手也应该积极关注、了解和学习。他山之石，可以攻玉。

在制定好数字化愿景的基础上，金融企业可以通过层次分析法等方法，对愿景进行分解，逐层细化，直至形成可达成的阶段性数字化目标。

数字化目标应该从业务、技术、组织配套等维度来分解展开，围绕数字化愿景来制定总体的和分解到各个组织单元的数字化目标。总体的数字化目标应该体现出对企业经营目标的支撑和引领，是可量化、可达成的目标，并且具有一定先进性和引领性。

金融企业在数字化目标制定过程中往往会暴露出不少的问题。例如目标的不切实际、人云亦云，或者过于宽泛而无法落地，或者过于机械而失去灵活应变的空间，或者分解至组织单元（如业务部门、分支机构、营业网点等）时，采取强行分摊的模式，导致基层单位无所适从，最后敷衍了事。数字化目标的制定并没有固定的范式，或者一劳永逸的"银弹"，但一定需要与自身金融业务发展相匹配，而且要在充分调研、充分讨论、充分论证、充分协商的基础上，制定出适合自身组织的目标。

11.2.2　数字基线

金融企业在制定数字化目标的同时，也应该拟定数字基线。数字基线是对数字化家底的抽象和提炼，在此基础上形成的企业数字化建设的"起点"。数字基线是数字化战略规划的第二步。

数字基线一般包括业务基线和技术基线。

业务基线包括企业的业务架构和业务流程，以及适应于这两者的组织架构和业务运作机制。业务架构是对企业当前业务分类和业务模式的展现，在描绘业务架构时应该考虑到业务的发展性和数字化特性，对"已成熟"的业务和"待发展"的业务进行区分，对每个业务的数字化程度也应该进行标识。业务流程、组织架构、业务运作机制的设计也应该体现出与之相适应的发展特性。

图11.1是某银行的业务架构。从图中可以看出，该银行基于财务的视角将业务领域划分为表内业务、表外业务、非银金融业务等，投资业务、理财业务等中间业务是后续的重要发展方向，应用系统建设应该以业务架构所呈现的发展方向为建设导向。

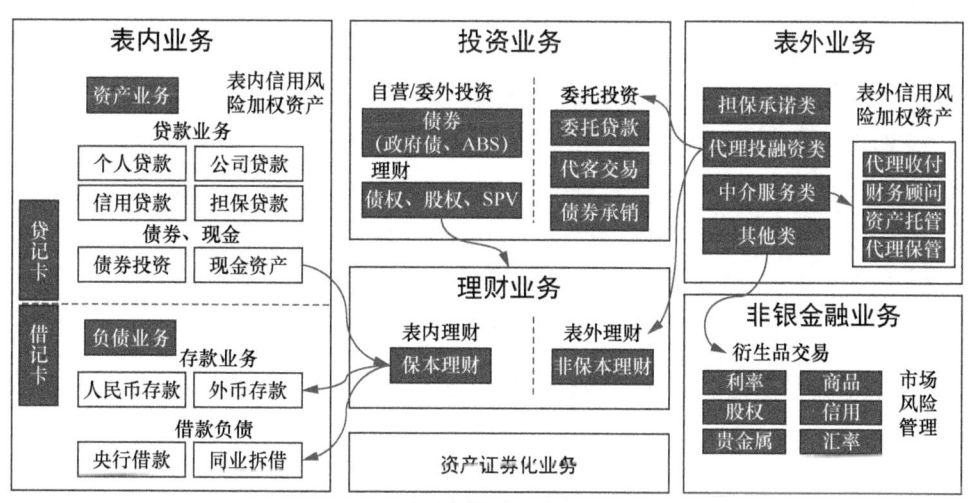

图11.1 某银行的业务架构

技术基线包括企业的应用架构、数据架构和技术架构。应用架构是业务基线与技术基线的承接，将业务架构和业务流程落到应用系统层面，体现出金融企业信息系统的分类和实现。数据架构是企业数据的组织模式，呈现企业的数据实体及其关系，是应用架构和系统架构的"灵魂"。技术架构是应用架构和数据架构的具体技术实现，体现出信息系统的基础技术形态、物理部署情况、系统层次关系等。

图 11.2 是某金融企业的应用架构。从图中可以看出，该金融企业将应用从横向层面划分为渠道层、产品层、共享能力层、技术平台层等 4 层，从纵向设定了 8 个序列，建立了"四横八纵"的金融科技应用体系。

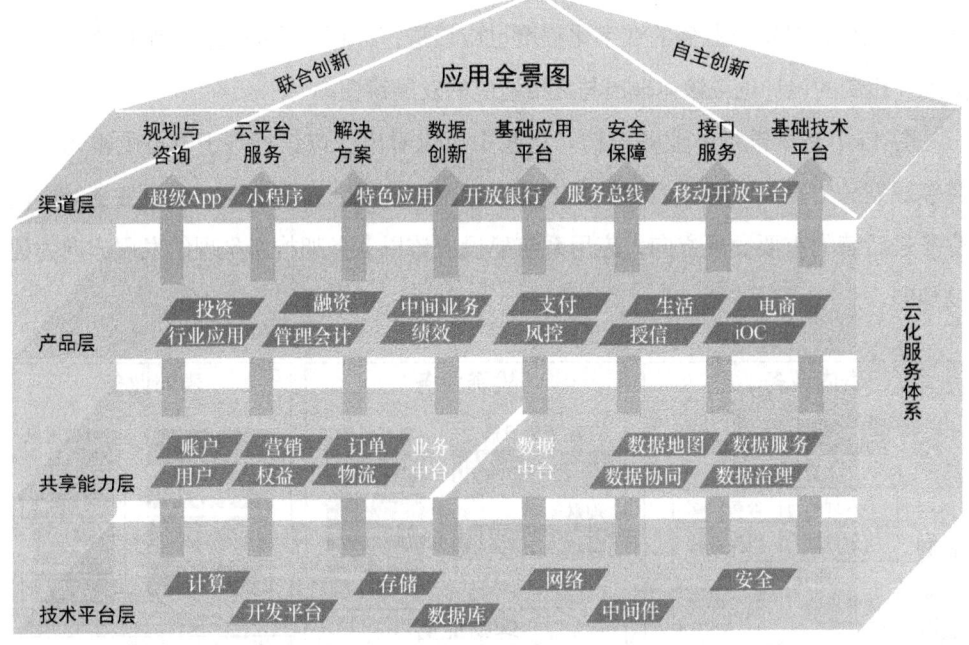

图 11.2　某金融企业的应用架构（引用自某金融企业公开信息）

图 11.3 是某金融企业的基础技术架构。该图较好地反映了应用架构、数据架构和技术架构之间的关系。

图 11.4 是某证券类金融企业的逻辑数据架构（这里仅展示了概要内容）。按照金融行业的经验常识，数据架构可以划分为主体、账户、合同、资产、财务、营销、资讯、品种、交易、渠道等十大主题领域，涵盖了证券类金融企业的基本业务活动。

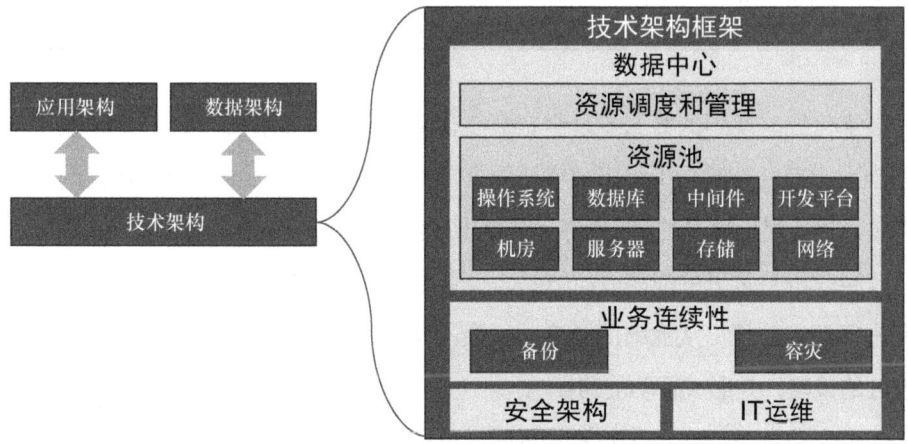

图 11.3　某金融企业的基础技术架构

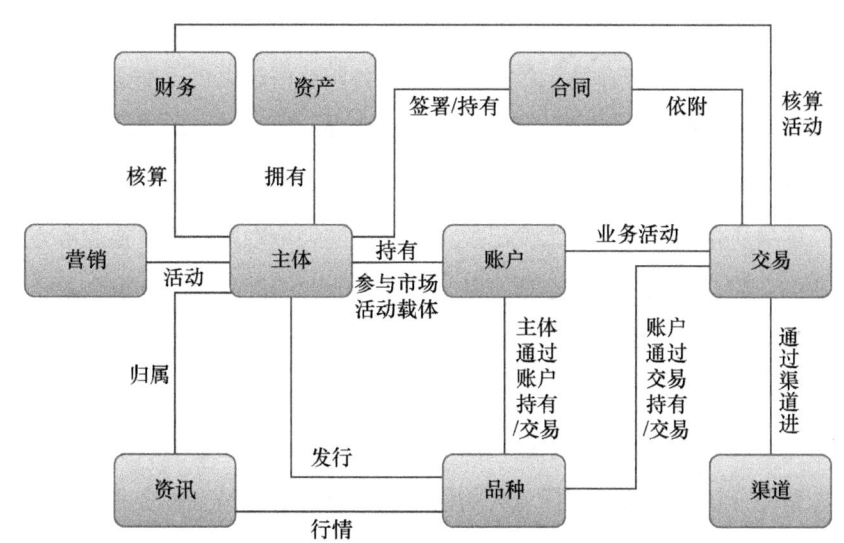

图 11.4　某证券类金融企业的逻辑数据架构

业务基线和技术基线不是相互割裂的。业务基线是技术基线的指引,技术基线是对业务基线的承载和支撑。业务基线和技术基线共同组成了企业的数字基线,是企业开展数字化建设重要的设计文档。

11.2.3 数字化路线图

数字化战略规划的第三步是制定数字化路线图。企业在数字化目标和数字基线的基础上，通过差距分析得出数字化提升的方向和内容，形成数字化建设的初始需求清单，然后根据自身的实际情况，制定切实可行的行动路线图。

差距分析是常见的战略分析方法。一般是指企业对实际经营和目标期望之间的差距进行深入分析，从业绩的角度、机会的角度、对标的角度分析差距的原因，探讨追赶的策略，并形成行动的路标。

金融企业在进行数字化差距分析时，可以从已经整理完备的数字化成熟度模型入手。具体实现策略有两种。

第一种是从最短板入手——从数字化成熟度评估得分最低的维度切入分析。例如，如果金融企业的短板是技术领导力，那么差距分析可以重点围绕技术领导力的提升展开，从这个维度去评估技术提升、业务推动、组织改进中的技术领导力提升的驱动作用。

第二种是从企业最关注的维度出发。例如，如果金融企业的主要业务方向是零售银行业务，那么差距分析可以重点从"以客户为中心"入手，分析金融企业在客户体验、客户满意度、客户黏性等方面的不足，然后从技术、业务、组织等的角度分析具体的差距。

前期已整理完善的数字化家底，以及根据数字化家底设定的数字化目标和数字基线，在差距分析时应该能发挥重大的作用。数字化家底是金融企业当前最真实的数字化水平反映，而数字化目标和数字基线则呈现出建设愿景和期望，再结合数字化成熟度模型的切入策略，金融企业就能够开展深入细化的差距分析。数字化差距分析最终应得到金融企业当前阶段完整的数字化需求清单。

不出意外的话，这份数字化需求清单应该是一份长长的清单。这份清单包含各方面的内容，其中可能会存在交叉重复的内容。金融企业应该对数字化需求清单进行领域区分，然后进行分类、排序，识别每一个需求的要素和关键信息，剔除重复、无效的需求,并视情况进行精简或者合并、拆分,在此基础上进行优先级排序,得到最终的数字化需求清单。

针对数字化需求的优先级排序,应遵循如下几个原则。

- 重要性优先原则。能够对业务发展起到重大推动作用的数字化需求应设为更高的优先级,锦上添花型的数字化需求应该设为较低的优先级。
- 紧急性优先原则。企业管理和经营中紧迫的数字化需求应设为更高的优先级,影响较慢的数字化需求可设为较低的优先级。
- 可行性优先原则。技术可行性高、更容易发挥作用的数字化需求应设为更高的优先级,技术难度大、可行性低的数字化需求可设为较低的优先级。
- 依赖关系原则。有些数字化需求之间存在互相依赖的关系,例如需求 A 的实现需要先实现需求 B,则需求 A 的优先级应高于需求 B,否则会导致失去需求实现的前提。

接下来将定稿的数字化需求清单放置到下一阶段的工作时间序列之上,并分配责任部门和责任人员,配置预算、人力投入、保障机制、审视机制等。这样金融企业就制定了一个阶段性的数字化路线图。这也是下一阶段数字化建设的蓝图。当然,在路线图的设定过程中,金融企业应该量力而行,有所舍弃。制定数字化路线图如同高手下棋,有布局、有取舍、有次序、有后手,唯有如此才能取得棋局的最后胜利。

11.3 金融企业数字化的落地与实施

金融企业在进行数字化规划时,通过自查数字化家底,设计数字化目标和数字基线,最终得到数字化建设的路线图。其中涉及大量细致但却有重要意义的工作。数字化家底排查清楚了,数字化目标和数字基线搞明白了,蓝图设计清晰了,金融企业针对数字化建设才有了总体作战的地图。在数字化规划工作的基础上,金融企业应该做出决策,分阶段展开数字化转型与建设的实施落地,把规划工作变为现实,真正推动企业的数字化水平提升和业务进步。

11.3.1 数字化建设

数字化路线图将大量的需求排列在前进的道路上,虽然这种方式在展示时能够全景式呈现,但是实施时却很容易成为实施者的噩梦。为了保障实施工作的达成,以分阶段多个项目的模式来展开,是比较可行的策略。

项目化运作将数字化需求进行归类,将相近的需求聚合在一起,形成数字化项目。这样的模式能够为金融企业的数字化建设带来如下好处。

- 目标更为明确,实施工作更加体系化。大量的数字化需求带来了大量分散的小目标。要对这些目标进行分别管理,是一个艰巨的工作。对需求进行归类和阶段划分,形成明确的项目之后,就能够对项目目标进行有效管理,整体的实施工作也能够更加体系化。
- 阶段性更强,实施节奏更加平衡。项目管理有成熟的方法论,能够将数字化建设工作划分为明确的阶段和步骤,单个项目的完成代表着某一类或某个方向上的阶段性目标,技术、业务、组织都能够随着项目的成功得到提升,数字化的总体实施工作也能够更加协调和平衡。
- 资源保障更加有效。以项目形式展开数字化建设,能够阶段性地规划出项目所需的资源,例如预算、人员、服务等,使得数字化建设工作得到更加有力的资源保障。
- 成效审视更加明确。阶段性项目完成后,金融企业可以运用多种方法对项目的目标达成情况进行审计,从而保障数字化建设的实施效果。

当然,项目模式也存在一些弊端。例如,如果金融企业的项目建设以自研为主,则往往停留在1.0阶段,总体的产品性不强;如果金融企业引入外部建设,则往往带来额外的产品特性,与总体规划产生差异。项目的管理制度往往比较复杂,执行起来可能比较机械，给数字化建设带来额外的复杂度，导致金融企业不能敏捷地进行数字化转型和创新建设，特别是给创新工作带来障碍。

针对项目模式运作中存在的问题，金融企业应该采取针对性的措施加以解决。例如，针对产品性不强的问题，可以考虑引入产品管理机制或者设立产品经理的角色；针对项目管理制度复杂的问题，可以考虑设立"轻型项目"的管理模式，简化项目管理流程；针对创新性较强的需求，还可以通过创新实验室的模式进行探索式开发。

11.3.2 评估与检验

在数字化转型和创新建设的过程中，金融企业应该定期对数字化建设的成效进行评估和检验。评估和检验是对前期目标达成情况的审查，也是对投资效果的检验。及时评估能够从较为中立的角度观察数字化建设的进展情况。具体包括是否走在预定的轨道上，需求目标是否如期达成，是否产生新的问题等。评估的结果能够让金融企业对数字化进展有清楚的认知，并对存在的问题及时制定解决措施，或及时识别和防范潜在的风险，保障数字化建设顺利进行。

评估和检验应该选择合适的时机。一般来说有两种评估和检验的模式。

一种是在数字化项目建设完成时或者在数字化阶段性建设完成时，对单个项目或者总体的数字化建设情况进行评估和检验。单个项目的评估是针对项目的执行情况的检验，包括项目的目标是否达成，项目的进度是否符合预期，项目是否存在遗留需求或遗留问题，项目的预算执行情况等。总体评估则是对多个项目的执行情况进行综合检验，包括各项目的完成情况，总体预算的执行情况，技术架构的改进是否达标，业务变革是否达标，组织变革是否达标，数字化成熟度水平是否达标等。

另一种是在数字化项目建设过程中定期进行审视，例如按季度、半年、年度进行评估和检验。这种评估一般是让执行项目团队或组织反馈项目和变革的执行情况，存在的问题和暴露出来的风险，与目标的差距情况等。按照反馈周期的不同，评估的细致程度也有所不同,季度的反馈一般较为简略,而年度的反馈则需要更为翔实细致。

数字化评估工作应该保持相对的中立性。金融企业一般会让稽核部门或者 IT 审计部门来牵头组织开展。评估工作还应该具备专业性,因此评估小组应该包括一定数量的数字化专家,如果组织内的专家不足,或者考虑到中立性的问题,可以采取聘请外部专家的模式。评估工作还应该具备一定的权威性,因此由首席数字官或者高管人员来担任评估小组的组长是必要的举措。

数字化评估工作可以采取现场检查、人员访谈、客户调研、系统验证等多种方式来开展。具体工作模式类似于 IT 审计。数字化评估完成之后,评估小组应出具完整的评估报告,对数字化执行情况进行评估总结,对风险和问题进行识别和归类,并提出整改或改进措施,总结和呈现数字化建设中好的做法或者优秀的经验,形成最佳实践。

数字化项目团队和相关组织应该积极参与数字化评估工作,对评估报告反馈的问题进行深入分析,并寻找改进策略。保持关注相关联项目或工作版块的风险,积极分析和借鉴优秀经验,加快本项目的执行进展。

数字化评估工作能够强化金融企业对项目建设和相关工作的执行预期,保障投资效果,对数字化建设具有非常重要的意义。

11.3.3 配套建设

数字化建设不光是项目建设和数字化系统建设,还必须有相应的配套机制、管理措施等。数字化配套建设一般包括如下几个方面。

- 数字化制度建设。在数字化家底自查的过程中,金融企业应该对数字化相关的制度、规范进行详细梳理,在数字化规划的阶段对数字化制度应该进行分析,查缺补漏,并制订制度改进计划。制度改进计划应该落实到相应的部门,在数字化评估的过程中对制度的修订情况、执行情况进行检验,保障制度的落地和执行到位。而数字化制度的落地执行也保证了数字化建设的正常开展。

- 数字化组织变革。金融企业的数字化转型和创新建设包括了业务的变革，而业务的变革往往也会带来组织的变革。例如有的金融企业为了加强业务的后端过程的数字化运营，而设立了统一的业务运营部，在业务层面进行组织整合，并建立统一的数字化运营平台，从而大大提升了业务运营的数字化水平。
- 资金和人才的保障。金融企业的数字化转型投入巨大，需要在资金预算上做好保障，并通过项目管理制度对预算的执行进行严格管理。企业的人力资源部门也应该加大数字化复合型人才的引入力度，保障数字人才充足。
- 数字化标准与规范体系。标准与规范是数字化建设的重要成果之一。金融企业通过沉淀数字化建设经验，可以对今后的建设工作形成有力的指引，防止建设走偏。标准与规范的应用是一件需要金融企业进行大力动员和推广的工作，并在数字化评估中对标准与规范的贯彻情况进行检验，防止标准和规范仅仅"挂在墙上"，发挥不出真正的作用。
- 科技团队与创新文化准备。金融企业的数字化转型与建设不是科技部门一个部门的事情，而是一件与金融企业所有部门和几乎所有人员都相关的事情。但科技部门在其中还是应该起到关键驱动和数字引领的作用，这与科技部门的技术优势和创新优势有关。科技部门应该成为金融企业最具创新活力的部门，而不应该局限于成为中后台保障部门。金融企业应该以科技部门为核心有序开展各种创新文化活动，以形成全体员工的创新动员，在数字化转型和创新工作中形成更加紧密高效的沟通协调配合机制。

第12章
银行数字化转型实例

天下熙熙,皆为利来;天下攘攘,皆为利往。

——[汉]司马迁,《史记》

银行的金融业务基本都是围绕着货币来开展的。在货币的发展历史上,纸币起到了非常重要的作用。

世界上最早的纸币出现在中国的北宋时代,当时被称为"交子"。交子最早是民间商业交易的产物,在当时的商业和生产中心益州,商品交易十分繁荣,金属货币由于发行量的限制,已经远远不能满足市场的需求。于是商人们发展出"交子"这样的纸币的雏形,并形成了16家颇具规模的商行组成的联盟,来制作和发行交子。随着交易规模的扩大,交子作为民间商业行为出现许多信用上的问题。朝廷关注到这一点,并于仁宗天圣元年,设立益州交子务,将"交子"这一货币工具正式变为国有,从而诞生了世界上第一个官方发行的纸币。随着经济的进一步发展,宋代还产生出全国性的"钱引""会子",把纸币使用推向高峰。

从中国历代对比来看,宋代经济可以说是高度发达的。宋代朝廷能够掌控的"金融工具"有很多。从货币上看,就有三大类"武器"——纸币(交子、钱引、会子)、金属货币(铜钱、铁钱以及一些地方性的铅币等)和贵重金属(主要是金、银两类)。纸币是先由民间发明的,然后由朝廷收归国有。金属货币由于流行年代较为久远,进入宋代时则由朝廷直接铸造发行。贵重金属作为一般等价物,往往能直接进行商品交易,朝廷也铸造金银币。

抛开货币所承载的社会变革与矛盾冲突,我们单独从现代人的"金融科技"的视角来"评估"一下这三类货币在宋代的特性,看看究竟孰优孰劣。我们尝试从如下 5 个维度进行比较。

第一个维度是流通便利性。毫无疑问,纸币(交子、钱引、会子)具有轻盈、制作容易的特性,其流通便利性远远大于金属货币和贵重金属。而金属货币的流通便利性其实是大于贵重金属的,因为其当量比较标准化,计价方便。而贵重金属在进行货物交割的时候,需要精准切割,带来了实际交易上的困难。

第二个维度和第三个维度是持久性和防伪性。就这两个维度而言,贵重金属由于物质形态稳定,冶炼不易,持久性和防伪性远大于金属货币和纸币,而金属货币显然又优于纸币。为了克服纸币容易磨损和损坏的问题,宋代交子务的管理者想出了定期更换发行样式的管理办法,以此来保障交子的可用性。此外,针对纸币的防伪性,朝廷也采取了许多当时的"金融科技"来保障。《宋史》记载,"大观元年五月,改交子务为钱引务,版铸印凡六:曰敕字、曰大料例、曰年限、曰背印,皆以墨;曰青面,以蓝;曰红团,以朱。"通过这些技术手段来加大纸币的伪造难度。

第四个维度是信用度。就信用度而言,贵重金属大于金属货币,金属货币大于纸币。纸币的信用依赖于朝廷的信用。一般情况下,朝廷可以凭借武力和国家机器来保障其信用,但中国封建王朝的周期性导致了朝廷信用往往不能维持比较长的时间。金属货币由于具有部分的金属价值,往往能维持更长的时间。有趣的是,在宋代的许多地区,人民将前朝的铜币和当朝货币混同使用,而且由于前朝货币制造精良,用料充足,在民间居然拥有良好的口碑。贵重金属由于其稀缺性,信用自然最高。从现代的科技术语来讲,贵重金属具有"去中心化"的特性,其信用不依赖于中央王朝的背书而存在。

第五个维度是客户体验。由于朝廷对纸币的发行采取了诸多管控机制,保障其信用度、持久可用和难以伪造,在政局稳定的年代,使用纸币的"客户体验"显然是远远大于金属货币和贵重金属的。从整个社会的角度来看,纸币的大量发行,也推动了商业的繁荣和"金融业务"的进步。

从上述的比较维度来看,交子、钱引、会子这些纸币的"科技先进性"大于金属货币和贵重金属。然而遗憾的是，随着宋朝对北方民族的战争失败，以及对内的政治腐败和经济崩溃，纸币最终走向覆灭。虽然随后的元、明王朝也曾大力推行"宝钞"，但均以迅速失败而告终。以致到清代，中央王朝在很长时间内对发行纸币存在深深的怀疑和防备心理，认为纸币"其弊百端"，发行纸币将"致讼狱繁兴，立法者众，殊非利用便民之道"。

由此看来，科技只是金融业务取得进步的手段之一。单纯追求科技先进性，并不能完全保证金融业务的持续发展。银行数字化转型也是如此。

12.1
未来还会有银行吗

2014 年，两位学者化名"乔纳森·马米兰"编写了一本极具争议的书——《未来银行》。书中提出，未来我们可能不再需要银行业，工业时代发挥了巨大作用的银行业，在数字时代，互联网和数字科技解决了信息不对称和信贷需求匹配的问题，从而发展出一个不再需要银行参与的未来金融模式。这样的观点固然偏激，但也描述了数字科技对传统银行业务的颠覆。有学者指出，数字银行业将会最终替代传统银行业，传统银行业将会成为我们这代人的独家记忆。也就是说，在正在来临的数字化未来，银行的"存、贷、汇、撮"这些业务可能还会存在，但是数字科技会把它们极简化，融入人们的各种社会生活中，成为社会最基础的服务之一。人们不再感受或接触到这些基础的银行业务，而数字银行则会以提供更加场景化的金融服务而存在。不能适应这种转型的传统模式的银行有可能会逐渐消亡。

12.1.1 银行业数字化转型加速

时代在变。

2020年的疫情对全世界来说都是一场深刻的变化。疫情改变了人们的生活习惯，"健康码""防疫隔离"成为人们习以为常的事情。疫情改变了产业模式，航空业受到重击，而线上服务业则得到巨大发展。疫情也对银行业产生了巨大的冲击，许多银行开始推行"无接触服务"，并加快数字化转型的速度。

人们将疫情后的时代称为"后疫情时代"。银行的展业模式显然在后疫情时代也发生深刻变化。

除疫情以外，世界格局似乎也在发生重大的转变。国际上中美贸易摩擦加剧，对抗趋势愈演愈烈，对世界的产业链产生了重大影响。世界各国的产业政策随着国际形势的变化而调整，对金融行业也产生了直接的影响。

市场环境在变。

随着客户群体的成熟，许多企业发现，过往的野蛮生长的圈地模式不再有效。要获得客户的青睐，赢得市场的竞争，对存量客户的深耕和经营成为利润增长的关键手段。随着数字经济的崛起，新消费模式不断涌现，企业的经营模式也加速向数字化转型。由此带来的市场环境变化也是促使银行业务变革的关键因素。

客户在变。

随着时代变迁，客户群体发生了许多重要的变化。"Z世代"人群开始成为金融消费的主要客户群体之一。作为出生即与网络生活密切绑定的人群，他们的生活方式、消费习惯乃至价值观都与上一代人截然不同。另外，"银发"人群的规模也在逐年扩大。随着医疗科技的进步和人民生活水平的提升，"银发"人群的生命周期和活跃程度也有了很大的提升。随着现代文明的进步，女性的地位进一步提升。在家庭中，女性掌握经济大权的现象越来越普遍。"银发"人群、"女性"人群等成为银行最需要关注和分析其特征的群体，银行的金融服务模式也随之发生相应的改变。

随着中国国民经济的进一步发展，得益于"精准扶贫""共同富裕"等国家政策的推行，居民的财富越来越多。老百姓手里有钱了，对于金融服务自然不再仅仅满足存款、信贷这样的基础服务，而是对财富管理、投资理财、汽车贷款等更高端的金融服务提出了新的需求。如何服务更多的富裕人群，向他们提供更加精细化的、个性化的、专业化的金融服务，是零售银行的竞争关键。

不仅仅是 C 端客户发生了巨大的变化，B 端客户和 G 端客户也发生了重要变化。时代变化和市场变化对 B 端客户的冲击巨大，企业需要更多的创新来赢得市场和客户，同时也需要更精准灵活的融资服务的扶持。G 端客户（对金融业来说，G 端客户指的是政府类客户）在数字时代对产业的扶持模式、地区建设模式、社会管理和服务模式也发生了重大的变化。G 端客户的数字化程度在不断提升，银行业在服务 G 端客户时也面临着更多的数字化对接的需求。

战场和竞争对手变了。

时代、市场和客户的变化带来银行业的"战场"的改变，产业变革和技术变革，使得金融战场上的对决武器也发生变化。例如，大数据和 AI 的发展使得善用这些先进科技的银行在客户和市场洞察方面获得巨大优势，并带来业务的增长和利润的提升。随着互联网和数字科技的发展，许多互联网巨头开始跨界发展。这给银行的传统业务带来巨大的冲击，例如支付宝、微信支付带来的支付方式的根本性变革。而互联网在获客、留客等方面的巨大优势，以及模式快速复制的长尾效应，也使得互联网在跨界开展金融服务时构建起巨大优势。

在这样巨大的挑战下，银行业的竞争格局已发生重大改变。传统的跑马圈地、各霸一方的模式难以为继，银行开始转向"精耕细作"的发展模式。而善于运用数字科技的领先银行则运用数字化转型实现了超越，开始构建起技术"护城河"，进一步拉大了数字化差距。

在快速变化的时代，现代银行唯有通过数字化转型才能实现脱胎换骨，赢得未来生机。例如许多零售银行开始建立线上线下一体化的"全渠道""全域化"的数字化营销模式，加强对客户的深度洞察，通过数字化手段与客户建立更有效和更直接的连接，实现整合式营销。同时，许多银行开始重视数据的巨大价值，积极运用数据分析来提升管理运营的效率，改善客户体验和促进业务创新，通过数字化转型来获得业务和管理的成功。

总体来看，银行的数字化转型已成为必然的趋势。而从推进模式上看，又可以将银行的数字化转型大致分为两种类型。如图 12.1 所示,一类是"资金端"的转型,主要目标是实现客户连接的敏捷和客户体验的提升。这一类是"连接型"的数字化转型。另一类是"资产端"的转型,主要目标是对市场和业务等的分析更加深入和透彻。这一类是"思考型"的数字化转型。这两种类型共同支撑了银行的业务变革,使得银行加速走向"数字化银行"的新形态。

图 12.1　数字时代银行的数字化转型

12.1.2　银行的数字化转型策略

根据银行业协会公布的数据,截至 2021 年,我国银行业金融企业法人共有 4 600 多家,金融网点总数达到 22 万多个,遍布全国各地。

根据体量和性质的不同,人们一般将这 4 600 多家银行性质的金融企业划分为四大类型。首先是国有六大行,也就人们常说的工、农、中、建、交、邮。其次是 12 家股份制银行,包括招商银行、中信银行、兴业银行、光大银行等。再次是城商行、农信社、农商行和城镇银行等中小银行。最后是国家政策性银行,如农业发展银行、国家开发银行、中国进出口银行等。此外还有一些类银行业务的金融企业，例如消费金融公司、汽车金融公司等。

由于体量和科技能力的发展水平的不同，这些银行的数字化转型的策略也有很大的差别。例如国有大行和股份制银行多以大型平台建设为抓手，推动全行的数字化建设，对金融科技的自主掌控性也非常强。另外，许多大型银行还设立了金融科技子公司，将自身的数字科技能力向行业输出。而中小型银行则多以生态合作为主开展数字化建设，依赖于实力较强的科技公司来推进自身的金融科技建设，在推进路线上也以特色性项目为主。政策性银行由于没有商业竞争的压力，数字化转型则以数据治理等基础性工作为主。

虽然各类银行的体量、业务方向和技术实力存在很多差异，但是针对数字化转型策略也有许多共性。例如各类银行都认识到数字化转型必须与主营业务相结合，数字平台需要对业务产生推动作用，提升非息差收入的比例。例如许多银行积极构建数字化理财业务平台、智能财富顾问业务平台等，通过金融科技实现业务的转型。此外，许多银行意识到数字化转型并不仅仅局限于线上渠道的建设，而应更重视线上线下的融合，通过金融科技提升线下服务的水平。

中国银行业的金融科技水平在近年来得到飞速发展，对许多发展中国家的银行业起到示范作用。从全球视角来看，欧美等发达国家的银行业由于资本充足，业务模式成熟，数字科技持续投入且较为领先。但许多发展中国家和地区的银行业在积极尝试金融科技的应用和数字化转型。例如许多东南亚国家的银行在参照中国的招商银行的模式建立超级 App，实现银行业务与更多社会生活服务的融合，从而提升银行业务的场景化。

12.1.3 银行的技术偏好和关注点

银行在实施数字化转型过程中应该充分考虑自身的技术偏好。图 12.2 描述了银行的技术偏好及其特点。

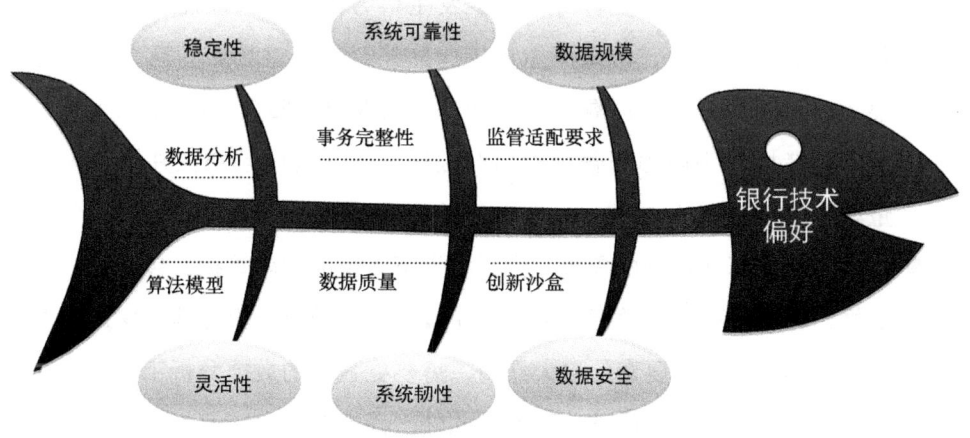

图12.2 银行的技术偏好及其特点

一般来说,银行的信息系统具有如下一些较为显著的特点。

- 数据规模较大,数据安全性要求高。大型银行由于客户规模巨大,数字化转型带来了与客户生活的高度融合,由此产生了海量的数据,造成系统规模大幅增长,带来对数据存储、数据处理、数据分析的巨大需求,对数据安全也形成了巨大的挑战。

- 系统可靠性和系统韧性要求高。银行信息系统由于承载重要的金融业务,对系统的可靠性要求非常严苛,由此带来对技术的成熟度和可靠性的要求极高。系统韧性是分布式架构下对系统和技术的鲁棒性的更高要求。系统韧性是指在系统发生异常性的外部冲击的情况下仍然能保持可靠运行的能力。数字时代系统韧性尤为重要。在复杂多变的环境中,银行系统应该在系统韧性上多加考虑,以增强系统在极端环境下的可用性。

- 兼顾稳定性和灵活性。许多银行会将信息系统划分为不同的区域,例如核心账务域、数字渠道域等,按照所属域的不同来设定对稳定性和灵活性的要求。同时,许多银行着手建立数据中台和业务中台,对行内公共数据和共性业务进行抽象,从而支持前端业务的快速变化和灵活组合。

- 事务完整性和数据质量的要求。银行的许多业务对事务完整性有非常高的要求,例如交易、支付等。一旦发生事务不完整,往往会给客户或银行等造成资金损失,带来严重后果。此外,银行对数据的质量有严苛的要求,许多银行将关键数据的质量检查列入数据归属部门的 KPI 中,通过绩效考核的手段强制各个部门对数据质量问题引起关注并持续推进质量改进措施。

- 数据分析和算法模型的需求。银行积累下大量的金融数据,包括客户交易数据、客户金融行为数据、金融产品数据、金融市场数据等。挖掘数据中的价值,发挥数据要素的更大作用,需要更强大的数据分析工具和方法。这是银行对数据分析的技术偏好。此外,银行在风险防范、合规监察、反洗钱等方面面临严格的要求和挑战。因此,对算法模型的需求也是银行的技术偏好之一。

除技术偏好以外,银行业的强监管也是值得关注的要点。银行在推行数字化转型和创新时应该关注对监管要求的适配。银行应该在监管框架下开展创新工作,多利用已有的监管创新机制,例如"监管创新沙盒"等,以取得金融创新与金融风险的平衡。

12.2 开放生态的数字银行

数字时代,许多传统银行着手实施数字化转型,以改变自己的非数字化的业务形态。同时业界也出现了一些新兴的银行形态,这些银行没有传统的线下网点,它们在诞生之初即以完全数字化的形态而存在,这类银行被称为"数字原生银行"(简称数字银行)。本节将通过一个具体的建设项目来介绍数字银行。

12.2.1 数字银行项目的背景

L银行是由三家金融财团组建的数字银行,并在东南亚某国获得了数字批发银行(Digital Wholesale Bank,DWB)牌照。DWB牌照规定了L银行的定位是专注于为中小型企业和非零售部门提供金融服务。获得DWB牌照的银行是一类特殊的数字银行。在筹备期,L银行规划构建了全部数字化的技术体系,并启动了数字银行项目。

对于"数字银行",业界一般的定义为:数字银行的所有业务、运营、管理活动都是基于数字空间开展的。数字银行提供了传统银行所能提供的大部分的金融服务,却不再依赖于实体分行网络,而只依靠数字技术在线上运行。

与数字银行相近的概念有虚拟银行、网络银行、互联网银行、直销银行等。数字银行与传统银行的组织模式和展业模式存在根本区别。数字银行的服务趋向于定制化和互动化,银行的管理结构也非常的扁平化。图12.3列举了数字银行具备的一些特征。

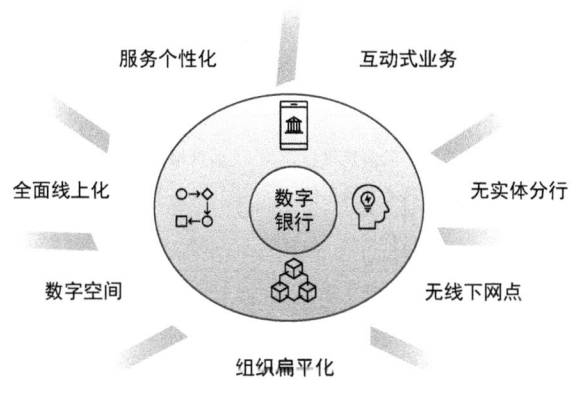

图12.3 数字银行具备的特征

国内许多传统银行也尝试在银行内设立直销银行的模式。直销银行作为行内的一个相对独立的单位或部门,以互联网为经营渠道和展业场所,独立于银行的线下机构而运营,为互联网客户提供个性化和差异化的数字金融服务。

L银行的大股东金融控股集团N为数字银行项目投入巨资，并组建了庞大的跨境项目团队。L银行的管理层对数字银行的进展有强大的决心，意图通过金融科技支持完全线上化的数字银行业务，构建全新的数据、科技和金融一体化的产业生态和金融科技的服务平台。L银行的大股东金融控股集团N也希望数字银行项目的成功实践能成为样板，为整个金融集团的数字化转型提供参考。

在项目启动的前期，L银行聘请了著名的咨询公司对数字银行的业务、技术体系进行规划，并对项目建设目标、架构、系统建设清单、建设阶段、里程碑、核心控制点等进行规划设计，形成相对完备的数字银行项目建设蓝图。为推动数字银行项目的建设，L银行组建了庞大的业务团队和技术团队，在人力资源和财务预算方面都做了充足保障。

在进行紧张而相对充分的准备之后，L银行正式启动了数字银行项目的建设工作。

12.2.2 数字银行项目建设历程

L银行将整个项目周期划分为7个阶段，如图12.4所示。

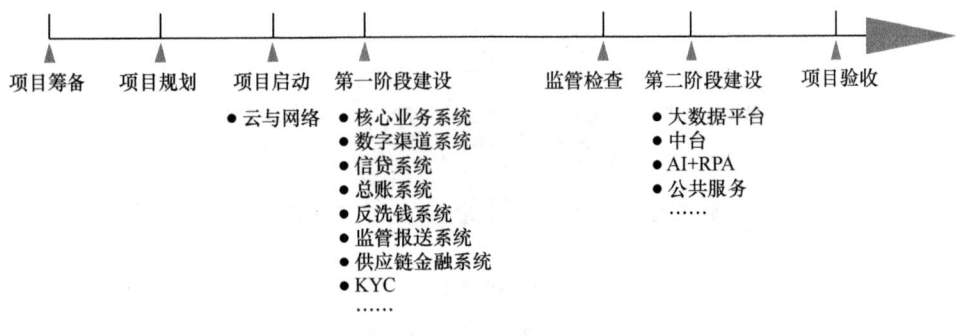

图12.4 项目周期计划

首先是项目筹备期，主要工作为组织机制的设定、办公场地的选定和准备、业务和技术团队的组建、员工的培训等。项目筹备期是整个项目建设的前期阶段。

项目筹备期准备到位之后进入项目规划期。这一期引入了咨询机构作为合作伙伴，对项目目标进行梳理和细化，对需求进行收集和分析，制定项目建设蓝图，并制定数字银行的总体规划图和架构图，形成项目规划方案。

在完成项目筹备和项目规划之后，进入项目启动期。这一阶段的主要工作有如下几点。

- 根据项目规划方案完成组织架构的设置和调整，并完成财务预算的准备。
- 对项目所规划的系统进行选型，并选定系统建设和开发商。
- 云和网络等基础设施的建设。基于数字银行特性，系统基本上基于公有云建设而成，这给L银行的基础设施的构建带来了极大的简化。

根据系统建设清单的优先级排序，L银行将项目的系统建设分为两个阶段。第一阶段的系统建设以开业必备性的系统为主，包括核心业务系统、数字渠道系统、信贷系统、总账系统、供应链金融系统以及监管部门要求的反洗钱系统和监管报送系统等。这一阶段的建设完成后，L银行将具备数字银行所需的全部必要的业务系统和监管适配系统，能够迎接监管部门的开业检查。

第二阶段的系统建设以扩展性的系统为主，是对数字银行的数据处理和分析能力、自动化和智能化能力、业务监测和优化能力的建设。通过第二阶段的系统建设，L银行具备了较强的数字能力，能够真正称得上是一家新型的数字银行。

在两个阶段的系统建设完成之后，L银行对整体的项目建设成果进行验收，并聘请第三方评测机构对L银行的数字化能力和金融科技水平做出中立而客观的评估，以此来检验项目建设的成效。

图12.5展现了L银行的数字银行项目建设的总体系统架构。从图中可以看出，L银行在应用体系上与传统银行基本一致。由于L银行没有实体分行和线下网点，在接入层和支撑层会更加简化。由于数字银行的特性，L银行更加重视数字渠道方面的建设，在数据层也投入更大的力量，进而形成对业务体系的支撑。由于整个系统体系构建在公有云上，整体灵活性非常高。

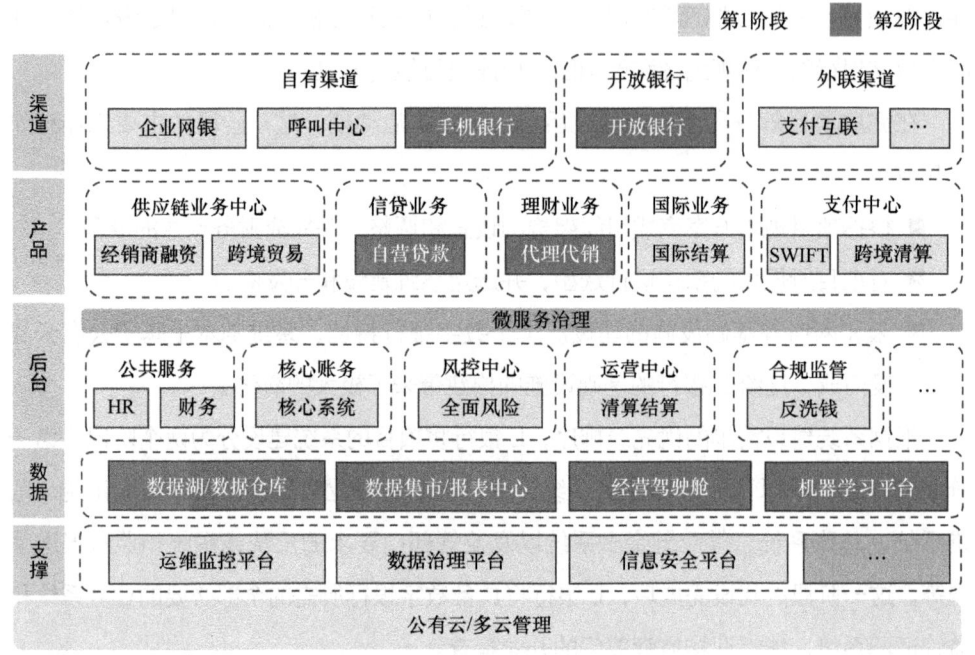

图 12.5 数字银行项目建设的总体系统架构

在项目实际建设过程中，L银行发现了如下挑战和问题。

首先，来自项目进度紧迫和系统数量多、复杂度高的挑战。管理层希望尽快完成数字银行项目建设，通过监管验收，并尽快开业。这就需要在半年内完成数字银行平台和多达数十套系统的建设和上线，这给项目组带来了巨大的挑战。项目组对每个目标系统设定了优先级和并行顺序，划分了建设阶段，实施了较为严格的项目管理，最终达成了项目目标。

其次，来自业务和技术团队的跨境管理和协作的挑战。由于部分业务团队在当地，技术团队在国内，另外还有其他团队分处各地，这种团队组合形式给管理和协调带来巨大困难。L银行通过组建专门的沟通协调部门来处理跨境的沟通协调问题和员工之间的文化冲突问题。

最后，数字银行是个较新的模式，业务模式参考样本不多，后续业务需求可能多变，这对数字银行项目也是一个重大的挑战。L银行将系统完全构建在公有云之上，这保障了整个体系的灵活性和弹性，从而有能力应对将来的未知业务和新的场景的挑战。

另外，银行业高度重视安全和合规。数字银行的全线上和开放性特征给安全和合规带来了巨大的挑战。L银行在建设之初充分考虑了这一点，并在整个项目中贯彻安全和合规的要求。

12.2.3 数字银行项目的未来

通过数字银行项目的建设，L银行迅速建立起全线上化的数字银行体系，这个体系具有如下特点。

- 业务和管理全面数字化运行。由于没有线下网点和传统业务，L银行从规划之初即处于"数字化原生"的运行状态。该银行在充分运用先进技术的基础上形成了金融科技驱动业务的发展模式。
- 用户体验驱动业务和科技发展。由于在正式开业前的两期建设中建立了完备的用户体验分析体系，这使得L银行能够实时关注和分析用户对数字银行系统的使用体验。而基于云原生技术的系统架构充分保障了技术的灵活性，从而使得L银行有能力根据用户体验的分析结果及时做出业务和技术上的调整，形成用户体验驱动数字银行的业务和科技发展的良好模式。
- 银行即服务，即所谓的BaaS（Bank as a Service）。由于在设计上运用了微服务架构，并实现了基于服务的科技治理，L银行能够将基础的银行服务原子化和服务化。由于整个体系基于公有云建立，因此L银行的金融服务易于融入各种场景中，形成真正意义上的"银行即服务"。
- 在技术开发上，L银行采用了多种快速开发工具，实现了高度模块化的产品和服务工程，从而能够实现业务的快速适配和环境变化，真正成为"敏捷"的数字银行。

当然，虽然有诸多技术优势，但是L银行仍然认为自己面临着未来的极大的不确定性。数字银行体系能否真正在未来的市场竞争中发挥作用，建立起独特的技术优势，形成数字护城河，还需要在实践中加以验证。未来结果如何，还需要市场给出答案。

无论如何，数字银行的发展模式已经引起各国或地区的重视。欧美等国家或地区的金融行业高度发达，也最早出现互联网银行、数字银行等新兴概念，同时涌现出许多全线上化的银行形态。监管部门对互联网银行与传统银行的监管模式原则上是一致的，监管要求也相对清晰。中国从 2014 年开始涌现出数家业务完全依托于互联网的全数字化的民营银行。这些数字银行积极地运用和发展金融科技，取得良好的成效，并成为地区样板。亚太其他地区近年来也加快行动，各国（地区）发出多个数字银行牌照，以政策先行驱动数字银行大力发展，形成对未来的良好布局。

通过分析全球各地区的数字银行及其成立时间，我们可以知道，北美、欧洲仍然是数字银行聚集区域，韩国、澳大利亚、印度也各有几家数字银行。而中国则在近年来陆续成立多家数字银行。此外，新加坡、马来西亚等国家和地区也正在计划发放（或已发放）数字银行牌照。

12.3 银行数字化营销

营销是银行对客工作的重点。通过数字化手段提升营销效率，增强与客户的高质量连接，提升客户满意度，是银行营销工作的方向。本节将介绍 C 银行的数字化营销平台的建设项目。

12.3.1 数字化营销项目的背景

C 银行是国内中上游的城市商业银行。近年来该银行在零售业务方面有一定的发展，个人客户存款总额已超千亿元，客户数量将近 1 000 万。C 银行将零售业务作为银行未来的重要发展方向，并就此制定了大零售战略，同时加强了推行力度。从收入贡献来看，虽然该银行的零售业务占总体经营收入比重不断提升，但仍低于 30%。C 银行计划在未来三年通过网点升级、数字化营销等科技赋能业务的手段，大力提升零售业务发展水平，实现零售客户数量与质量的双提升，提高零售业务收入比重，实现零售业务的数字化转型。

在零售客户的营销工作中，C 银行发现如下痛点。

- 在快速变化的市场环境下，C 银行对客户群体分类较为粗放，不够精准，对细分客户群的洞察能力不足。这就导致 C 银行在客户营销工作上难以做到精细化运营，不能精准地发现和匹配客户的需求。
- 由于 C 银行自身在零售金融产品设计上的能力不足，投资和理财产品的构建能力有限，C 银行推出的金融产品的多样性不足，难以面向零售客户形成多层次的金融产品体系，不能满足不同群体客户的差异化需求。
- 近年来，C 银行在不断尝试通过新兴渠道进行获客和引流。但 C 银行发现，互联网引流成本越来越高，而且客户的转化成效在逐年减弱，特别是获得优质客户的概率在逐年下降。
- 从客户结构来看，C 银行发现虽然总体客户群体规模较大，但是沉睡客户较多，盘活不易。由于营销工作的精准程度不高，营销活动很容易给客户带来抵触情绪，引发客户投诉并进一步导致客户流失。
- 在整个零售营销工作中，C 银行的营销运营的成本非常高，线下的实体网点的运营成本日增，线上的数字化渠道众多，维护和运营的成本也高企不下。营销管理工作混乱且数字化水平不高，相关部门各自为政的现象较为严重，协同效率较为低下。

在这样的背景下，C 银行启动了数字化营销的建设项目。C 银行希望通过数字化营销项目的建设，达到如下几个目标。

首先，提升整个营销流程的效率。C 银行对营销工作进行了深入分析，将零售客户的整个生命周期划分为7个环节，如图12.6所示，包括潜在人群阶段、新访客阶段、注册交易阶段、成熟客户阶段、衰退客户阶段、沉睡客户阶段、流失客户阶段。对于各个客户群体，C银行希望在每个阶段制定有针对性的、协同性的营销策略，并建立统一的"数字化营销平台"，对客户的整个生命周期实现统筹性管理，打通各部门营销工作的隔离墙，提升整个营销工作的效率和质量。

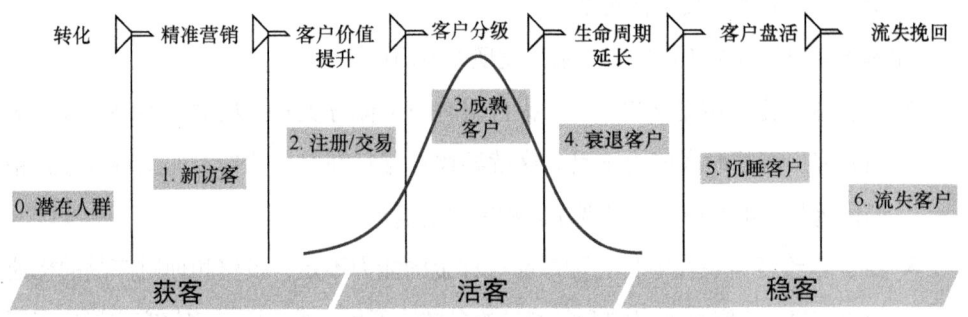

图12.6 零售客户的整个生命周期

其次，改善营销工作对客户的体验。数字化营销的目的是增强客户与银行之间的连接温度，提升对客营销的服务质量。C银行希望数字化营销平台建立起全渠道、全域化的客户触达模式，在深度挖掘客户需求的基础上精准连接和服务客户，从而改善零售客户对C银行的服务体验。

最后，通过数字化营销项目的建设，有效地盘活存量客户，更好地服务客户，提升客户满意度。同时提升线上线下一体化运作能力，深挖网点和客户经理的潜力和产能，提升零售业务的水平。

12.3.2 数字化营销项目的建设过程

C银行将数字化营销项目建设分为两条主线。第一条是对营销活动和对客工作的敏捷支持；第二条是基于对业务活动的支持，分阶段建设一体化的数字化营销平台。图12.7描述了这个建设思路。

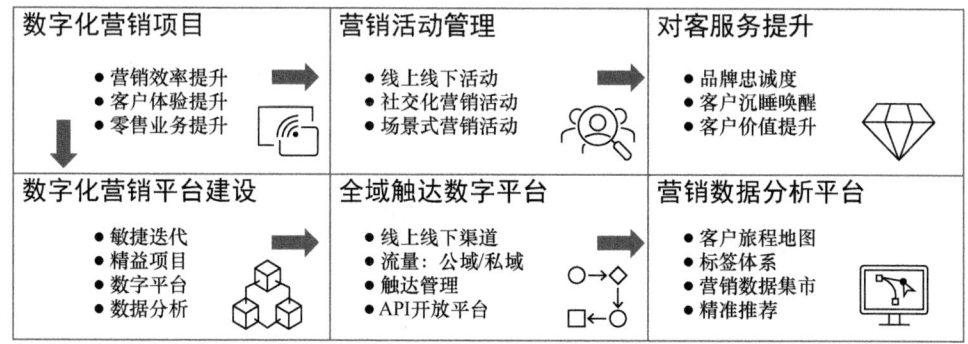

图 12.7　数字化营销项目建设思路

针对营销活动和对客工作方面，由于零售客户营销工作的市场时效性要求高，营销活动管理要体现出快速规划、快速实施、快速反馈、快速改进的"速赢"特点。这些营销活动需要得到统一管理，以避免不同部门开展活动时发生冲突，进而保持对银行品牌的一致性支持。

通过营销活动开展对客服务，需要观测不同客户的满意度变化情况，提升客户对 C 银行的品牌忠诚度。通过营销活动分析客户的激活情况，特别是对沉睡客户的唤醒比率。通过精准营销来提升客户对 C 银行金融服务的接受程度，从而提升零售客户的价值。

在数字化营销项目建设过程中，C 银行采用了敏捷迭代的项目建设模式——将项目需求分为多期，每一期都能够对当前的营销活动形成支持，并积累下公共的系统功能组件。通过对线上线下渠道的管理，逐步形成全渠道、全域化的触达管理平台，实现对营销活动、营销物料、营销资源、营销过程的数字化管理。通过公域流量和私域流量的转化实现获客和活客的目的，并通过 API 开放平台实现对外部生态的连接和融入。

加强对客户和营销数据的分析，并逐步建设强大的营销分析平台。通过对客户全生命周期的分析和画像，建立完整、全面、丰富、动态的客户标签管理体系。对银行内以及引入的金融产品和服务进行深入分析，形成精细化的金融产品标签体系。通过不断优化机器学习算法，实现对客户的精准推荐。

通过上述持续迭代的项目建设，C 银行逐步构建并完善了数字化营销体系，同时完成了全域触达数字平台和营销数据分析平台的建设，实现了对全行营销工作的统一管理。整个数字化营销平台的应用体系如图 12.8 所示。

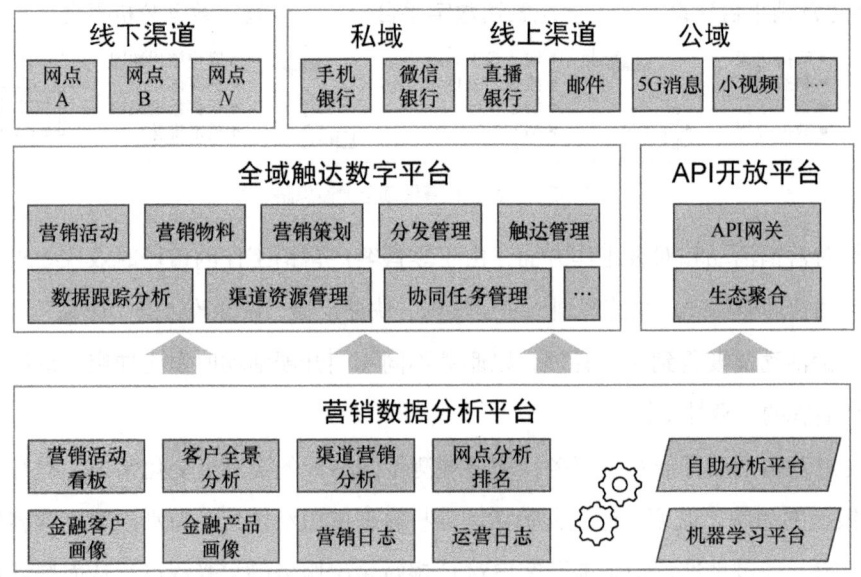

图 12.8 银行数字化营销平台的应用体系

在项目建设的过程中，C 银行也发现了一些问题和挑战。这里列举了一些典型的问题。

在敏捷迭代过程中，多线推进的团队之间的进度差异导致依赖错位的问题。由于营销活动、用户需求相对比较零散，C 银行在项目建设时采取了敏捷的项目管理方法，并采用了多个小团队快速迭代的建设模式，这就对整体项目管控提出了很高的要求。在实践中多次出现个别团队的进度不及预期，而造成整体项目目标不能及时达成的问题。

平台的设计与实际功能沉淀不匹配的问题。C 银行希望通过持续开展项目建设，在支持不断产生的业务需求的同时，不断沉淀功能，最终积累下体系化的数字化营销平台。在实践中，由于需求的变化较大，往往出现平台的许多预设接口和功能的最初设计与实际最终实现的功能之间不匹配，导致平台功能重构次数过多，带来巨大的改造建设成本。

C银行通过持续完善敏捷项目管理机制以及优化研发过程，最终不断提升数字化营销的建设水平。

12.3.3 银行数字化营销的未来

C银行的数字化营销项目是一个持续建设的项目。在每个建设阶段，C银行都对当年度的数字化营销项目设定了相对清晰的目标，以保障建设的目的性和连续性。通过多个阶段性建设，C银行逐步完善数字化营销体系。这个体系具有如下特点。

- 全渠道打通和全域化营销。通过对线上线下渠道的统一管理，以及对数字渠道的统一入口，实现全渠道打通。通过对公域流量和私域流量的统一管理，实现"全域营销"的管理模式。
- 建立统一的营销数据分析平台，实现营销数据的打通，消除各部门的"数据孤岛"。通过对客户数据和渠道数据的全面和深入分析，实现对客户的全生命周期的画像，为精准营销提供数据基础。
- 通过大量运用自助式工具、增强式工具，实现营销人员自助式快速构建分析图表，快速对客户进行全景式、多侧面分析，而不再依赖于后台IT人员，从而极大提升效率，并节省科技人员的投入。

数字化营销是许多银行重视并愿意投入的领域，究其原因在于数字化营销能够带来新的活跃客户或者提升客户活跃度，为银行带来直接收益。总的来看，领先银行的数字化营销呈现出如下特点。

- 营销的场景化、社区化和生态化。通过数字化手段和金融科技的运用，将线上线下连接起来，让金融服务融入生活场景中。许多银行还做到让金融服务融入社区中，通过金融服务与生活的高度融合，形成以金融为底层服务的生态。金融营销更加自然与融合，客户体验与客户忠诚度也随之上升。

- 通过金融科技的深度应用，银行对客户的分析更加精准，提供的金融服务也能够更加精细化、个性化。由于银行深入掌握客户的金融数据、生活数据，往往"比客户更懂自己的财富和生活"，因此银行能够成为客户更贴心的"财富管家"，赢得客户的信任。

由于过度营销往往会给客户带来伤害，因此，银行在开展数字化营销时应该保持良好的职业操守，同时高度重视客户的隐私保护和客户的数据安全。监管部门出台了多项指导措施，对金融营销和宣传工作提出指导，对金融营销的主体、资质、范围、监督措施等做出明确规定，以确保金融客户的合法权益得到保护。如图12.9所示，银行应该在数字化营销带来的商业利益与数字隐私等所需承担的社会责任之间取得平衡。唯有如此，银行才能真正让数字化转型工作"行稳致远"，取得长期效果。

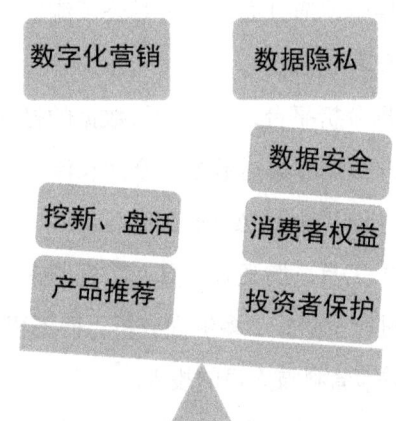

图12.9 数字化营销与客户权益保护的平衡

第13章
保险公司数字化转型实例

蜀道之难,难于上青天。

——[唐]李白,《蜀道难》

人类文明自诞生以来,就不断地面临着自然界的各种挑战。人类文明的发展史充斥着大大小小数不清的灾难。这些灾难或给整个族群带来危难,或给某个家庭或个人带来灭顶之灾,对文明的存续带来各种各样的风险。在应对这些风险和挑战的过程中,人类体现出高度的智慧和互助性。接下来我们来看其中一个故事。

在中国古代,扬子江上游的蜀国曾经是著名的产粮区,而下游地区则经常因战乱而导致粮食缺乏。商人们看到商机,将粮食通过扬子江水道,从蜀国运送到下游,从而获得巨大的商业利益。但是扬子江从高原俯冲而下,自古以来就是一条凶险曲折的河流,商船在漫长而危机四伏的河运过程中,经常发生船覆货失人亡的惨剧,许多商人因此家破人亡。虽然人们采取各种办法改进货船的工艺,但是险情仍时有发生,天灾似乎难以避免也不可预知。

为了应对运送过程中的灾难,蜀国的商人们组成了商会,想出了互助应灾的办法。在商队出发之前,每条货船抽出十分之一的粮食上交给商会,商会把这些粮食混合在一起,用商会的货袋重新打包,均分到各条货船。商队结伴而行,穿过漫长的扬子江把粮食运送到下游。如果中途有货船不幸遇到损失,则从商会的粮食中抽取相应的部分进行救济。如果万幸没有损失,商会的收益就由商人们均分。这样的互助方法有效地避免了商人们因某艘货船的损失而家破人亡。因此这一方法得到商人们的一致拥护,而蜀地商会就此兴旺发达。

每次读到这则故事,我都会由衷地赞叹古人的智慧和对人性的洞察。商人们显然已经观察到,结伴成队出行能够增强抗击风险的能力,虽然难以完全杜绝灾难的发生,但是发生风险的概率已经大大降低。这样每艘货船贡献一些粮食出来作为互助的"准备金",就能抗击整只船队的风险损失。抽取每艘货船的粮食重新打包,则是一个公开透明的举动,避免了个别商人的小动作。由于商队的损失与每个商人和每一艘货船息息相关,因此大家在出发前会更加用心地互相检查货船,尽量发现货船的隐患,同时在出行过程中也会互相提醒和呼应,齐心协力抗拒扬子江的风浪。由于群体和互助的力量更加强大,商队的总体损失会更加可控,收益也会逐步增多,商会可以据此采用更多的先进技术来对商船的工艺进行改进,在商队的管理上采取更多有效的措施,最终给每个商人都带来更多的利益。这就是古代朴素的"保险模式"给商业进步带来的实实在在的保障和推动。

进入现代社会以后,保险已经成为人类社会最重要的金融基石之一。针对相似的场景,人们发展出许多创新的保障模式,例如"货运险""物流险"等。这些保险产品的设计更加精准,责任更加明晰,保障和监控的科技手段也更加先进,能够更加有力地保障人们在货运和物流过程中的灾难应对措施。

13.1
数字化保险与未来生活

"保险姓保,首要是保"是中国金融监管部门对保险行业的呼吁和要求。在数字时代,虽然保险业务的承载模式发生了数字化改变,但是保险的本质仍然未变——为人类的数字生活提供金融保障。保险行业的数字化转型将围绕着保险业务的本质进行数字化提升和加速。

13.1.1 保险业务的分类和特点

这里讨论的保险行业的数字化转型一般是指商业保险业务的数字化转型。商业保险是金融业务的一个重要分支,本质上是金融企业运用金融工具和科技手段来保障人类社会在面临各种可识别的风险时规避损失的一种商业模式。由此可看出保险业务的几个重要特征:一是商业性;二是安全保障和风险管控;三是金融工具和科技手段。

从保障对象的分类来看,商业保险主要分为人身险和财产险。人身险是对个人的寿命、健康和身体作为保险标的的业务,与每个自然人类个体的生命和生活息息相关。财产险则是以个人或组织的财产为保险标的的业务,由于人类财产丰富多样,因此财产险的种类也多种多样,并且渗透到社会生产和社会生活的每个角落和每个细节。

保险业务在金融业务中具有较为鲜明的特色。笔者的一位朋友高老师是中国保险行业的资深专家,她将保险业务描绘为一个具有"三千万"特点的金融业务。第一个"千万"是涉及千家万户的利益。人身险与千家万户的生命健康相关,财产险与千行百业的财产相关,这背后也是千家万户的利益。这个"千万"带给保险行业异常重大的责任，也带来巨大的利益。第二个"千万"是千军万马的从业人员。传统的保险业务依赖庞大的保险代理人队伍，销售和服务模式很多是以面对面的模式展开。无论是中国还是世界上的保险巨头，员工和代理人规模都非常庞大，如何管理好"千军万马"的队伍，对保险公司的管理和激励机制也提出了巨大的挑战。第三个"千万"是成千上万的投入。人身险由于涉及个体的生命健康，保险公司展业时不仅要从统计学的角度精算各个人群的寿命、疾病等情况，还要监控到每个人的体检、医疗等情况，要精细化地完成这些工作，其中人力和科技投入都是巨大的。财产险涉及面更为广阔，对各类财产的估值、定价、损失计量都需要十分精确，这也带来了巨大的投入。由于保险人群和种类的巨大，再加之服务人员的庞大队伍，保险公司在开展业务时，在人力和科技上都需要"成千上万"的巨大投入。

保险业务的特点决定了保险行业的数字化转型不会是一件轻松的事情。图13.1列举了保险公司的数字化转型目标和举措。围绕保险业务的"三千万"的特点，我们不难总结出，保险数字化转型的目标是在持续保障和提升千家万户的利益的基础上，优化和赋能千军万马的从业人员，降低成千上万的投入，或使得投入更加精准、高效，以发挥出更大的作用。保险公司围绕这些转型目标就能够制定出适合自己的数字化转型策略和具体举措。

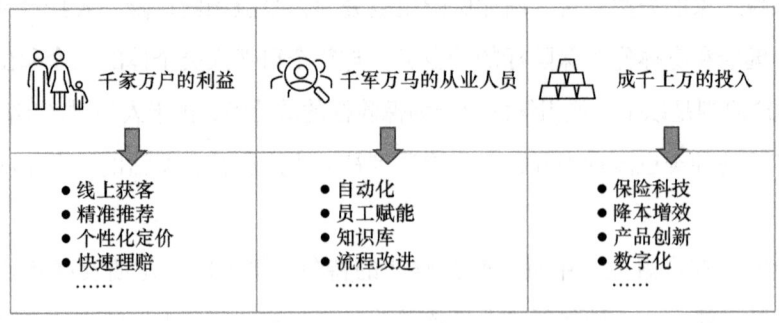

图 13.1　保险公司的数字化转型目标和举措

13.1.2 保险公司数字化转型的策略和现实情况

就中国的保险公司而言，经营业务的种类包括人寿保险、财产与责任保险、再保险以及保险资产管理等。这些保险公司的经营规模各有不同，数字化程度也存在很大差异。图 13.2 从保险业务的流程阶段出发，描述了保险公司在数字化转型时面临的场景和采取的一些策略。

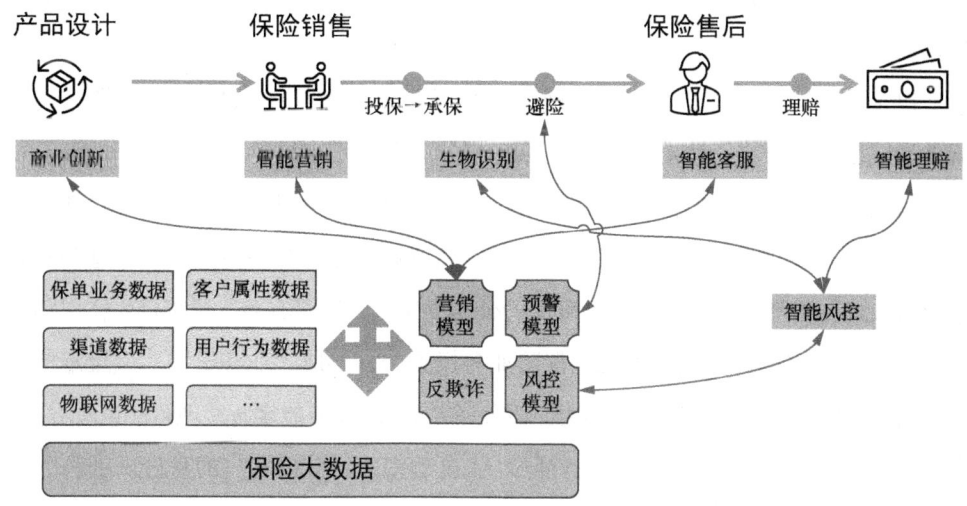

图 13.2　保险公司在数字化转型时面临的场景和采取的措施

保险产品是保险业务的承载，也是对保险公司经营目标的分解。保险产品的设计是一个复杂而专业的过程，涉及市场部门的调研和分析，以及精算部门对成本和收益空间的计算，核保部门对理赔责任和赔付成本的控制等。为保持市场的竞争优势，保险公司往往需要推出多样化的、差异化的，甚至是个性化的产品来赢得客户。这就要求保险公司深入分析市场和客户群体，以及敏锐把握创新生活和生产方式。在数字时代，保险公司更多的是利用大数据、机器学习等技术对客户的需求和预期进行分析，以取得更深入的洞察，保障产品设计的领先性。同时扩大数据来源，例如一些健康险公司会通过收集客户的健康手环等可穿戴设备的大量数据来对客户群体的健康状况做出更加准确的分析，从而设计出更有针对性的健康保险产品。

在保险产品的营销阶段，许多保险公司开始重视数字化营销。由于人类生活越来越数字化，移动互联网和智能手机已成为人们最主要的信息获取和交流的来源。许多传统保险公司也纷纷将保险产品的销售阵地转向移动互联网和智能手机，与完全线上化的互联网保险公司展开竞争。数字化营销在给保险公司带来更为巨大客户流量的同时，还给保险公司积累下海量的客户数据。这些数据不仅能优化保险公司的营销模式，而且能给产品设计带来更多的输入信息，促使产品优化形成良好的正向循环。

自2020年疫情以来，人与人的密切接触受到极大的限制，这不仅对保险公司的展业造成很大的影响，而且给客户的核保、理赔等服务带来很多不便。在这种情况下，许多保险公司加大线上平台的建设，不仅将销售渠道搬到线上，而且开通手机核保、手机报案、手机理赔等方式，将这些传统的线下业务移动互联网化，并通过各种数字科技改进服务流程。例如平安人寿保险公司推出的"智慧客服"系统将生物识别、大数据、人工智能等多项技术融入保险业务场景中，形成"业务甄别、风险定位、在线自助、空中门店"等数字化能力。该公司并通过AI智能客服实现智能语音导航、批量质检功能，将超过90%的业务通过AI自动完成，使得客户的身份识别和业务办理时间大大缩短，极大地提升客户体验和业务效率。

风控是保险业务的核心，如何提升风控能力是保险公司的核心命题。数字科技的发展也为保险公司的风险管理提供了更为强大的武器。许多保险公司开始运用先进的数字科技来改进风控过程和优化风控模型，并取得了较为显著的成效。

此外，保险公司的数字化转型的重点之一还在于为庞大的员工队伍赋能，提升员工对知识和产品信息获取的便利性，增强员工与客户之间交流的便捷性，同时通过AI、RPA等数字技术提升后台操作的自动化，降低人力成本。

虽然数字科技发展迅猛，保险公司的数字化水平发展仍然参差不齐。许多传统保险公司对数字化转型存在认识不足、技术储备不足、数字化人才不足的困境。保险行业的数字化转型仍然任重而道远。

13.1.3 保险公司的技术偏好和关注点

由于保险公司的业务与客户的生产、生活高度相关，因此其在 IT 系统的技术偏好上也与银行和证券等其他金融企业存在明显差异。有人将保险行业的金融科技称为"保险科技"，在发展方向上也呈现出一些不同的特点。

在与客户接触的"端侧"，保险科技会用到更多的传感器和物联网的技术。例如，在汽车保险领域，一些保险公司运用北斗卫星定位、车载传感器等技术来跟踪记录汽车的运行轨迹、驾驶习惯等，以提升承保的精准性和定价的灵活度。在健康保险领域，一些保险公司通过赠送给客户的心率监测、计步器和睡眠跟踪等可穿戴设备，实时关注客户的健康状况，为客户的健康风险提出及时预警，并对客户的生活方式提出建议，提升客户体验的同时也从总体上降低赔付率。这些传感器和物联网的应用带来了实时性以及终端数据的采集和传输需求，同时带动了 5G 和边缘云技术在保险领域的应用。

在保险数据和业务汇集的"云端"，保险科技系统呈现出数据量大、批次性强的特点。由于保单交易的审核算法复杂，因此单笔交易的时效性要求相对不高，但是批次处理量相对较大。此外，由于保险数据涉及面广，维度复杂，因此数据分析的规模和复杂度高，对数据存储和分析平台的处理性能要求也高。

由于保险业务往往涉及客户的生理隐私或财产隐私，因此保险行业对数据隐私和数据安全的保护要求也十分严格。例如银保监会在 2020 年发布的《关于规范保险公司健康管理服务的通知》中就明确要求：保险公司"未经客户授权不得对外提供客户个人信息或任何健康数据，依法保证数据安全和保护个人隐私"。

在保证数据安全和数据隐私的基础上，监管部门也对积极应用大数据进行风险防范和业务创新提出了鼓励。例如 2021 年 3 月，银保监会下发《关于做好 2021 年大数据反保险欺诈工作的通知》及《大数据反保险欺诈手册》（2021 版），要求保险公司积极应用大数据和相关技术，提升反欺诈的有效性和及时性，增强保险公司的欺诈风险识别和管控能力。

13.2 数字时代的车联网保险

车联网保险在中国是一个新的车险模式,也被称为 UBI(Usage- Based Insurance)。它是根据车载设备通过车联网进行数据采集和分析,从而对车辆风险做出评估并以此为依据进行保费收取的新型车险模式。本节简要介绍了 Y 保险公司的车联网保险试点建设项目的过程和相关情况。

13.2.1 项目背景

车联网保险在国外已经在一定范围内开展应用。2009 年美国保险公司 Progressive 即开始尝试推出 UBI,经过十多年的发展,UBI 的技术和商业模式均已成熟。我国的保险公司从 2015 年开始探索车联网保险模式,其间一些保险公司开展过不太成功的尝试。我国的银保监会于 2018 年批准 4 家头部保险公司开始试点车联网保险,随后发布多项技术指引和团体标准,对车险的创新模式给予支持。

图 13.3 描述了车联网保险发展的简要历程。

2010年以前	2004年	2011年	2015年	2017年	2018年
保险公司的精算部门构建多因子统计定价模型	美国Norwich Union公司开展"按历程付保费"(PAYD)	美国Co-operative Insurance公司推出"按驾驶行为付保费"(PHYD)	美国Progressive公司将设备范围扩展到手机App,推出Snapshot移动应用程序	PHYD类车险占据车联网保险市场70%以上的主导份额	中国4家保险公司的"汽车里程保险"在行业创新产品评审会议上获得通过
传统模式		新型模式			

图 13.3 车联网保险发展的简要历程

中国保险市场上传统的车险模式是以"静止的车"为评估主体的收费模式。大致过程是，对车的静态信息（如购置价格、购置年限、车辆座位数等）进行评估，计算初始保费价格，然后每年根据车辆的出险次数、理赔率等对保费进行适当调整。这种计费模式较为机械，而且现实中经常会有"多出险多获赔"的不公平现象。而车联网保险则能够根据车辆的实际使用情况进行保险计费。而且通过收集和分析车联网数据，还能够对车主的驾驶习惯、危险程度等做出评估，对风险较高者提高保费标准，对驾驶习惯优良者则给予更多的优惠和折扣。这样不仅能够使得保费的定价更为公平合理，而且能对优秀的驾驶习惯形成正向激励，有利于改善总体交通安全，可谓经济效益和社会效益双赢。

Y保险公司在国内保险公司中属于第二梯队的领先者，具有较好的技术能力和较为完备的科技队伍，对车联网保险的技术有过一定的研究和储备。Y保险公司将车联网保险建设项目视为战略性项目，希望依托于该项目的建设，向市场推出有竞争力的车联网保险产品，在未来的车险市场占据领先地位。此外，该公司还希望通过车联网保险项目，对客户的分析更加精准透彻，基于车联网所带来的大量数据建立更精准的客户风险识别模型和欺诈识别模型。此外，还希望通过车联网保险的拓展来吸引更多优质客户。例如通过一些安全提醒等增值服务提升客户的满意度，从而增强优质客户对Y保险公司的黏性。

总体来看，车联网保险项目是对物联网、传感器等边缘技术，以及大数据、人工智能和云计算等技术的综合运用，具有较高的技术难度。车联网保险项目的成功建设将为Y保险公司的业务和技术升级带来重要的推动，是Y保险公司的重点数字化转型建设项目。

在此背景下，Y保险公司对车联网保险项目高度重视，成立了跨业务、技术、管理等多个部门的联合项目组，对国内外车联网保险的商业、技术和建设模式进行深入研究。在此基础上Y保险公司制定了详细的业务方案和技术规划，历时6个月，完成车联网保险项目的建设。

13.2.2 项目建设模式和技术架构

Y保险公司的车联网保险项目的目标是构建一个完整的数字化车联网保险平台，实现车联网保险业务的全面数字化运行。从功能上看，数字化车联网保险平台可以划分为四大部件——终端部件、App部件、业务平台部件和大数据平台部件。

每个部件都是一个完整的子系统。终端部件是指车联网的硬件终端设备，它通过汽车的OBD（On Board Diagnostics，车载自诊断系统）接口与汽车主机进行连接，采集汽车行驶数据。App部件是与车主交互的App系统，负责向车主展现终端设备系统的数据采集信息，并与后端业务平台部件进行通信，向车主展现一些必要的提示信息等。业务平台部件负责接收终端部件和App部件的数据流，进行实时保费的计算处理，并与保费平台进行连接交互。大数据平台部件负责对客户数据、车辆数据、业务数据等进行汇聚分析。图13.4展现了数字化车联网保险平台的四大部件及其交互关系。

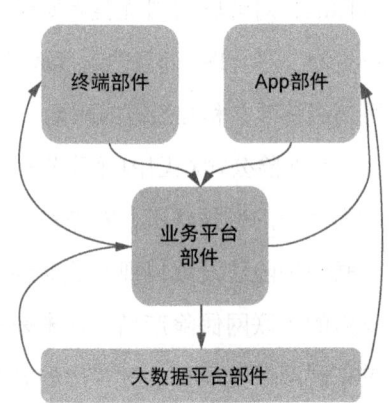

图13.4 数字化车联网保险平台的四大部件及其交互关系

其中，由于终端部件需要适配多家汽车主机厂商的OBD终端设备，而且目前行业已经针对数据接口制定了较为完备的团体数据标准《机动车保险车联网数据采集规范》（2019年），因此Y保险公司计划此部件系统及设备采用外购的建设模式。App部件和业务平台部件由于涉及与客户的交互和核心业务流程，为快速实现业务功能，尽快推进系统建设，Y保险公司计划联合优秀的合作伙伴联合研发，采取联合建设的模式。大数据平台部件由于涉及对客户的深入分析，将来可能成为Y保险公司的核心能力，因此该公司计划自主研发完成。

综上可知，Y保险公司意识到车联网保险项目的不确定性和技术复杂性，采取了"自研 + 外包"的合作建设模式。

大数据平台部件负责所有业务数据的汇聚和分析，并建立了各类业务模型和算法模型，是整个数字化车联网保险平台的"数字大脑"。图13.5展现了主要数据流和模型分布情况。

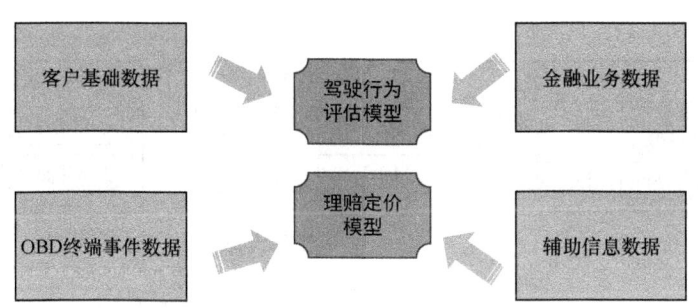

图13.5　数字化车联网系统数据流

主要数据流包括四大类数据。第一类是客户开户和系统转入时的车主数据和车辆基础信息数据。这些数据属于客户基础数据，是模型的基础实体数据。第二类是由OBD终端设备采集的大量的车辆行驶数据。这类数据属于OBD终端事件数据，是规模最大的部分。第三类是业务平台部件传输的计费结果数据、合同协议数据等。这类数据属于金融业务数据。第四类是其他业务系统或者第三方系统传递的数据，例如车辆保养和维修数据、环境监测数据等。这些数据属于辅助信息数据。大数据平台部件基于这四类数据进行分析和建模，建立起完整的车联网保险模型体系。其中，核心模型包括驾驶行为评估模型、理赔定价模型等。车联网保险模型体系是Y保险公司最重要的知识资产，也是经过数字化转型后得到的重要成果之一。

通过基于大数据平台部件建立的车联网保险模型体系，Y保险公司能够持续优化和改进车联网保险业务，进而促进业务平台部件高效连接和运行。业务平台部件基于云原生技术体系构建而成，可以实现保费计算、里程管理、车况评估管理等业务功能，并负责与各个部件的数据通信与连接。图13.6展现了数字化车联网保险平台架构，其中包括业务平台部件和数字装备部件。

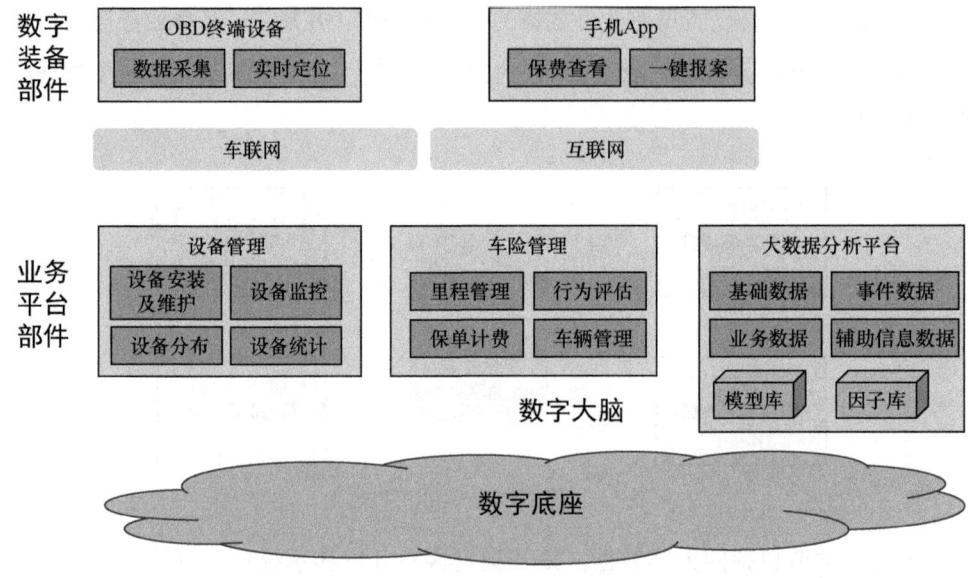

图 13.6 数字化车联网保险平台架构

数字化车联网保险平台项目给 Y 保险公司带来许多挑战。首先，此项目在技术上具有端、云技术多样化的特点，技术体系较为复杂，这给整个项目的建设带来了较大难度。此外，数字化车联网保险系统实时收集大量的客户行车数据和位置数据，这些数据属于客户非常重要的隐私数据。Y 保险公司需要妥善保护这些数据，防止因泄露和不当使用而给客户带来损失。另外，由于 OBD 终端设备是后装系统，可能存在黑客通过终端设备入侵汽车主机系统而造成的行车安全风险。这些风险因素都对整个平台的安全提出了重大的挑战。

13.2.3 数字化车联网保险的未来

中国的传统车险市场面临着非常激烈的竞争：一方面，许多车企互相之间同质化的竞争日趋白热化，只能以价格武器互相比拼，导致利润率逐年下降；另一方面，价格下降不可避免地带来服务水平的下降，并未给消费者带来实实在在的利益。此外，由于车险勘测不易，理赔的随意性较大，存在许多骗保或者灰色地带，给保险公司和消费者双方都带来了伤害。

车联网保险由于基于更精准的数据，能够采取更为精细化的计费模式，可以给客户带来更公平的保险服务。保险公司通过后台大数据对驾驶员的行为进行精准分析，可以为驾驶习惯良好的客户提供更低的收费标准。这种模式在给优质消费者带来优惠的同时，也鼓励驾驶者采取更安全的驾驶方式，进而提升总体交通出行的安全。这种道路安全的提升，不仅为整个社会带来福音，而且为保险公司降低理赔率和提升利润水平带来帮助，形成真正的多赢局面。

在国外，车联网保险的发展已经有较长的时间，美国的UBI尤为发达。据统计，美国的UBI占车险市场的比率已经接近50%，形成了非常良好的发展态势。从与国外市场占有率的对比来看，中国的车联网保险市场还具有非常大的发展空间。

针对车联网保险，除传统的保险公司积极参与以外，一些大型车企也在尝试进入这个市场，并开始推出专属的车联网保险产品。这类车企以新能源汽车企业为主。2021年11月，特斯拉创始人马斯克在年度股东大会上宣布正式推出车联网保险服务。特斯拉的UBI产品将在得克萨斯州先试行，然后推向纽约州直至全美。据报道，特斯拉的UBI保费将基于车辆的"每月安全评估分"来计费。依赖于特斯拉后台强大的数字系统，特斯拉将对每一辆车的驾驶路径、驾驶频次、安全表现进行综合评估，每个月都会对车辆给出安全评估分，安全评估得分越高的客户，将会获得更为低的保费。

目前中国已是全球最大的汽车消费国和生产国，新能源汽车的发展也处于世界前列。有理由相信，中国的车联网保险市场也会迅速发展起来，而其中的市场参与者，除传统的保险公司以外，第三方车联网保险平台、新能源车企等都有可能加入其中，为车联网保险的数字化创新带来新的发展思路。

13.3 现代农业保险

农业保险是指为农业、农村、农民这"三农"在农林牧渔的生产过程中提供保险产品和金融服务的业务。中国是个传统的农业大国,农业保险是国家"乡村振兴"计划中重要的金融规划之一。

13.3.1 项目背景

农业保险对农业和农村的现代化发展具有重要的意义:一方面,国家通过政策性农业保险,在世贸组织规则框架内对农业进行更有效和更精准的扶持,保障农村经济的发展;另一方面,保险公司通过农业保险产品的创新来支持农业生产和发展,牵引其向科技化、现代化的方向发展,提升农业科技水平。例如在粮食生产中,许多保险公司推出卫星遥感测产、无人机喷洒农药等农业保险增值服务,将科技手段和保险的金融服务结合起来,帮助农民更方便地运用先进农业科技,增加粮食产量或提升对自然灾害的风险防范能力。

国家对农业保险高度重视。农业保险是我国顺利推进农业现代化建设工作的重要的金融保障措施。例如 2021 年国家针对全面推进乡村振兴加快农业农村现代化方面指出,要继续发挥"保险+期货"的作用,扩大稻谷、小麦、玉米三大粮食作物完全成本保险和收入保险试点范围,支持有条件的省份降低产粮大县三大粮食作物农业保险保费县级补贴比例,以此来降低风险,保障农民收入。各地方政府也将对农业保险的支持作为工作重点,这里不再一一列举。

然而,我们也应该看到农业保险在现实的业务开展过程中遇到的各种难题。一方面,我国农村人口众多,金融基础设施较为落后,农业信用体系十分薄弱。保险公司在推行农业保险时，往往面临风险种类较多，风控不易的问题。而由于信息面不全，许多农民得到的农业保险服务体验也不佳。另一方面，由于农业保险投入水平和科技条件的限制，数字化水平不高。目前行业面临的普遍困境是，农业保险相关的数据共享性差，没有高效的数据联动机制。保险公司在开展业务和风控过程中需要的大量农业数据（如农产品价格数据、产量数据、气象数据、土地确权数据等）存在缺失和质量不佳的问题。相对于其他产业，农业的数字化基础水平较差，农业保险数字化转型任重而道远。

  Z保险公司是一家排名较为靠前的财险公司，农业保险是其重要的业务之一，保费规模较大。Z保险公司将农业保险的数字化作为该公司的重点战略之一，希望通过农业保险的数字化转型带动整个公司的数字化水平的提升，并体现出以农业保险、科技保险的服务来推动农业进步的社会责任担当。在这样的背景下，Z保险公司发起数字化农业保险平台项目，希望建立起"敏捷化、可视化、智能化"的数字平台，为农业保险业务的承保、查勘、定损、理赔的全业务流程实现数字化支持，提升农业保险数字化水平。图13.7展现了Z保险公司的数字化农业保险平台的数字化愿景和数字化目标。从图中可以看出，Z保险公司将数字化愿景分解为三点——敏捷化、可视化和智能化，希望数字化转型能够实实在在地提升业务效能。Z保险公司在愿景的基础上进行了目标分解，形成了切实可行的数字化转型的建设目标。

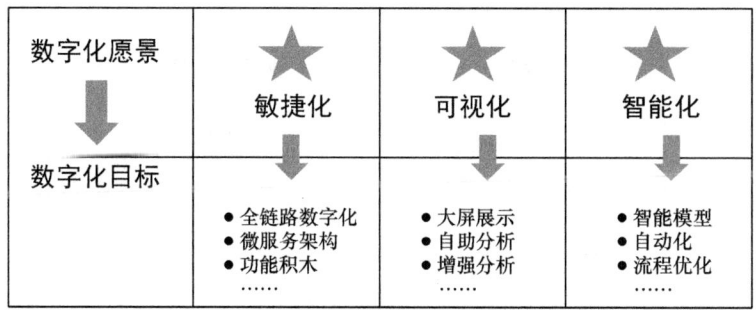

图13.7　数字化农业保险平台的数字化愿景和数字化目标

13.3.2 项目建设模式和技术架构

数字化农业保险平台是一个较为复杂而庞大的项目。为保障项目目标的达成，Z保险公司将整个项目分为两个阶段来开展。

项目的第一阶段是基础数字化阶段。在这个阶段的建设过程中，Z保险公司将目标设定为基本功能的建设达成，包括基本的承保和理赔功能，如投保人信息管理，保单的录入、查询、续保管理，理赔报案管理，预赔和实赔管理等。第一阶段的建设可以保障主体业务流的运行，使得整个农业保险业务能够以基本的数字化形态运行。

项目的第二阶段是数字化提升阶段。在这个阶段的建设过程过程中，Z保险公司对业务流程运转过程中的痛点、效率低下环节进行识别，将其数字化改造列入阶段目标中。此外，Z保险公司还积极运用大数据、人工智能、智能终端设备等先进技术对关键业务流进行改进优化，实现总体数字化水平的提升。

经过两阶段的项目建设，Z保险公司实现了数字化农业保险平台。该平台的架构如图13.8所示。

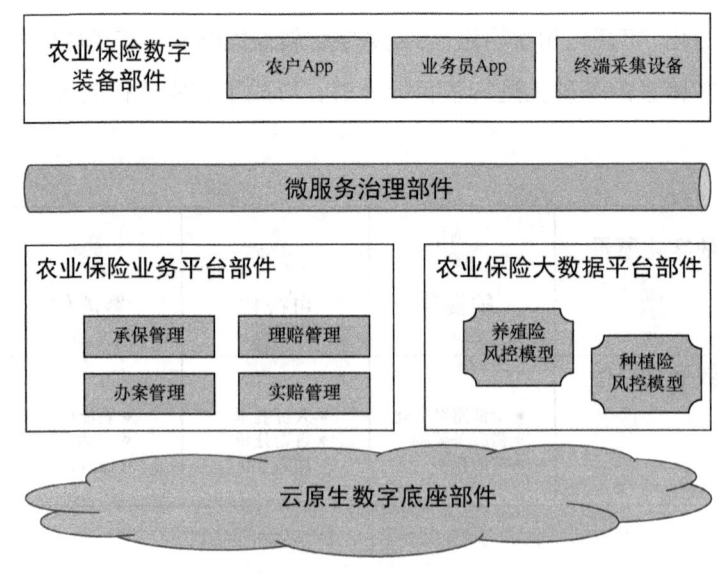

图 13.8 数字化农业保险平台架构

数字化农业保险的部件平台包括农业保险数字装备部件、微服务治理部件、农业保险业务平台部件、农业保险大数据平台部件和云原生数字底座部件。

数字化农业保险平台的农业保险数字装备部件主要有三类。

首先是农户App。目的是为农户提供极简体验的承保和理赔业务体验。由于农户的年龄结构往往偏大，农业的生产地点是田间地头，操作智能手机并不方便，这就需要农业保险App对各项功能做到最简化，便于农户的操作。在承保环节，多利用数字技术进行身份识别、信息采集，而且需要考虑视频交互功能的便捷性，便于农户随时随地能与Z保险公司的业务员进行视频沟通和协作。

其次是业务员App。Z保险公司设计了一体化的App应用，帮助业务员开展查勘、定损等工作。由于农村的地理空间跨度较大，现场查勘和定损较为不便，且带来巨大的成本。Z保险公司大力开发了远程查勘和智能定损的功能，让业务员能够通过远程视频协作的功能，指导农户上传受损影像，完成远程查勘。在查勘的过程中，充分运用OCR和人工智能等技术，识别受损的形态、程度，快速精准地智能定损。

最后是各种终端采集设备。农业保险由于其特殊性，在承保和生产过程中会运用到各种各样的物联网和传感器技术。例如通过在养殖场中使用电子耳标、电子围栏等技术，不仅可以对养殖的动物进行监控和护理，而且为农业保险提供实时数据。此外，无人机、卫星遥感等技术也为远程查勘、自然灾害风险预警等提供了更为现代化的技术手段，使得农业保险的数字化能力大大增强。

针对数字化农业保险平台的微服务治理部件，Z保险公司的技术团队迎难而上，采用安全可靠的微服务平台。

数字化农业保险平台的农业保险业务平台部件与其他保险业务平台较为类似。为了增强业务的敏捷性，Z保险公司引入了低代码快速开发平台，实现了微服务架构下的业务功能开发，为快速推出新业务提供了极大便利。

在数字化农业保险平台的农业保险大数据平台部件方面，由于农业保险业务的多样性，农业保险数据的种类来源也十分广泛。Z保险公司的挑战是如何在多维度的数据模式下快速进行业务建模，从而支持和应对各类农业保险业务。经过持续建设，

Z 保险公司已建立起养殖险风控模型、种植险风控模型等多个风险管理模型,并希望逐步完善农业保险的模型体系,形成模型资产,并最终构建"农业保险大脑"。

在云原生数字底座部件中,Z 保险公司大量运用云原生技术,通过云计算的敏捷、灵活的技术特性,保障数字化农业保险平台的可靠性和鲁棒性。

13.3.3 农业保险的未来

农业事关国计民生,农业保险是保障国计民生的重要金融手段。农业保险的数字化不仅带来保险公司的效率提升和成本节省,而且带来对农业生产发展的保障和促进,具有非常重大的社会意义。

令人欣喜的是,随着国家的大力扶持和重视,相关的保险公司在农业保险科技的应用上涌现出许多可喜的进展。

例如部分保险公司积极运用遥感卫星、气象、GIS 等时空数据,在人工智能技术的帮助下开发了多种风险预警模型,帮助农业生产更准确地防范和抵御自然灾害带来的风险。

在畜牧业养殖中,部分保险公司运用"牛脸识别技术",快速建立和识别承保牛的唯一身份识别的生物特征码,为养殖户提供更加科学和精准的承保服务。

还有保险公司探索运用科技手段,对农田作物进行实时监控,农户通过手机即可对农作物的长势、病虫害情况、田间施肥和温度情况等一目了然,从而让农田管理更加智能,农作更加省心、简便。

据报道,国家也在积极行动,着手整合政府相关部门与保险公司的农业保险数据,搭建全国农业保险大数据平台。这个平台的建成将为农业保险提供更强大的数字化保障,有力地促进农业保险行业的可持续发展。

第 14 章
证券期货类公司数字化转型实例

水则载舟,水则覆舟。

——[战国] 荀况,《荀子·王制》

资本来到世间,与之结合最紧密的,其实是科技。

19 世纪末期,随着对电的认识和研究,人类开始进入电气时代。著名的发明家爱迪生创建了"爱迪生电灯公司",为电力走入千家万户奠定了技术的基础。爱迪生电灯公司是爱迪生和另外一位合伙人共同创立的,这个合伙人就是后来鼎鼎大名的投资银行家 J. P. 摩根。爱迪生拥有电力传输和应用的多项专利,但是他的主推方向是直流电。而后来流行的交流电技术则掌握在爱迪生的对手特斯拉背后的西屋电气手中。发明家龙争虎斗,几乎两败俱伤。最后在 J. P. 摩根的纵横捭阖下,由爱迪生电灯公司改组合并而来的通用电气一统天下,成为电气时代的科技王者。通用电气百年发展史的背后始终站着摩根大通财团这样的资本巨头。以致有人说,美国在 19 世纪和 20 世纪的巨大发展故事,其实就是科技与资本互相成就的故事。

进入 21 世纪以来,顶尖的国际投资银行对先进数字科技的关注和应用显得越来越迫切。资本与科技特别是数字科技的互相成就甚至互相融合也越发明显。著名投资银行高盛集团在数字科技方向上押下重注:一方面,大量投资新兴数字科技创业公司;另一方面,大力扩展自己的数字科技队伍。2021 年高盛在开源平台 GitHub 上面发布了大量的源代码。这些源代码在过往构建了高盛在证券定价、分析和管理风险方面的强大数字能力。而开源世界的程序员可以应用这些源代码与高盛颇负盛名的数据分析平台 SecDB 进行连接。在积极拥抱数字科技的同时,高盛宣称自己"已经是一家科技公司",软件研发队伍的规模甚至超过了 Facebook(现名 Meta)等"正牌"数字科技公司。

资本积极拥抱数字科技的故事数不胜数。资本为数字科技带来巨大的力量,孵化出大量的科技独角兽。数字科技对资本市场以及投资银行的发展也起到了巨大的助力和推动作用,成为投资银行的核心能力之一。但是如果数字科技运用不当,也会给资本市场带来巨大的伤害。2013 年 8 月,某证券公司的程序化套利策略系统因程序缺陷出现故障,错误地下出高达 234 亿元的买盘,瞬间将大量权重股拉到涨停,对 A 股市场造成巨大的冲击。据报道,这次"乌龙指"事件正是由于程序化交易系统出现故障,系统循环发出大量的指令导致的。程序化高频交易作为资本市场应用数字科技的典型模式引发了广泛关注和争议,各国监管部门也纷纷出台相应的法律法规,防止这些资本市场的"核武器"因使用不当而对市场造成伤害。

资本与数字科技如同水与船的关系,应用得当则水涨船高,应用不当则有翻船的可能。

14.1
资本市场的数字化期望

资本市场是指长期资金市场,按照资金融通方式的不同,可以分为证券市场和银行中长期信贷市场。人们所说的资本市场一般是指证券市场,证券公司和期货公司是证券市场上的中介服务商。本节探讨的主要是证券市场上的证券公司和期货公司的数字化转型的实践模式。

14.1.1 证券期货业务的特点

证券期货业务是金融行业的主要业务之一。与银行业务和保险业务不同的是,证券期货业务是一个"全市场单位"共同参与完成的业务。这句话如何理解呢？我们首先来看银行业务和保险业务，它们基本上是一个"自闭环"的业务。也就是说，银行的"存、贷、汇"业务，基本上在一家银行就能完整地办理完成，形成闭环。保险业务也是如此。但是证券期货业务完成一个业务流程，则需要"全市场单位"的共同参与。以中国的证券交易为例，客户下证券委托单到证券公司，证券公司接纳后需将委托指令报给交易所，交易所撮合成交之后，又将交易结果发给登记结算公司，登记结算公司完成清算之后，将结果文件发回给各证券公司，证券公司再对每个客户进行清算结算，并将结果发给存管银行，由存管银行对资金结果进行划拨，这样才最终完成一次证券交易的流程。任何一个环节出现问题，证券交易就不能正常完成。

证券期货业务具有高度专业和复杂的特性。从数据流的角度来看，中国证券市场的参与单位可以分为如下几类。

- 监管机构。主要是中国证监会，它通过中央监管信息平台对整个行业的数据流进行监控，并通过统一信息披露平台向全体投资者披露信息，保持整个证券市场的发行和交易业务的公开、公平、公正。
- 市场核心机构。包括证券交易所、期货交易所、登记结算公司，以及投资者保护基金、证券金融公司和行业自律协会等。这些机构在中国证券市场上处于业务流的核心节点的位置。从商业属性上看，目前这些机构基本都是非营利机构。
- 市场中介机构。包括证券公司、期货公司，以及基金公司、律师事务所和评估审计机构等。这些市场中介机构是证券市场上的主要商业机构。
- 发行人和其他机构。发行人指的是证券市场的主要"标的"，包括上市公司和一些非公众公司等。其他机构包括商业银行（在中国证券市场上主要承担资金存管的职能），以及中国人民银行和外汇交易中心等。

证券市场上的主要竞争者是市场中介机构。从证券公司来看，目前中国的证券公司有130多家，其业务收入、科技投入和数字化能力的分化十分显著。从科技投入来看，2020年证券业协会的数据显示，前10家证券公司的科技投入占据整个行业科技投入的40%。这就造成了头部证券公司与中小型证券公司的数字化能力的差异极大。头部证券公司往往拥有较为完整的金融科技队伍，具备良好的科技实力和一定的自主研发能力。而中小型证券公司在科技人才、科技投入方面都非常有限，许多公司的科技投入仅能应对基础通信设施和基础硬件设施的运维保障，在数字化建设的投入方面十分匮乏。这种局面进一步拉大了头部证券公司与中小型证券公司之间的数字化差距，造成"强者恒强"的局面。期货公司的数字化格局与之大体相似。

14.1.2 证券期货类公司的数字化转型策略

数字化转型已经成为证券期货行业的热点，金融科技对证券期货行业的业务提升作用已经成为行业共识。2021年10月，中国证监会科技监管局组织相关单位编制发布了《证券期货业科技发展"十四五"规划》，对"十四五"期间证券期货行业数字化转型和科技监管工作的指导思想、工作原则及工作重点做出明确阐述，提出了一批具有标志性、前瞻性、全局性、基础性和针对性的重大战略举措，为新发展阶段证券期货行业数字化转型建设提出了纲领性指南，体现出监管单位对行业数字化转型的高度重视。

从证券公司的具体业务来看，数字化转型能够对各项业务产生提升作用。证券公司的业务一般分为四大类——投资银行业务、证券经纪业务、投资自营业务、机构托管与研究业务等。图14.1简单描述了证券四大类业务的数字化转型的策略。

投资银行业务是整个证券业务的"发起端"。它是一个高度依赖于投资银行从业人员（如保荐人等）的个人专业能力，并以线下业务为主体的业务类型。在传统的投资银行业务模式中，商机发现、承揽、承销、发行的业务流中的各个环节，基本上都是靠人工操作完成，自动化和数字化的比率非常低。投资银行业务的数字化转型：一方面，要以业务流程的数字化和效率提升为导向；另一方面，也需要运用金融科技来提升商机发现和市场风险的洞察和管理能力。随着科创版的推出和注册制逐步推行，投资银行对金融科技和数字化转型的需求也更为迫切。

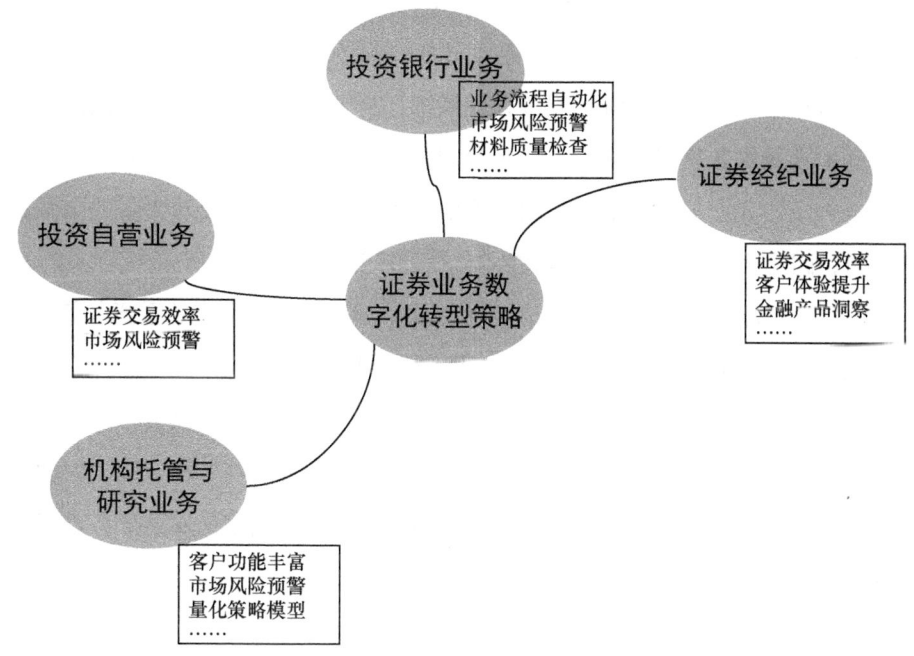

图14.1　证券业务数字化转型策略

证券经纪业务是证券业务面向证券投资者的主体业务。证券经纪业务中的佣金收入也是证券公司的主要收入来源之一。随着市场竞争的加剧，各家证券公司纷纷调低佣金费率以吸引客户。许多证券公司开始将证券经纪业务向财富管理方向转型，期望通过为客户提供更加专业化、个性化的财富顾问服务和资产配置服务来赢得客户，以获得额外的收入。财富管理对证券公司的专业服务能力提出了更高的要求，也需要更为强大的数字化系统来支撑。"财富科技"成为证券公司经纪业务的金融科技发展方向之一。

投资自营业务是指证券公司运用自有资金进行证券投资的业务，在证券行业内部一般称之为"买方业务"。就投资自营业务而言，其资金规模较为巨大，对风险的管控尤为敏感。投资自营业务的数字化转型方向包括：一是提升对市场风险的管控能力，例如对投资组合的风险敞口的实时计算；二是提高对市场数据的分析和洞察能力，并基于这些分析和洞察建立量化交易模型。投资自营业务还包括固定收益业务，其中对量化交易模型的运用也十分广泛。

机构托管与研究业务是指大型证券公司为私募或公募基金提供的业务托管服务。由于机构客户对证券交易系统、投资管理系统、高频交易系统等均有较高的要求，证券公司需要提供数字化程度很高的平台型系统，以赢得机构客户的青睐。面向机构客户的市场研究业务也是证券公司的重要业务之一，由于需要对大量的金融数据进行分析，因此大数据和人工智能等技术也得到广泛运用。

此外，融资融券、质押回购等资本中介业务也是许多证券公司的重要业务之一，其数字化转型的策略和特点大体与上面几个主体业务类似。

期货业务与证券业务较为类似，不同的地方在于期货市场的投资标的以金融衍生品为主，例如期货、期权、互换、远期等。期货业务具有高杠杆、高实时性、高风险的特点。中国期货市场的发展规模目前还相对较小，数字化发展形势与证券市场较为类似。

14.1.3 证券期货类公司的技术偏好和关注点

传统的证券期货类公司的技术架构将应用系统划分为 5 个应用域，如图 14.2 所示，分别为渠道接入域、交易域、运营域、客户服务域和经营管理域。除这 5 个应用域以外，还有安全管理系统、数据中心、数据仓库以及企业内部信息交换总线和内部门户系统等支撑型系统。

渠道接入域和交易域承载了证券期货类公司的核心业务流，即证券期货交易业务流。由于证券期货交易具有时段性明确、超高实时性、交易品种和业务种类复杂多样的特性，证券期货类公司的交易系统对时效性、系统韧性、安全性具有极高的要求。这些要求体现在渠道接入域和交易域的系统上，这些系统的技术偏好十分明确。由于渠道接入域的系统连接了投资客户，因此要求相关实现技术实时响应性强，功能拓展快速灵活。交易域的系统，特别是场内核心交易系统，由于需要在固定交易时段承载大量投资者的交易指令，因此在并发性、实时性上有极高的要求，而且需要在尽可能短的时间内完成交易指令的上报和回报。在实践中，证券期货类公司运用超低时延交换机、高端闪存、FPGA可编程芯片等硬件技术，来实现交易网络性能的极致提升。

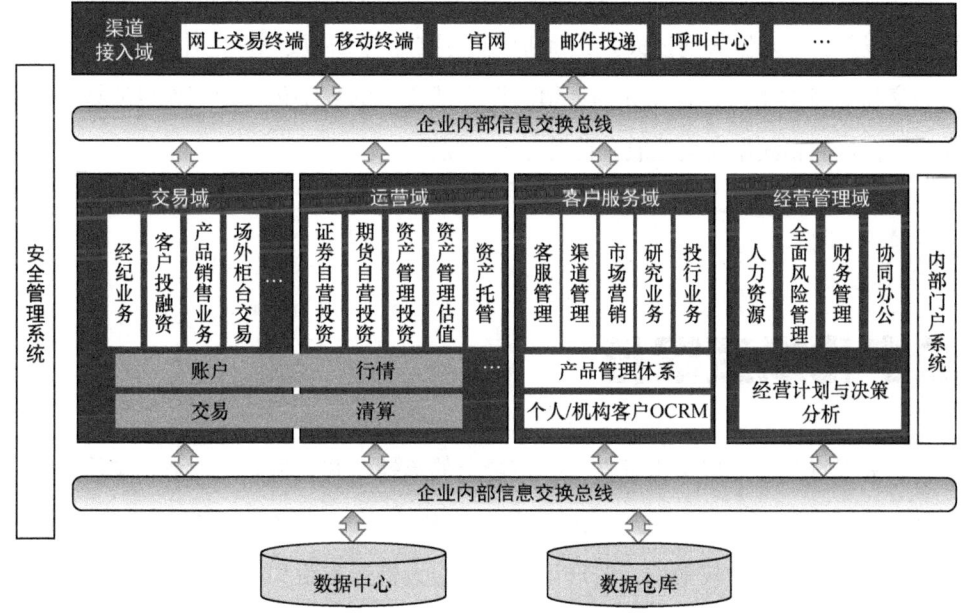

图14.2 证券期货类公司技术架构（摘自《证券期货业机构内部接口设计方案（2019年版）》）

在运营域，由于证券期货业务的品种繁多，交易和结算规则复杂，运营域的系统需要具备较为复杂的批量数据处理能力。由于运营环节众多，且涉及中后台多个部门，存在大量的手工操作的复杂场景，证券期货类公司积极引入AI+RPA系统，通过自动化的方式来替代部分的人工操作，在节省人力成本的同时提升运营效率。

在客户服务域和经营管理域，由于证券期货业务对资本市场极为敏感的特点，对金融数据的研究一直以来是证券期货业务的重点。证券期货类公司积极运用大数据、人工智能、知识图谱等技术对金融市场数据进行深入分析和洞察，挖掘其中的风险信息和价值信息，增强自身的风险防范和机会发现能力。

在技术架构方面，随着云计算、分布式技术和微服务架构的发展，许多证券期货公司开始运用微服务和云原生技术来构建底层平台，以实现整体技术体系的灵活性和鲁棒性。

资本市场的核心职能是通过直接融资的方法实现对资源的调配，由于涉及利益重大，资本市场往往成为利益各方的角逐场。在这样的形势下，监管科技和数据安全就显得尤为重要。证券期货交易数据一旦发生泄露，对资本市场将造成巨大的影响，给广大投资者带来巨大的损失。证券期货业对数据安全高度重视，对新技术的运用、核心交易业务的上云也显得尤为谨慎。证券期货业的数字化转型工作也应该将监管要求、合规性和数据安全性放在首要考虑的位置。

14.2 数字化投资银行

投资银行业务一般是指证券一级市场上的承销、并购和融资业务，本质上是一种财务顾问服务。在中国证券公司的业务分类中，投资银行业务大致可分为股权融资、新三板推荐挂牌、债权融资、资产证券化、重大资产重组和并购等业务。投资银行业务的服务客户对象主要是公司客户。

14.2.1 项目背景

J证券公司是一家排名靠前的综合类证券公司，投资银行业务在该公司的经营中占较大的比重。J证券公司拥有一支优秀的保荐人队伍，客户群体以中型公司为主。经过多年的深耕，J证券公司在客户中拥有良好的口碑。J证券公司将"金融科技"和"领先投资银行"作为公司的两个最重要的战略方向，希望通过金融科技的建设和运用，对投资银行业务产生积极的推动作用，进而提升客户服务效率和客户体验，加强内部运营,提升风险管控能力,建立领先于竞争对手的数字化投资银行体系,从而取得市场领先的地位。

投资银行业务具有典型的项目型的特征。如图 14.3 所示,一个完整的投资银行 IPO(首次公开募股)项目的流程包括许多环节。

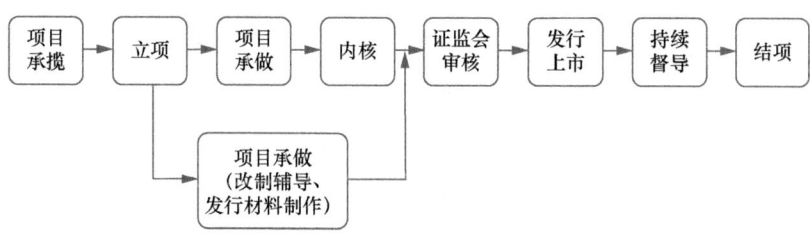

图 14.3 投资银行 IPO 项目流程

项目承揽是指 J 证券公司的投资银行部门从市场上发掘潜在的股权融资客户,经过尽职调查后进行公司内部立项。在项目承做阶段,J 证券公司会对客户进行上市辅导,为客户提供财务顾问服务,帮助客户理清股权结构并进行股权改制,审核客户的银行流水和财务报表,帮助客户编制上市材料等。在上市辅导工作的后期,J 证券公司会对项目情况进行内部审核,检视项目是否达到上市标准。内核完成之后,J 证券公司会将项目申报给证监会审核,监管机构根据客户拟上市的市场板块对项目进行审核或注册,通过之后即可进行发行和上市,客户正式成为上市公司。在此之后,J 证券公司还要进行必要的信息披露,并对客户进行持续督导,直至项目结束。

投资银行 IPO 项目的实施是一个较为漫长的过程,其中涉及大量的关联干系方,由于许多环节涉及大量的材料审核与编制,工作量巨大。此外,由于投资银行项目牵涉利益巨大,监管合规与风险管控的要求十分严格。投资银行 IPO 项目由于线下环节较多,相关材料许多是纸质文档,整体数字化程度不高。J 证券公司原有的投资银行项目管理系统运行已超过 5 年,功能较为落后,已难以支撑投资银行部门的业务工作。

J 证券公司希望通过新一代的"数字化投资银行业务平台"项目的建设,在对老的投资银行项目管理系统进行功能重构的基础上,实现投资银行业务的数字化、自动化乃至智能化。J证券公司希望"数字化投资银行业务平台"项目能够优化投资银行项目作业流程,实现工作底稿的数字化。通过数字化协同工具提升文件材料的处理效率,通过移动端App提升投资银行员工的沟通效率,通过知识库沉淀员工的专业知识,通过大数据和人工智能技术敏锐地发现商机、防范风险,全面提升投资银行业务的数字化水平。

14.2.2 项目历程和系统架构

J证券公司将"数字化投资银行业务平台"项目建设分为两期。第一期完成投资银行业务人员作业管理功能,包括尽职调查、工作底稿管理等功能。通过第一期建设,J证券公司建立了知识管理体系及配套的项目信息管理功能,实现了老系统的功能迁移,基本实现核心业务流程的数字化管理。第二期开发数字化承揽、发行销售、持续督导等新功能。通过第二期建设,J证券公司引入了AI+RPA技术来加速业务处理过程;通过AI+OCR等技术对工作底稿数字化,建立投资银行移动数字门户,实现全业务流程的数字化和移动化;建立投资银行数据集市,并运用大数据和人工智能技术对投资银行项目数据和金融市场数据进行深入挖掘和分析;建立对客户(拟上市公司和发债企业)的动态监控模型,对企业可能存在的财务舞弊、财务造假的风险进行实时识别和预警,提升投资银行业务的风险防范水平。

经过两期建设,J证券公司的投资银行业务实现了基本的数字化,并部分实现了自动化和智能化。新构建的"数字化投资银行业务平台"的系统架构如图14.4所示。

"数字化投资银行业务平台"分为三个主体——数字装备平台、业务功能平台以及数据集市与分析平台。

"数字化投资银行业务平台"的数字装备平台较为简单,主要面向投资银行部门的内部人员,包括保荐人、项目承做人员、内核人员和管理人员等。投资银行人员的大部分操作基本能够通过移动端投资银行 App 来完成，部分较为复杂的工作，例如银行流水审核、财务报表审核等功能仍然需要通过投资银行 PC 工作台来完成。

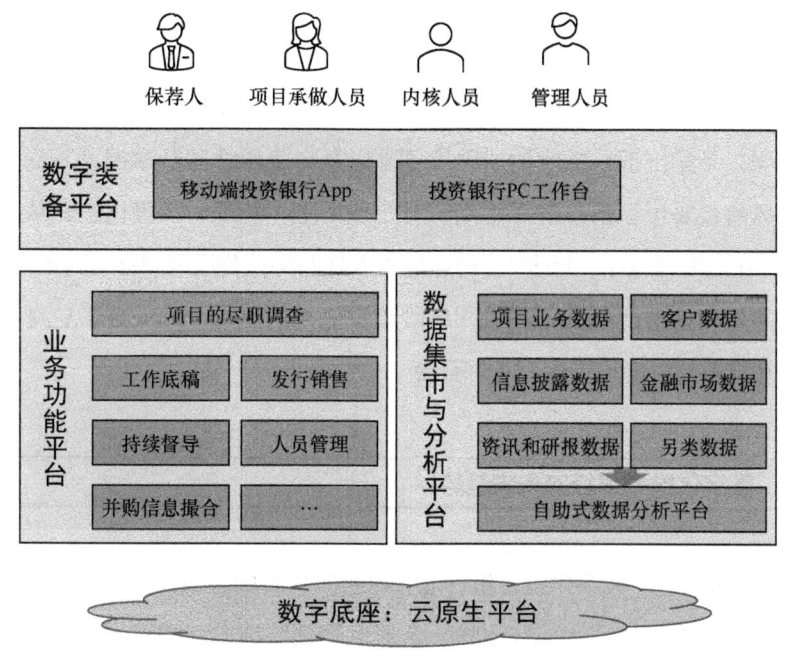

图 14.4 "数字化投资银行业务平台"系统架构

业务功能平台完成投资银行业务的主体功能，包括项目的尽职调查、工作底稿、发行销售、持续督导、人员管理、并购信息撮合等。业务功能平台运用微服务技术对业务功能进行抽象和原子化，通过对原子功能的编排实现业务功能的快速组合与扩展，支持投资银行的股权融资、新三板上市、债券发行、重组并购等业务的不断拓展。

数据集市与分析平台整合了 J 证券公司投资银行业务的内外部数据，包括项目业务数据、客户数据、信息披露数据等内部数据，以及金融市场数据、资讯和研报数据、另类数据等外部数据。在此基础上，J 证券公司建立了投资银行业务数据集市，实现了投资银行业务的综合分析报表和合规监控报表。J 证券公司通过自助式数据分析平台支持投资银行业务人员快速进行数据分析和数据挖掘,并运用人工智能和机器学习技术构建企业财务智能预警等多个风险模型。

由于"数字化投资银行业务平台"的并发用户规模和数据规模相对较小,因此J证券公司将此平台建立在内部云平台之上,实现了IT资源的共用,带来了总体成本的节省。

在项目建设过程中,J证券公司也发现了一些问题和难点。例如在人工智能技术的运用方面,暴露出部分技术的成熟度不高以及自身科技团队掌握度不深的问题,导致部分风险预警模型的准确率不高,对企业风险不能及时准确识别,从而给项目带来损失。在后期建设中,J证券公司通过引入外部科技公司来增强自身的算法能力,建立了更高效和精准的模型,在提升风险防控能力的同时,也补足了自身的技术能力短板,并与外部智能科技生态良好融合。

14.2.3 数字化投资银行的未来趋势

J证券公司通过"数字化投资银行业务平台"项目的建设,实现了基本业务流程的数字化,并在数字底稿生成与审核、企业风险预警等方面实现了部分的智能化,带来了投资银行业务的整体效率提升。

J证券公司希望在未来的"数字化投资银行业务平台"项目建设中,深化大数据和人工智能等金融科技的应用,在多个环节提升金融科技的应用深度,运用最恰当的技术提升效率。在数据集市层面,由于数据广度有限,J证券公司希望在未来扩大数据范围,引入更多高质量的企业数据和市场数据,并加大对另类数据的研究,通过数据的积累来发掘商机,以及提升风险防控能力。

通过对风险模型、合规检核、商机分析模型的建设,J公司希望能够在未来形成模型的层次化和体系化,借助多种类的模型体系以真正支撑投资银行业务的数字化和智能化运营,将数据集市升级为"投资银行业务数字大脑"。

相对于国际领先的投资银行巨头,中国的投资银行仍显得对金融科技的应用力度和掌握能力不足。从科技投入的角度来看，高盛、摩根大通等公司每年的信息科技投入均超过中国证券行业全行业的信息科技投入。国际领先投资银行普遍把金融科技作为核心竞争力，在信息技术投入、科技人才队伍建设、对外科技投资方面力度巨大，并积极开展对人工智能、区块链、量子计算等前沿技术的研究和应用，通过各种方法建立金融科技护城河。

随着国家对直接融资的鼓励，科创版和注册制的推行，以及北交所的创立，中国的资本市场有望迎来进一步发展。在金融开放的趋势下，如何提升自身的投资银行业务能力以及金融业务的全球竞争力，成为证券从业者面临的紧迫课题。数字化是提升证券公司投资银行业务能力的重要手段之一，并得到越来越多证券公司的认同。这些证券公司积极运用金融科技改造投资银行业务的关键流程节点，优化作业模式，建立模型体系，在提升精细化管理水平和运营效率的同时，增强投资银行业务的风险管理能力。

14.3 数字化财富管理

财富管理是金融业务的热点之一。一般来说，财富管理是指为客户提供个人或家族的财务规划服务，帮助客户进行财富保值和增值。在中国的金融企业中，银行、证券、保险等企业都向客户提供不同类型的财富管理服务，例如银行的理财服务、证券公司的投资顾问服务以及保险公司的保险理财产品服务等。财富管理在中国金融行业还属于较新的业务模式，但是在美国、欧洲等成熟金融市场已有多年的发展历史。以美国为例，财富管理机构向客户提供的投资顾问服务包括个人财富规划、基金理财投资建议、税务筹划、保险规划等，盈利模式也主要以买方顾问服务为主。

14.3.1 项目背景

G 证券公司是一家在国内行业排名前 10 的证券公司，零售业务是其主营业务之一。2018 年以来，G 证券公司大力推行经纪业务向财富管理的转型。在此背景下，G 证券公司发起了"数字化财富管理平台"项目。

为了促进经纪业务向财富管理转型，G 证券公司深入研究了国内外先进的财富管理业务模式，并多次组织公司骨干业务人员和技术人员赴美国进行考察学习。在此基础上，G 证券公司采取了三项转型措施。首先是组织架构的调整。G 证券公司将管理层面的经纪业务委员会改组为财富管理委员会，统筹调配公司资源以支持财富管理业务的发展。其次是开展面向全公司的"财富之星"的投资顾问培训和培养体系，通过持续不断引入内外部优质培训资源，将 G 证券公司庞大的经纪人队伍转型升级为财富投资顾问队伍，建立人才优势。最后是建立数字化财富管理平台，运用数字技术和金融科技改进对客户的服务体验，增强对财富类金融产品的管理和研究的能力，提升投资顾问的服务水平，加速内部运营效率。

财富管理的数字化转型建设是 G 证券公司推动财富管理业务的最重要的措施之一。如图 14.5 所示，G 证券公司将"数字化财富管理平台"划分六大环节——财富 App、投资顾问平台、财富资讯数据、投资组合管理、投资研究分析，以及财富客户分析。

财富 App 是面向客户的数字装备平台，可以在快速触达客户、连接客户的同时，提升客户的数字化体验。

投资顾问平台在业务功能上分为三种模式。第一种是完全依赖人类顾问的专业服务模式；第二种是运用人工智能等技术对人类顾问进行辅助和增强的顾问服务模式；第三种是完全依赖于人工智能的智能投顾模式。G 证券公司根据客户群体和客户接受程度的不同采取差异化的服务模式。

财富资讯数据是对市场数据和财富资讯的整合与深度分析，向客户和投资顾问提供来源丰富的、高质量的数据服务，以及多样化的市场分析因子。

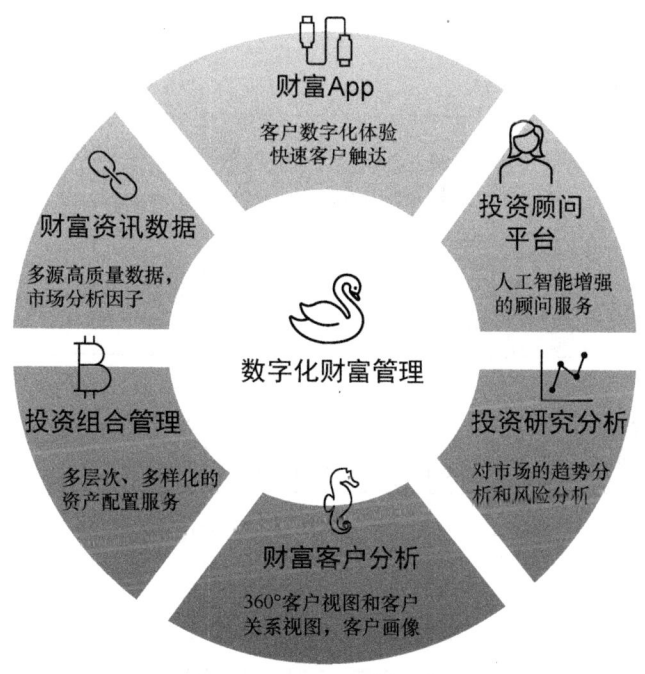

图 14.5 数字化财富管理平台

投资组合管理和投资研究分析是"数字化财富管理平台"的核心,分别为客户提供多样化、多层次的资产配置和组合服务,以及对市场的趋势分析、风险分析及预警服务。

财富客户分析是对客户关系管理系统的升级,包括360°的客户视图和客户关系视图,以及对客户更加深入、全面、透彻的画像分析。

G证券公司希望通过"数字化财富管理平台"项目建设,建立并完善六大环节,并实现六大环节的紧密连接和互通,使得整个财富管理体系如同一个巨大的"财富飞轮",借助数字化转型形成财富管理业务的自驱动和不断加速发展。

14.3.2 项目历程和系统架构

G证券公司的"数字化财富管理平台"项目大体上可以分为三个阶段。项目建设历程如图 14.6 所示。

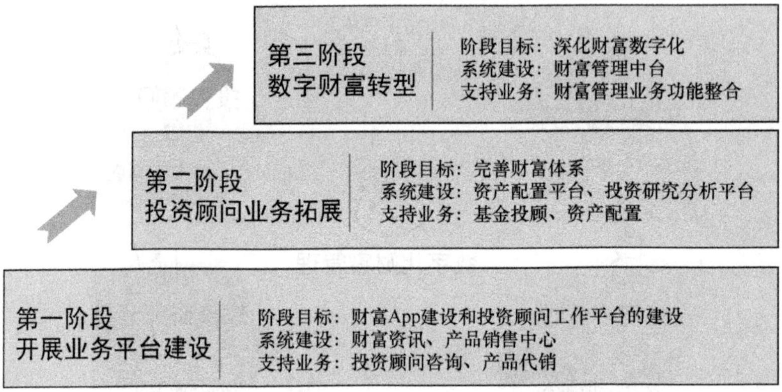

图 14.6 "数字化财富管理平台"项目建设历程

第一阶段侧重于财富 App 建设和投资顾问工作平台的建设。财富 App 重点在于客户的使用体验，提升客户对财富资讯获取、账户资产配置分析等功能的体验。建立投资顾问开展业务终端，完善产品管理后台，形成系统闭环。该阶段的重点系统功能模块为财富资讯和产品销售中心，以支持投资顾问咨询和产品代销等业务的开展。

第二阶段重点在资产配置平台和投资研究分析平台的建设。业务上支持基金投资顾问试点的开展，建立基金投资顾问系统，完善客户账户管理功能、资产配置功能和投资研究分析功能，探索财富管理整体架构的完善。

第三阶段重点在于财富管理中台的建设。通过对财富管理功能的整合，建立业务中心、智能中心、数据中心、交易中心，形成财富管理中台，深化财富管理业务的数字化转型。

通过三个阶段的项目建设，G 证券公司基本建立了数字化财富管理体系，如图 14.7 所示。

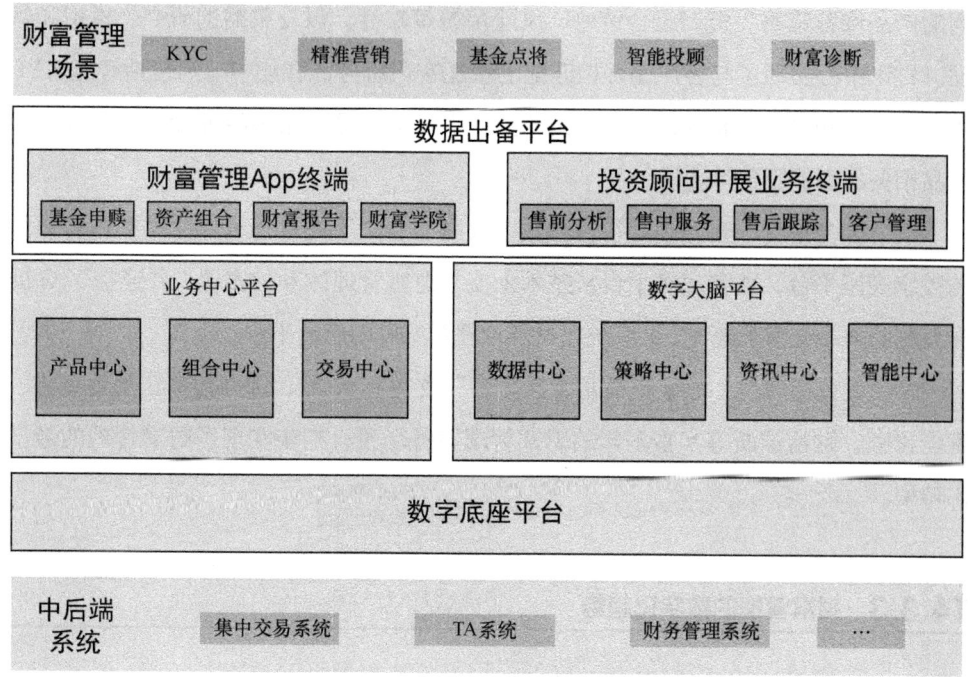

图 14.7 数字化财富管理体系

G 证券公司的数字化财富管理体系包括四大部件——数字装备平台、业务中心平台、数字大脑平台，以及数字底座平台。

数字装备平台包括两大终端——面向客户的财富管理 App 终端和面向投资顾问的投资顾问开展业务终端。数字装备平台是重要的连接平台。

业务中心平台是财富管理业务的核心业务功能平台，包括产品中心、组合中心和交易中心。产品中心负责对金融代销产品的研究分析、上下架管理和售后服务管理等。组合中心实现了对客户的资产配置组合管理功能，包括对客户的组合管理和绩效监控等。交易中心整合了对客户的交易委托指令管理和订单管理，以及与此相关的支付和协议电签功能等。

数字大脑平台实现了对数字化财富管理体系的分析和智能，包括数据中心、策略中心、资讯中心和智能中心。数据中心整合了基础数据和行情数据、投资研究数据等，是数据分析体系和智能体系的数据基础。策略中心包括服务于客户和投资顾问的产品推荐策略、资产组合策略、风险预警策略等，以及策略的研究、模拟和管理。资讯中心实现了与客户偏好相匹配的智能资讯服务。智能中心则包括智能 KYC（Know Your Customer，客户背景调查）、金融产品和基金经理标签以及与金融产品相关的智能服务等功能。

数字装备平台、业务中心平台和数字大脑平台之下是基于云原生和微服务技术的数字底座平台。数字底座平台从技术上支撑财富管理体系的实现，并连接了 G 证券公司的集中交易系统、TA 系统和财务管理系统等中后端平台。

G 证券公司通过"数字化财富管理平台"支撑起 KYC、精准营销、基金点将、智能投顾、财富诊断等丰富多彩的财富管理服务场景，初步实现了财富管理的数字化转型。

14.3.3 财富管理的数字化趋势

G 证券公司通过"数字化财富管理平台"项目的建设，初步建立了财富管理数字化体系，实现了数字技术和金融科技对客户体验、财富业务功能的优化和提升。在下一步的建设规划中，G 证券公司希望深化人工智能等金融科技在财富管理中的应用，加大金融科技对投资顾问的支持，丰富财富管理业务场景。同时希望引入更多样化、优质的金融资管产品，以服务不同层次的财富类客户。这就需要建立起更深入的金融产品分析体系，运用大数据和人工智能等技术对基金等资管产品、基金经理和资管机构进行深入分析，建立更深刻的画像标签体系。在策略平台和智能平台上深化策略体系的构建和积累，形成深层次的智能策略支撑能力，真正发挥数字大脑的作用。

财富管理在中国金融行业正迎来巨大的发展契机，这得益于国民经济的持续高速增长和国家精准扶贫等政策的大力推行。证券公司作为专业化的财富管理机构，应该依托投资研究、投资顾问、投融资等方面的资源禀赋优势，全面提高财富管理的数字化能力，真正实现卖方销售模式向买方服务模式的转变。同时监管机构也应该不断完善相关的扶持政策和监管措施，在证券公司财富管理业务发展以及满足客户财富管理需求方面提供有力的政策支持，并实现对投资者的有效保护。

金融科技在其中将会起到更重要的作用。金融科技2.0的数字化、智能化、场景化、生态化、平民化的五大特性与财富管理的业务发展趋势趋同一致，让金融企业的财富管理业务能够通过数字化和智能化的金融科技和数字技术实现更加丰富的场景，形成更广阔和更深化的财富管理业务和科技生态。

第15章
基金与资管企业数字化转型实例

泰山不让土壤，故能成其大。

——［秦］李斯，《谏逐客书》

共识和契约是人类文明发展的基石。在漫长的历史过程中，人类个体的力量始终显得如此弱小，但是人们通过共识，聚沙成塔，将弱小的力量汇集起来，就形成了强大的合力，获得巨大的利益。与此同时，通过契约又将合力所获取的利益分配到每一个弱小的个体，形成了文明对个体的滋养，这样的良性循环，带来了人类文明生生不息的发展。

共识和契约也是金融业务发展的纽带。在金融行业，汇聚个体的资金来形成投资的合力，最常见的模式就是投资基金。东汉建初年间，由于国家承平日久，生产得到快速发展。但是权贵家族利用特权，占有了大量的土地，使良田成为稀缺的资源。许多弱小的家族虽然人口开始增多，但无权无势，单个家庭也无力购买更多的耕地，养活一家老小都十分艰难，更遑论兴旺家族。此时，有的弱小家族联合起来，订立契约共同出资，由族中德高望重者出面代表购买大量良田，族人耕种获得收益，再购买更多的耕地，从而促使家族资产不断壮大。人们将家族契约刻在岩石之上，称之为"石券"，以示家族合作的信用之长久。而举族汇聚的家族资产也一代代累积和壮大，推动家族兴旺。这堪称汉代版的"家族式信托基金"的萌芽故事。

世界上第一支真正的封闭式基金是1868年诞生在英国的外国及殖民地政府信托基金（The Foreign and Colonial Government Trust, FCGT）。该基金最初以投资列强各国的殖民地政府的债券为主，认购FCGT之后不能退出，也不能兑换为现金，认购者的权益仅限于分红和派息。由于该信托基金采用多元化的投资来降低风险，因此为投资者带来了稳定的回报。据称 FCGT 的年回报率高达 7%，远高于当时的英国政府债券利率，因此受到投资者的追捧。1891 年 FCGT 扩大了投资范围，并更名为外国及殖民地投资信托基金（The Foreign and Colonial Investment Trust, FCIT）。FCGT/FCIT 连续投资了 150 年，直到 2014 年才被一家更古老的金融机构蒙特利尔银行（BMO）收购，并更名为 BMO 商业地产信托。

FCGT/FCIT 开创了契约型投资基金的先河，它的认购者基本都是英国普通的中产阶级。FCGT 在募集说明书中写道，本基金的宗旨是"应用基金达到与大投资者一样享受海外投资收益的目的"。FCGT 将众多小额的投资者的资金汇集起来，通过委托专家管理的模式进行规模化投资，这正是后世投资基金的典型模式。

到了 20 世纪，美国资本市场逐渐成熟，基金行业获得长足发展。1924 年在波士顿，200 多位哈佛大学教授出资 5 万美元，设立了世界上第一支开放式基金"马萨诸塞州投资信托基金"（Massachusetts Investment Trust），这也是美国第一支现代意义上的共同基金。在 20 世纪 70 年代，美国经济高速发展，在养老金等的推动下，基金业得到迅速壮大。到 20 世纪 90 年代，美国共同基金的规模已达上万亿美元，基金产品数超过纽约证券交易所的股票支数，基金投资者的人数达到上亿人，成为金融市场上重要的资本力量之一。

15.1 大资管时代

大资管行业是以金融资产管理业务为核心的机构统称。所谓的金融资产管理，一般是指通过募集资金来对金融资产进行投资和组合管理的业务。大资管行业的本质是"受人之托，代人理财"，从法律关系上讲是一种客户与资管机构之间的信托关系。

15.1.1 为什么是大资管时代

大资管业务是一个热点话题。那么,究竟什么是"大资管业务"呢?我们来看一下图15.1对大资管业务的比喻式说明。

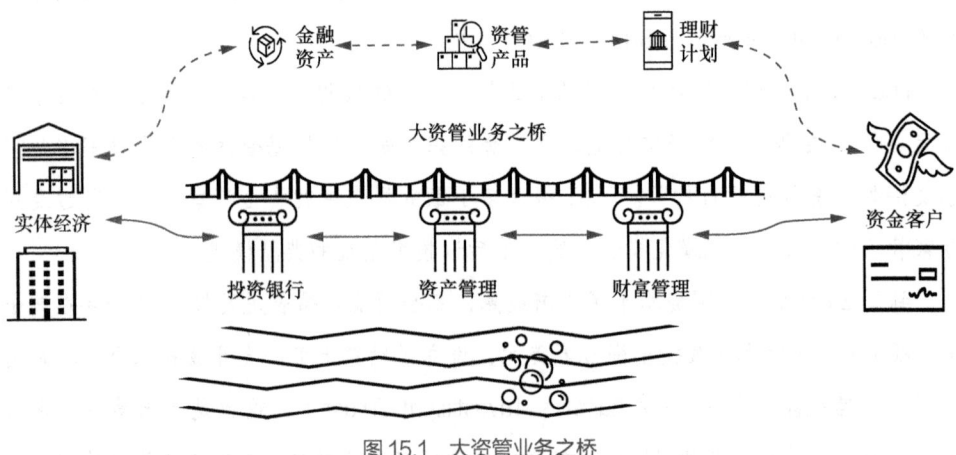

图15.1 大资管业务之桥

金融如同一条大河。河流的两边,一端是实体经济,一端是资金客户,大资管业务就是连接这两端需求的桥梁。这座桥梁有三个支柱——投资银行、资产管理和财富管理。

实体经济有融资的需求。投资银行业务为了解决实体经济的融资需求,通过IPO、发债等方式,将企业的融资需求"包装"为金融资产。从事资产管理业务的机构会投资这些金融资产,并在此基础上再度"包装"形成"资管产品",例如基金、理财产品、信托产品等。从事财富管理业务的机构会根据资金客户的需求,制订一些"理财计划",为资金客户形成多种多样的财富组合计划,满足资金客户的理财需求。

投资银行、资产管理、财富管理这三个业务模式将实体经济的融资需求和资金客户的理财需求更紧密地连接,让实体经济的融资需求得到更迅速、更早期的满足,让资金客户的财富更有可能得到增值的收益,享受到实体经济发展的红利。这是一种更为高效的金融模式。人们将这种金融业务模式称为"大资管业务"。在大资管业务中,连接金融资产和财富计划的资产管理业务是其中的核心业务。

随着国民经济的增长和居民财富的迅速增加,大资管业务近年来在我国得到高速发展。统计数据显示,2020年我国金融资产管理规模已达106万亿元,较之2010年,短短10年的时间,总体规模增长了将近4倍。随着2018年《关于规范金融机构资产管理业务的指导意见》(业界简称其为"资管新规")的发布,资产管理业务在银行理财领域的监管要求和发展模式得到进一步规范化,在一系列的监管政策挤出市场的水分之后,资产管理业务有望得到进一步加速发展。相关专家预计,未来10年的金融业务将会走入一个以资产管理业务为主导的时代,也就是人们常说的"大资管时代"。

中国的大资管行业主要有如下的市场参与机构。

- 银行理财子公司。这是"资管新规"发布后各大银行将资产管理业务剥离出来而创立的理财子公司。银行理财子公司实质是资管公司。银行理财子公司由于承接了银行体系庞大的理财资产规模和客户规模,因此是资产管理市场上极其重要的一类参与机构。
- 公募投资基金、私募投资基金和券商资管。这是证监会体系下资产管理类机构。相对于银行理财子公司,证监会体系的资产管理类机构往往具有专业性强、投资和风控能力出众的特点,大型公募投资基金更是具有超大的资产管理规模,它们是资产管理市场的主要参与机构。
- 保险资产管理和信托公司等。保险资产管理和信托公司都是银保监会体系下的资产管理类机构。保险资产管理对保险资金和其他第三方受托资金进行投资管理,以实现其保值和增值。信托公司则是从事委托和代理信托业务的金融机构。这两类机构也是资产管理市场的重要参与机构。

这三类资产管理机构利用各自独特的禀赋,在金融资产管理市场上展开竞争和角逐,提升自身的竞争优势,推动资产管理业务的不断发展。其中的重要策略之一就是运用"资管科技"来实现自身的数字化转型。

15.1.2 资产管理业务的数字化转型策略

资产管理业务与银行、保险和证券的零售业务和机构业务有很大的不同，它是一个面向金融市场的、以金融资产管理为核心的业务模式。图 15.2 展现了资产管理业务的层次划分和核心的业务流。资产管理业务的数字化转型就是围绕这些核心业务流来展开的。

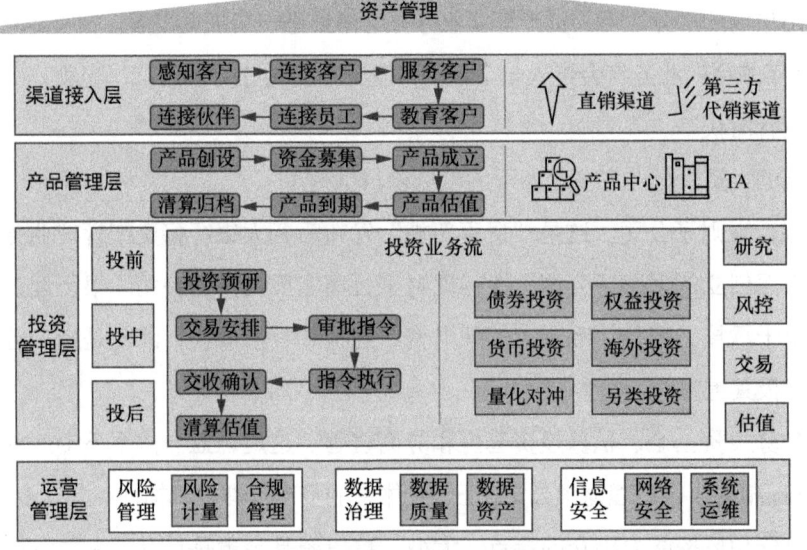

图 15.2 资产管理业务的层次划分和业务流

资产管理业务大体可以划分为 4 个层——渠道接入层、产品管理层、投资管理层，以及运营管理层。接下来主要介绍前 3 个层。

渠道接入层包括第三方代销渠道和对客户的直销渠道。资产管理类公司的产品销售大多是通过银行、证券或其他第三方渠道来进行的。第三方代销的模式省却了资产管理类公司庞大的渠道建设和运营工作，但是也失去了对客户数据的更深入的掌握和洞察。近年来，许多基金公司和银行理财子公司开始尝试建设面向客户的直销渠道平台，希望能够得到客户的更全面的数据，并与客户建立更紧密的连接。

产品管理层包括了资产管理类产品的完整生命周期管理,涉及产品创设、资金募集、产品成立、产品估值、产品到期以及清算归档等。产品管理流程是成熟的过程,痛点在于产品设计说明书的质量审核和合规检查,其中需要消耗大量的人工投入,出错的概率较高,而且一旦发生错误则将带来巨大的损失。许多基金公司尝试运用人工智能的 OCR 和 NLP 技术来识别其中的差错信息,从而节省人力并提高质检的准确性,但是实践中的应用效果也各有千秋。

投资管理层包括了资产管理类公司的核心业务流。从阶段上看,投资管理层又可分为投前、投中和投后 3 个环节。投前环节主要包括投前准备和投资预研等工作,需要研究人员和投资经理在大量的可信数据分析的基础上得出投资策略,建立投资标的池,并形成明确的投资目标。在投中环节,投资经理将交易指令提交审核,并由交易员执行交易指令,然后由财务人员和运营人员进行划款和交收等工作,以完成整个投资动作。在投后环节,运营人员汇集投资交易,并进行清算和估值等工作。由于金融资产的种类繁多,每类资产的投资管理模式各有不同,但是总体上都会包括研究、风控、交易和估值这些环节。

投资管理的数字化转型有如下要点值得关注。

首先是投资研究的数字化转型。无论是价值型投资还是量化型投资,都需要基于大量的数据分析才能更有效开展。在现实的金融世界中,大量的金融及相关数据以各种各样的形态汹涌而至,要在其中提炼出关键的信息和有价值的线索,仅仅依赖人工是不可能完成的。数字化转型的关键就在于提升和辅助人对海量金融数据的处理能力,将经济学模型和金融学模型的分析过程数字化,并加快数据的流转效率。

其次是投资交易的数字化转型。由于资产管理类机构的投资金额往往巨大,这样就为指令的准确性和高效性带来了极高的要求,需要在投资指令的流转过程中嵌入多种检查规则和风控规则,以防止低级错误和操作性风险的发生。另外,交易系统也需要采取对大额交易指令的拆分和分批的策略,以降低对市场的冲击,精确地达到交易目的。

再次是风险管理的数字化转型。风险管理贯穿投前、投中和投后各个环节,对时效性和有效性的要求非常高。近年来，许多资产管理类机构运用实时流式数据的技术对风险进行实时管控，并运用大数据和人工智能技术建立多种多样的风险识别模型，增强对风险的发现和预警能力。

最后是运营管理的数字化转型。资产管理类机构的运营管理，包括数据治理、监管报送、信息安全管理、系统运维管理等后台工作。在实践中，许多机构运用AI+RPA等技术来增强运营的自动化程度，从而达到节省人力和提升效率的作用。

资产管理业务是一个侧重面向金融市场和金融资产的业务，数字化转型的策略也以增强数据分析的能力和量化模型的构建能力为主。

15.1.3 大资管业务的发展趋势

资产管理业务在中国金融行业历经了较为曲折的发展过程。进入21世纪以来，随着居民财富的增加和金融资产的丰富化，资产管理业务得到快速发展，但是也带来许多的问题。许多金融企业利用监管多头的状况进行监管套利，或通过理财业务违规加杠杆，业务多层嵌套，违规开展滚动发行、集合运作、分离定价的资金池理财业务，带来较为严重的金融风险，或损害投资者的利益。我国监管部门发布了一系列的监管政策，例如，在2017年的整改基础上，于2018年发布《商业银行理财业务监督管理办法》（又称"监管新规"），对商业银行理财业务的开展设立了新的规范。同年发布了《商业银行理财子公司管理办法》，对设立银行理财子公司提出了指导性意见和监管要求。这些政策明确了银行理财业务的资产管理属性，消除了不同监管部门之间的政策差异，为资产管理业务的持续健康发展提供了监管的保障。

图15.3列举了近年来我国相关监管部门发布的资产管理业务方面的较为重要的政策和法规。从这些政策和法规中可以看出监管的政策导向，并可以预见监管政策会向更为专业化、统一化和标准化的方向进一步发展。

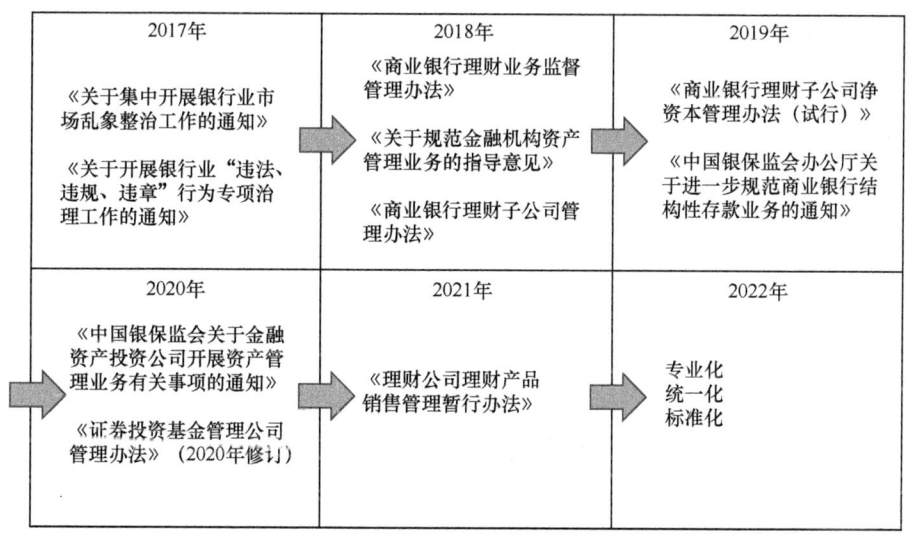

图 15.3　近年来关于资产管理业务的监管政策和法规

在更加规范的监管环境下,我国的资产管理业务有望迎来更为高质量的发展。专业化、数字化的能力将是资产管理类机构在未来构建核心竞争力的关键。另外,随着我国金融市场的进一步对外开放,国际资产管理类机构正在逐渐进入我国市场,并带来领先的资产管理经验和更为先进的数字化理念,这将对本土的资产管理类机构形成新的挑战。而现有的基金公司、理财公司等资产管理类机构只有进一步增强自身的金融科技能力,加快数字化转型的速度和力度,才能应对未来的全新挑战。

15.2
智能化投研

投资研究是基金等资产管理类机构的一项重要工作。投资研究简称为"投研"。投研是为了投资决策服务的,基金公司的研究人员需要从宏观、中观和微观各个层面展开分析,研究其中的趋势、机会和风险,为投资经理的决策形成重要的参考依据。

15.2.1 项目背景

N基金公司是一家资产管理规模过万亿元的大型基金公司,其资产管理风格秉持稳健、创新、专业的投资理念。N基金公司的投资产品方向较为多样化,投研方向涵盖主动权益资产、债券、货币、海外投资、被动投资、量化对冲、另类投资等不同类别。2020年以来,N基金公司大力推行"投研一体化"项目建设,在业务上形成研究驱动投资、风格多元化的投资策略体系,在技术上对金融科技大力投入,精心打造投研一体化平台,通过专业化系统平台,赋能公司的研究和投资,促进公司资产管理规模稳健增长。

"投研一体化"项目的建设目的是让研究和投资工作更紧密地结合起来,让研究的成果能够最直接、最有效地应用到投资交易当中。同时,投资交易的需求和问题能够反馈到研究管理工作中,形成研究管理和投资管理的闭环。而风险管理能够贯穿整个流程,使得所有相关人和系统使用统一的风险计量因子和风险口径,从而形成"研究—投资—风险"的一体化管理。图15.4描述了"投研一体化"项目的大致过程和互相之间的关系图。

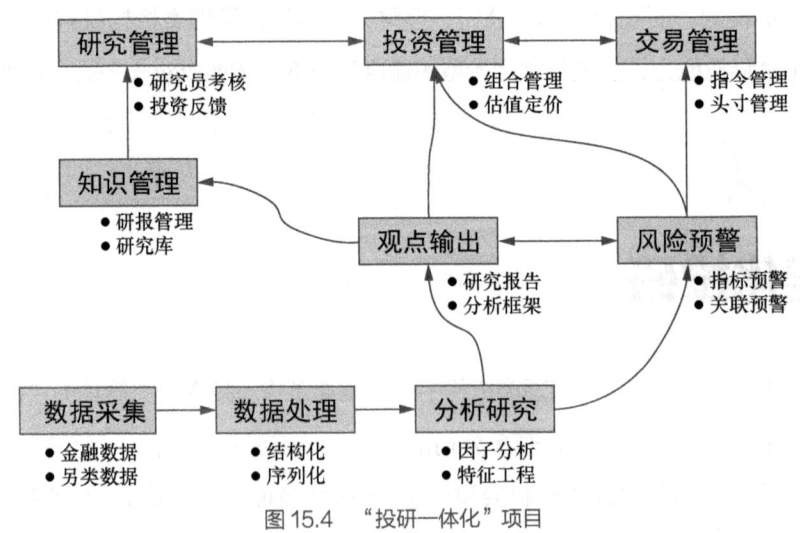

图15.4 "投研一体化"项目

N基金公司在推进"投研一体化"项目的建设过程中碰到了各种问题,接下来介绍其中较为典型的一些痛点。

首先是数据方面的问题。金融市场是复杂而多变的,这使得投研工作面临的研究范围十分广阔,研究对象十分多样,研究方法也呈现出复杂多样化的特性。由于投研工作的专业性强,研究人员所需的金融数据也十分复杂。为支撑研究工作的开展,研究人员需要各个渠道的数据,例如行业的数据、产业的数据、上市公司或发债企业的数据等。这些数据的来源不同,格式多样,数据的整合存在很大的困难。随着研究工作深入,各种数据经过积累,数据量不断膨胀,数据的处理能力往往会受到挑战。由于投资目标和研究对象经常发生变化,数据分析和模型构建工具的灵活性往往会存在不足。由于新数据的不断引入,数据的真假、质量的问题不断暴露。这些问题都给投研工作带来了很大的挑战。

其次是流程和协同的问题。基金投资管理的合规性和保密性要求非常高,投资经理的标的选择、交易指令、操作记录都需要高度保密,一旦泄露则可能造成重大的合规甚至法律问题。基金公司的投资部门与研究部门之间也设置有"隔离墙",以防止敏感信息和数据的不当传播。如何在合规管控的前提之下保持研究部门与投资部门之间的有效协同,除在管理机制上做好管控以外,信息系统的安全性、权限管理的严谨性也需要周密设计。

最后是知识积累和经验传承等普遍性的问题。在传统的投研工作中,投研分析完全依赖于研究人员的专业知识和个人经验,知识很难得到积累,经验也难以得到传承。研究人员的变动往往会给基金公司的投研工作带来很大的困难。

N基金公司的"投研一体化"项目以解决以上这三大类问题为项目目标,希望在投研一体化平台的基础上,真正实现数据资产化、流程自动化、知识系统化。

15.2.2 项目历程和系统架构

N基金公司将"投研一体化"项目分为两个阶段来建设。

第三篇 实战变革

第一阶段的目标是，建立投研一体化平台的基本框架，打通数据的采集和流转过程，建立统一的数据资产登记管理模块，形成初步的金融数据统一视图；建立研究管理和投资管理互通的流程框架，在细化合规和权限管理的基础上实现流程的自动化；建立研究报告的智能分析模块，提升研究人员的研究分析的效率；建立量化策略框架和回测框架，增强研究人员的策略研发能力；建立穿透式的风险管理框架，实现研究与投资的风险管理的标准化和统一化；建立研究人员的综合管理模块，实现对投资研究工作的一体化管理。

第二阶段的目标是，建立多元化数据应用生态，引入更丰富完备的金融资讯数据，构建特色化另类数据服务；进一步扩大量化因子库，并增强量化回测框架的深度和并行能力，提升策略研发效率；通过人工智能技术进一步加速研究报告的生成效率，增强研究人员主动、持续覆盖行业与投资产品的能力；建立全产业链的知识图谱，生成行业与产业的智能跟踪框架，提升研究的智能化水平，并实现组织的知识积累与知识共享；完善风险管理体系，运用大数据和人工智能技术完善风险预警体系，增强投前、投中和投后的风险预警能力；完善研究人员绩效评价体系，实现对研究人员的更有效和更科学的激励。

通过两期的项目建设，N 基金公司初步建立了具有一定智能化水平的投研一体化平台。该项目的系统架构如图 15.5 所示。

从功能上看，N 基金公司的投研一体化平台分为三大部分。

首先是数字装备部分。分为手机 App 和 PC 应用程序，通过对手机 App 的操作简化和功能增强，实现在手机端便捷完成流程、资讯、报告编写等功能。PC 应用程序则实现更为复杂的策略编写、量化回测、模型构建、增强分析等功能，并实现手机 App 和 PC 应用程序等信息无缝传递，大大提升研究人员和相关人员的工作效率。

其次是业务平台部分。包括主要的投资管理、交易管理和研究管理的功能实现，如投资管理部分的投前、投中、投后管理，交易管理的组合与指令管理以及与后端交易通道系统的无缝对接，研究管理部分的研究流程管理、研究报告管理、绩效管理、协同管理等。

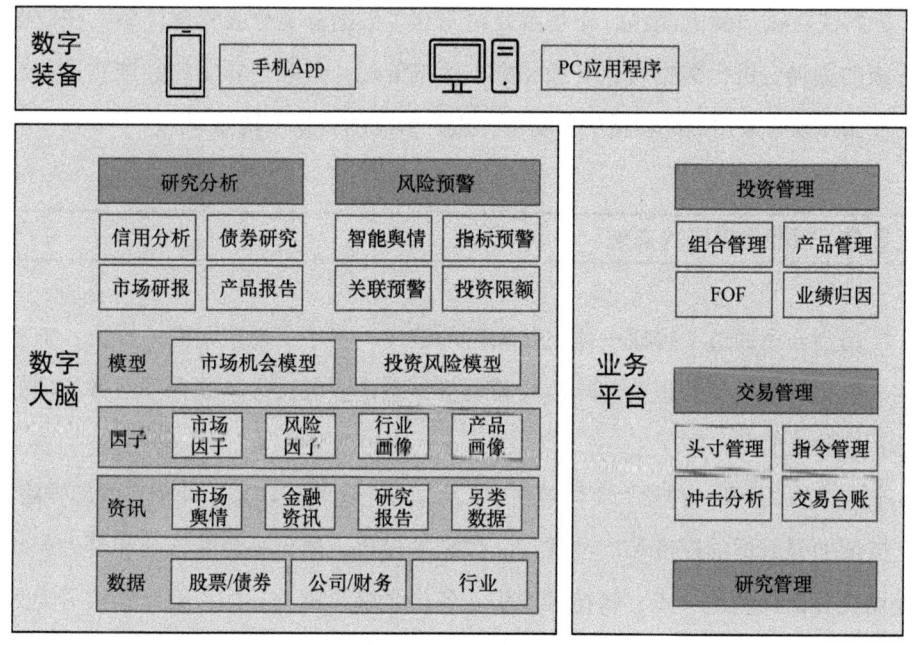

图 15.5 投研一体化平台架构

最后是数字大脑部分。数字大脑可大致分为三个层——数据与资讯层、模型与因子层、工具与引擎层。数据与资讯层整合了金融市场数据、另类数据和金融资讯数据等,实现了数据资产的统一视图。模型与因子层实现了投资模型、量化策略、市场因子、风险因子与风险模型的体系化管理。工具与引擎层则包含了数据增强分析工具、模型构建工具、策略回测引擎、知识图谱引擎、风险预警引擎等。数字大脑是整个投研一体化平台的核心。

在项目建设和推广运用的过程中,N 基金公司也发现一些问题和挑战。

例如数据质量管理的挑战。投研一体化管理的模式下,投资交易和研究分析使用统一的数据源,这提升了分析研究的质量和一致性,避免了研究和投资的数据差异。但由于各业务环节对数据质量和数据可信度的要求存在差异,使得数据版本管理的复杂度大幅提升:一方面,金融数据是持续供给和产生的,这使得数据质量监控面临很大的挑战;另一方面,数据质量监控规则的不断叠加,给数据时效性带来影响。

为解决数据质量的问题，N 基金公司建立了数据分类分级管理体系，在数据分类分级的基础上进行数据质量管理和数据版本管理，采取差异化的数据质量监控策略，在保障核心数据的高质量的前提下，提升数据的整体流转效率。

15.2.3　智能化投研的未来

N 基金公司通过"投研一体化"项目的建设，基本实现了研究、投资、交易过程的一体化管理，使知识管理与风险管理贯穿整个业务过程，提升了业务流程的自动化和智能化水平。

在未来的"投研一体化"项目规划中，N 基金公司希望在如下几个方面加强建设。

持续加强数据的深度和广度建设。数据是投研一体化平台的核心和基础，N 基金公司充分认识到这一点，将持续地引入各类金融及相关数据，积极探索另类数据的应用。同时，数据治理、数据分析的要求和算法算力的能力提升需求也会随之增加，形成持续不断的建设需求。

在数据内容建设的基础上，N 基金公司希望进一步提升数据分析能力，为研究人员打造更加灵活强大的自助式增强分析工具箱。并希望将各类数据分析工具、算法建模工具、策略回测工具融合起来，形成更为强大的金融研究数字装备，更有效地赋能研究人员和投资经理的分析和投资工作。

深化人工智能的技术应用，完善智能图谱的建设，探索事理图谱的应用，使得研究和投资工作更加智能，分析更加全面，风险预警更加精准和迅速。

此外，N 基金公司还计划进一步提升一体化程度，实现流程的效率提升和闭环性，特别是对后端交易系统、TA 和估值系统、合规系统的接口效率和融合程度，将数字大脑的智能化能力外延到更多的信息系统，从而提升整个数字体系的智能化水平。

投研一体化平台对基金等资产管理类公司具有十分重要的意义。国外领先的资产管理类公司对此已有多年的研究和实践，其经验和模式值得借鉴。例如美国贝莱德公司著名的阿拉丁平台就是一个集金融研究、量化分析、风险模型等多种功能为一体的平台。阿拉丁平台的全称是"资产、负债、债务和衍生品投资网络"（Asset, Liability, Debt and Derivative Investment Network），最初是贝莱德公司研发的风险管理平台。该平台在 2008 年金融危机中表现出色，经过多年建设和完善，其技术和业务功能得到不断丰富。2020 年 2 月，贝莱德公司宣称将阿拉丁平台与数据市场平台 Snowflake 对接，进一步丰富其可用数据来源。2020 年 4 月，贝莱德公司宣称将阿拉丁平台基础架构托管至微软 Azure 云平台，进一步增强其架构的灵活性。阿拉丁平台不仅支撑了贝莱德公司的投资和研究管理，还被设计为开放平台，将风险和投资管理能力开放给众多的投资机构，每年收取高达数亿美元的平台使用费用。该平台已经成为资产管理类机构科技能力输出的典型案例。

资产管理业务是较为典型的面向市场的"思考型"业务，智能化投研是资产管理类机构构建"金融数字大脑"的典型场景。资产管理类机构通过智能投研一体化平台的建设，不仅丰富了金融数据的积累，提升了人工智能等技术的应用能力，还将智能化的触角延伸到各个业务环节，为资产管理类机构实现全面数字化转型打下良好的基础。

15.3 智能化风控

金融的本质是什么？有人认为是资源的调配和风险的管控，有人认为是信用、杠杆、风险。针对这个问题众说纷纭，但是风险管理作为金融的核心要素和金融企业的核心能力，却是所有的金融企业都认同并高度重视的。近年来许多金融企业运用大数据和人工智能等技术来构建风控模型，增强自身的风险管理能力，这种模式有别于传统的风险管理，被称为"智能化风控"。

15.3.1 项目背景

K公司是一家大型银行的理财子公司,就业务范围而言:一方面承接母行的理财产品的管理业务;另一方面也在积极构建"固收+"、权益等的资产管理产品体系。在2018年"资管新规"发布以后,K公司将产品体系的"净值化、长期化、公募化、标准化"作为发展方向,在风险管理建设方面也力图建立起与母行能够衔接且有资产管理业务差异化的风险管理体系。

资产管理类机构是面向市场、资金密集型的企业,风险管理贯穿投资管理和经营活动的全过程。K公司将经营管理中的主要风险划分为投资风险、合规风险、营运风险和道德风险四大类,其中,投资风险主要包括市场风险、信用风险、流动性风险等。针对各类风险,K公司从公司治理和业务运作层面建立了一套完整的风险管理体系。

从风险管理的内容上看,K公司的风险管理工作包括风险识别、风险测量、风险控制、风险评价、风险报告等。从风险管理的模式上看,K公司对投资风险的管理建立了事前配置与预警、事中监控和事后评估与反馈的"全程嵌入式风险管理",实现市场风险、流动性风险、信用风险等风险的识别、衡量和控制,将风险管理嵌入整个投资过程。

资产管理类机构的风险管理是一个综合性的管理体系。许多资产管理类机构将该体系称为"全面风险管理体系"。图15.6描述了资产管理类机构的全面风险管理体系的相关内容。

由于K公司与母行的风险管理体系在模式上存在很大差异,K公司的风险管理从制度、流程、信息系统等方面都经历了从头构建的过程。在实际的投资风险管理过程中,K公司发现了如下痛点。

首先是风险管理体系构建所涉及的数据范围广、基础数据存在缺失的痛点。由于K公司的许多系统为新建设系统,在规划之初虽然强调了风险管理的各种要求,但是实际建设过程中依然发生风险所需的关键数据存在缺失和遗漏的情况,给风险管理系统的正常运行带来了挑战。

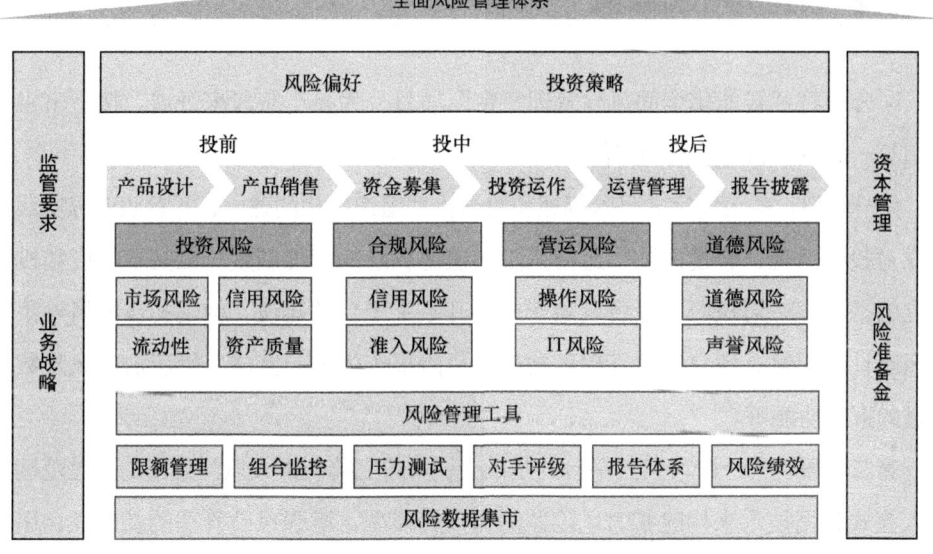

图 15.6 资产管理类机构的全面风险管理体系

其次是风险计量过程复杂、研发工作量较大、风险数据分析能力不足的痛点。K 公司的风险管理系统参照了公募基金等成熟的资产管理类机构的风险管理模式，但在从头建设风险管理系统的时候，其中的许多模型的计量过程十分复杂，带来了大量的研发工作和数据分析工作。

然后是风险管理的流程自动化程度不高，部分依赖于人工跟进的问题。这些人工跟进和手工处理工作降低了风险管理的效率，导致投资风险不能及时得到管控，风险管理工作存在很大的疏漏。

最后是市场环境复杂多变带来的风险管理的快速适应性问题。在业务快速发展的形势下，K 公司需要迅速建立相应的风控规则和流程，这对风险管理系统也提出了很大的挑战。

K 公司希望通过"智能化全面风险管理平台"项目的建设，完善投资风险管理体系，提升风险管理的自动化程度。并希望通过人工智能、机器学习和大数据等技术增强风险管理的智能化水平，解决当前风险管理工作中存在的痛点，并有能力支撑未来复杂多变的市场风险形势。

15.3.2　项目历程和系统架构

K公司将"智能化全面风险管理平台"项目分为多个阶段来开展。接下来主要介绍第一阶段和第二阶段的工作。

第一阶段，K公司完成风险管理和数据治理组织架构的建立，并参照业界实践，建立对投资风险、合规风险、运营风险和道德风险的管理制度。在基本制度和机制建立的基础上，对核心的投资风险管理展开数字平台的建设，构建初步的风险集市和风险计量引擎，建立风险管理驾驶舱和风险报告体系，完成监管所需的风险数据报送的报表功能等。

第二阶段在第一阶段风险平台的基础上，不断完善和扩大风险集市的覆盖范围，引入流式数据技术来构建实时风险监测和预警模型，增强风险管理的及时性；引入更丰富的金融资讯数据和另类数据，针对投资管理中的目标企业和对象，建立舆情预警和财务预警模型体系，提升风险管理的智能化水平；引入外部市场上较为成熟的市场风险管理引擎，与"智能化全面风险管理平台"进行融合，完善金融产品估值模型和交易对手评级模型等，建立全流程市场风险管理体系；深化研发信用风险、流动性风险管理的系统模块，建立投资者风险承受能力评估模型，强化"智能化全面风险管理平台"的风险管控的全面性和体系化能力。

风险管理体系建设是一个持续性的过程，"智能化全面风险管理平台"应该设计为开放的、组件式和可嵌入的平台，并充分应用云原生、微服务的技术架构，增强平台的扩展能力。

通过多个阶段的建设，K公司基于"智能化全面风险管理平台"项目的建设，初步建立起全面风险管理体系，支撑起投资管理和内部运营的风险管理工作。图15.7展现了K公司的"智能化全面风险管理平台"的基本架构。

"智能化全面风险管理平台"是一个偏后端的系统，其技术部件有三个关键要点值得关注。其一是风险集市的数据处理能力，这是高效完成风险数据运算和风险预警体系的基础。其二是风险计量引擎，特别是实时风险计量引擎，使得风险管理能够基于投资交易的事件实时进行风险管控。其三是与投资系统、投研系统、交易系统的实时接口对接。风控系统必须要与投资和业务系统融合起来，才能发挥风险管理的真正作用。

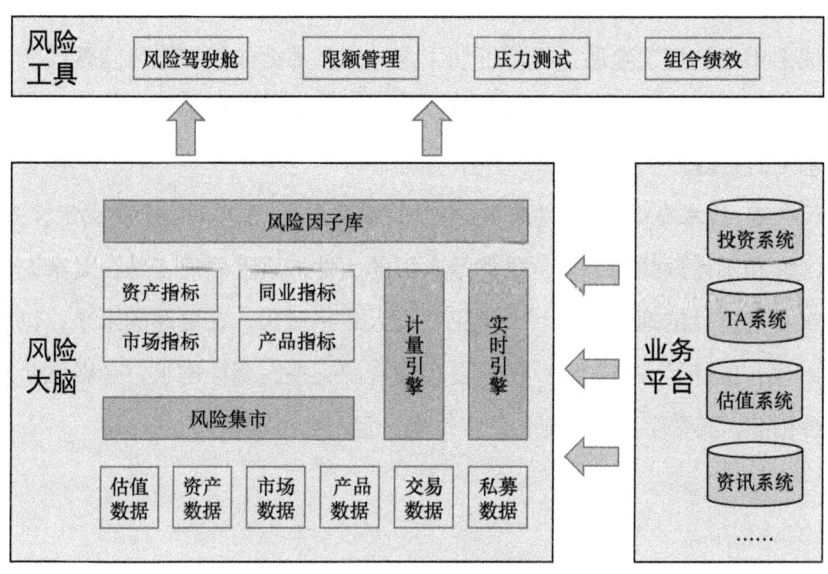

图15.7 "智能化全面风险管理平台"的架构

在"智能化全面风险管理平台"项目的建设过程中，K公司也发现了许多问题，例如数据质量问题、智能化效果不及预期等问题。K公司通过持续的数据治理来持续完善数据标准和提升数据质量，并通过不断优化人工智能技术来提升智能化的应用效果。

15.3.3 智能化风控的未来

K公司的"智能化全面风险管理平台"项目建设是一个持续完善、不断演进的过程。在未来的规划中，K公司希望持续加大风险数据的覆盖面，提升风险管理的实时性，并通过人工智能、机器学习等技术来构建更智能的风险管理模型，并形成体系化模型。

　　金融行业的风险管理是永恒的话题，金融市场的复杂性、变化性、难以预知性决定了风险管理是一项艰巨的工程。在市场环境中，金融风险往往难以完全消除和规避，但是风控能力强的金融企业在大的危机面前往往具有更强的生存能力，美国等金融成熟市场的历次金融危机都证明了这一点。那么如何增强风险管理能力？金融企业在风险管理上的专业化、系统化、数字化甚至智能化的能力增强，是提升风险管理水平的关键。

　　时代在变，技术在变，但人性未变，金融的本质未变。人类对安全和确定性的追求，对不确定性和不可预知的恐惧，仍然是永恒的人性，风险管理正是在复杂人性驱动下对未来不确定性的理智考量。人类正在进入数字时代，在更远的未来，也许会是元宇宙时代，也许是太空时代，但只要存在资源交换、调配需求，金融就会存在，风险亦会相随，其数字化和智能化的步伐也一定不会停歇。

后记

本书的编写一波三折，这个波折主要来自我内心的波动。当人民邮电出版社的秦健编辑找到我"合谋"这本书时，我的内心是充满激动和自负的。我当时就差拍着胸脯对他说，这本"小书"，对我这样的"资深"人士来说，那还不是小菜一碟。但是写到一半我就后悔了，原来写书的难度远远超出我的想象。我短短的从业经历，在宏大的金融科技专业体系面前显得如此浅薄。如果不是考虑到半途而废可能会赔钱，我早就把这些不堪入目的底稿一删了之，这样还节省了我宝贵的硬盘空间。但是，当我硬着头皮坚持写到最后几章时，我又重新发现了写书的意义。写作的意义不在于能否对别人产生启发，而在于对自身的修炼和提升过程。书，永远是写给自己的故事，如此就好。

最后，感谢我的妻子、母亲、儿子、亲人、兄弟和朋友们，是你们的鼓励和支持，让我度过了职业生涯转换的难关。人生最重要的不是取得成就，而是拥有真情。

作　者